PENSANDO DIFERENTE

Humberto Mariotti

PENSANDO DIFERENTE

Para lidar com a complexidade, a incerteza e a ilusão

SÃO PAULO
EDITORA ATLAS S.A. – 2010

Capa: Leonardo Hermano
Composição: Set-up Time Artes Gráficas

Dados Internacionais de Catalogação na Publicação (CIP)
(Câmara Brasileira do Livro, SP, Brasil)

Mariotti, Humberto

Pensando diferente: como lidar com a complexidade, a incerteza e a ilusão / Humberto Mariotti. - São Paulo: Atlas, 2010.

Bibliografia.
ISBN 978-85-224-5990-2

1. Complexidade (Filosofia) 2. Conhecimento 3. Neurociência 4. Pensamento 5. Psicanálise I. Título.

10-04606 CDD-153.42

Índice para catálogo sistemático:

1. Pensar : Processos mentais conscientes : Psicologia 153.42

Depósito legal na Biblioteca Nacional conforme Decreto nº 1.825, de 20 de dezembro de 1907.

Impresso no Brasil/*Printed in Brazil*

Editora Atlas S.A.
Rua Conselheiro Nébias, 1384 (Campos Elísios)
01203-904 São Paulo (SP)
Tel.: (0_ _11) 3357-9144 (PABX)
www.EditoraAtlas.com.br

Para
Paulo Henrique d'El-Rei Mariotti,
meu melhor amigo.

Compreender uma coisa apenas de uma maneira é um modo muito frágil de compreensão. Marvin Minsky disse que, para uma pessoa realmente entender algo, precisa compreendê-lo no mínimo de duas formas diferentes.

Cada modo de pensar sobre algo reforça e aprofunda cada um dos outros. Compreender uma coisa de várias maneiras produz uma compreensão total mais rica e de natureza diferente da forma única de compreensão.

Mitchell Resnick

Os navios estão em segurança nos portos, mas não foram feitos para ficar neles.

Albert J. Nimeth

SUMÁRIO

AGRADECIMENTOS

Agradeço a Cristina Zauby, que, na condição de pesquisadora assistente e leitora crítica, colaborou de maneira significativa nas várias etapas da elaboração deste livro.

INTRODUÇÃO

Já é surpreendente que este mundo seja inteligível, e seria exigir demais que ele o fosse totalmente, isto é, que pudéssemos controlar os mistérios por meio de um único olhar. Com efeito, trata-se de diversos olhares.

JEAN HAMBURGUER

Nossa percepção da realidade e de sua complexidade nunca está isenta de erro, incerteza e ilusão. Não devemos fazer de conta que esses fenômenos não existem, mas também não podemos nos limitar a aceitá-los passivamente. Em consequência, é possível dizer que em boa medida lidar com a complexidade inclui lidar com o erro, a incerteza e a ilusão. Assim se originou o título deste livro, que agora inicio com uma metáfora que se tornou muito conhecida.

Ao comentar a grande quantidade de informações às quais somos expostos no cotidiano, Orrin Klapp[1] propõe um exercício: pede ao leitor que se imagine sentado a uma mesa. Do teto pende um grande funil, que despeja sobre a mesa as peças de um quebra-cabeças. Entretanto, a grande quantidade e velocidade com que elas caem não permitem que sejam facilmente combinadas para compor a figura final.

A metáfora de Klapp se refere à nossa dificuldade ou incapacidade de lidar com essa chuva de informações. Seu livro é de 1978, mas a metáfora continua

[1] KLAPP, Orrin E. *Opening and closing*: strategies for information adaptation in society. Nova York: Cambridge University Press, 1978, p. 55.

útil para que entendamos uma das principais características da complexidade do mundo atual: a grande rapidez com que os dados da realidade se apresentam à nossa experiência e a multiplicidade e diversidade com que eles nos assediam.

A rapidez, a multiplicidade e a diversidade estão entre as muitas manifestações da complexidade. Quando somos assoberbados com experiências e informações que excedem a nossa capacidade de cognição e gestão (tanto em termos quantitativos quanto qualitativos), nossa tendência é negar a complexidade do mundo real, fazer de conta que ela não existe. Os meios mais comuns para isso são a racionalização, a superficialização e a supersimplificação.

Racionalizar, superficializar e supersimplificar são modos habituais de pôr tudo em termos binários, e assim tentar ignorar as nuanças da realidade da qual somos parte. É o que diz o escritor Mario Vargas Llosa, quando escreve que a eliminação das nuanças proporciona desculpas para que não lidemos de modo adequado com pessoas, situações políticas e problemas sociais e culturais. Essa é também, diz ele, "a melhor maneira de substituir as ideias por estereótipos [...] e de, tragicamente, compreender mal o mundo em que vivemos".[2] O modo de pensar que privilegia o raciocínio binário é a principal causa de nossa dificuldade de compreender o mundo real. E as coisas tendem a continuar assim, se não conseguirmos pensar diferente.

James Canton[3] aponta os principais fatores que definirão o futuro nos próximos 20 anos:

- *Rapidez.* As mudanças serão cada vez mais rápidas e abrangentes, isto é, incluirão todos os aspectos da vida cotidiana.
- *Complexidade.* O número de forças aparentemente não inter-relacionadas (mas na verdade interligadas) interferirão na vida e na segurança das pessoas e instituições, o que evidentemente inclui os países.

---

[2] VARGAS LLOSA, Mario. Israel, os palestinos e as nuances: os conselhos do amigo de um país que está ressuscitando a guerra com o Líbano. *O Estado de S. Paulo,* 16 jul. 2006.

[3] CANTON, James. *The extreme future*: the top trends that will reshape the world in the next 20 years. Nova York: Penguin/Plume, 2007, p. 4.

- *Riscos*. Os riscos e as incertezas se multiplicarão, o que inclui ameaças como o terrorismo, a criminalidade e as turbulências econômicas. Tudo isso modificará muitos aspectos de nossas vidas.
- *Mudança*. Queiramos ou não, teremos de nos adaptar por meio de mudanças radicais em nossos ambientes de trabalho, comunidades e relacionamentos.
- *Surpresas*. Boas ou más, imagináveis ou inimagináveis, as surpresas cada vez mais farão parte do dia a dia. Muitas delas desafiarão nossa sensibilidade e a lógica predominantemente binária com a qual tentamos entender o mundo.

Se compararmos os tópicos acima com a metáfora de Klapp, veremos que seu conteúdo pouco ou nada acrescenta ao que já vem sendo repetido por muitos outros autores nos últimos anos. Nesse sentido nada mudou – e também não mudou nossa insistência em tentar entender a complexidade do mundo por meio de um modo de pensar simplista, apressado e superficial.

Agora destaquemos, além das acima mencionadas, as expressões-chave que definem as tendências apontadas por Canton: abrangência, interconexões, ameaças, incerteza, necessidade de adaptação rápida, desafio à lógica tradicional. Trata-se obviamente de alusões à complexidade do mundo atual. Nesse e em muitos outros contextos, adaptar-se implica mudar de modo de pensar. É muito mais do que uma questão de atualizar-se: é um imperativo de sobrevivência.

Nessa linha de raciocínio, é importante desde logo ter em mente que não se muda de modo de pensar por meio de exercícios do tipo passo a passo. Nem muito menos por meio de fórmulas miraculosas. Essas abordagens aparentemente fáceis e confortáveis não passam de estratégias de autoengano e pensamento mágico. No mundo real, mudanças de hábitos de pensamento se fazem em especial por meio de reflexão e discussão das ideias resultantes com pessoas empenhadas no mesmo propósito.

A realidade cotidiana é construída coletivamente por meio de nossas redes de conversação. É o que se chama de construção social da realidade, assunto que será abordado várias vezes e com detalhes ao longo deste livro. O que foi construído pode ser desconstruído e reconstruído de outras formas. É assim que se muda de modo de pensar. No entanto, para que esse empreendimento seja bem-sucedido é preciso que haja motivação e vontade consciente. A vontade de mudar pode partir de vários pontos, mas sejam eles quais forem é preciso superar muitos obstáculos, entre os quais as formas de alienação dos seres humanos que serão discutidas no Capítulo 2.

Este livro tem como pontos de partida algumas posições que podem ser assim resumidas:

- O mundo real não é simples nem complicado: é complexo. Há diferenças fundamentais entre complicação e complexidade. Já tratei delas anteriormente, mas as retomarei e atualizarei em vários pontos dos próximos capítulos.
- Para nos adaptarmos ao mundo em que vivemos, é necessário aprender a lidar com o nível de erro, ilusão e incerteza que permanece depois de nossas tentativas de eliminação. Esses fenômenos e suas manifestações devem ser reduzidas até o ponto em que isso for possível, mas é fundamental entender que essa redução tem um limite – o que significa que pensar que vivemos num mundo sem erro e incerteza é uma ilusão.
- Esse aprendizado não é fácil. Para praticá-lo, é necessário que nos libertemos de uma série de hábitos mentais, alguns deles multisseculares.
- Precisamos mudar de modo de pensar, mas a experiência tem mostrado que esse é um empreendimento contra o qual há resistências e obstáculos de toda ordem. Estes se originam em especial de um fenômeno bem conhecido e já observado por muitos autores, entre os quais o prêmio Nobel de literatura T. S. Eliot: o ser humano não suporta muita realidade.[4] Daí as inúmeras formas de autoengano que permeiam o nosso cotidiano: elas procuram esconder o nosso medo da realidade.
- É preciso entender de onde vem esse medo. Para tanto, apresento neste livro as ideias de vários autores, além das minhas próprias. Neste e em muitos outros pontos a psiquiatria, a psicologia, a psicoterapia e agora também a neurociência têm muito a dizer às ciências da complexidade

[4] ELIOT, Thomas S. Four quartets – Burnt Norton. In: ELIOT, T. S. *Collected Poems 1909-1962*. Londres: Faber & Faber, 1963, p. 190.

e suas aplicações. Mas esse fato tem sido pouco levado em conta pelos autores que escrevem sobre o assunto. O oposto também é verdadeiro, e tem sido ainda menos notado pelos psiquiatras, psicólogos e psicoterapeutas.

- No contexto deste livro, mudar de modo de pensar inclui buscar o mais possível o contato com a realidade não escondida ou negada pelas nossas estratégias de autoengano. Mas esse empenho não nos deve fazer cair em mais uma ilusão, a de imaginar que é possível ver o mundo real tal como ele é.
- Pensar diferente também é tanto quanto possível abrir a mente para as diferenças e a diversidade e procurar ao máximo sair dos condicionamentos, modelos e formatações. Todas essas atitudes requerem que definamos com clareza o que são e o que não são modelos mentais. Essas definições serão apresentadas em detalhe adiante. Neste ponto, é suficiente entender que segundo boa parte dos autores modelos mentais são representações da realidade. Resultam supostamente do "processamento" do real pela mente, nela ficam "armazenados" e passam a determinar o comportamento das pessoas.
- Não é essa a abordagem adotada neste livro, e por isso repito que é preciso esclarecer o que não são modelos mentais. O mundo em que vivemos é o que construímos por meio de nossas estruturas de percepção. Mas o mundo tem suas próprias estruturas e também nos constrói. Trata-se de um processo de construção mútua e continuada, determinada por interações e na qual intervêm inúmeras variáveis. Daí a importância de levar em conta o erro, a incerteza, a diversidade e a multiplicidade. São dimensões fundamentais, não só de nossa condição humana mas também de nossa condição de seres vivos num mundo em constante mudança. Voltarei mais de uma vez a esse aspecto.

Nesse particular, Ralph Stacey[5] aponta para um fato essencial: nossa mente nos proporciona a consciência das consequências de nossas ações, isto é, o modo como elas evoluem e seus possíveis desdobramentos. Hoje já se sabe que a mente

[5] STACEY, Ralph D. *Complexity and management*: fad or radical challenge to systems thinking? Londres: Routledge, 2006, p. 172.

não está separada do corpo, e assim as linguagens verbal e corporal não estão separadas. Por isso, a mente também é um fenômeno social.

- Nos capítulos seguintes, buscaremos entender:
  a) o sentido do discurso hoje dominante em nossas sociedades, que evidentemente inclui as empresas e demais grupos, organizações e instituições;
  b) como esse discurso tem sido usado a serviço do autoengano nos planos individual e coletivo;
  c) como é possível trabalhar para ao menos atenuar esses inconvenientes.

Realidade e conhecimento

Neste ponto, convém deixar claro o sentido de algumas palavras que serão muito utilizadas doravante.

Entendo por *erro* o desacerto, a incorreção; fazer algo com um propósito e não ser bem-sucedido; errar o caminho. Por *incerteza* entendo a dúvida, o que não está assentado. Chamo de *ilusão* tomar uma coisa por outra, a percepção distorcida.

Também quero esclarecer os sentidos com os quais uso as palavras *realidade* e *conhecimento*. Estão na obra clássica de Peter Berger e Thomas Luckmann *A construção social da realidade.*[6]

Realidade é a característica que os fenômenos que reconhecemos têm de serem independentes de nossa vontade. Não podemos pretender que eles não existam. A realidade é a que podemos construir por meio de nossas interações com o mundo, e não a que gostaríamos que existisse.

Conhecimento é a constatação de que os fenômenos em si são reais e têm características peculiares. Nós, os homens comuns, vivemos em um mundo que consideramos real, embora tenha graus diferentes de realidade. Com graus variáveis de certeza, o homem comum tem o conhecimento de que o mundo tem essas ou aquelas características.

---

[6] BERGER, Peter L.; LUCKMANN, Thomas. *A construção social da realidade.* Petrópolis: Vozes, 2001, p. 11-13.

A mudança de modo de pensar mais importante consiste em reconhecer e aceitar a realidade, o que é a mesma coisa que reconhecer e aceitar a complexidade. Essa é uma atitude bem mais difícil do que parece. Nós, humanos, temos muita dificuldade de reconhecer e aceitar a realidade porque na maior parte do tempo tentamos negar a sua crueza.[7] Como mostram não poucas evidências históricas e antropológicas, não suportar a crueldade do real inclui o medo de reconhecer que nela se inclui boa parte de nossa própria crueldade – da qual faz parte a destruição sistemática da natureza.

Com frequência tendemos a nos enganar e deixar-nos enganar. A experiência revela que ao longo do tempo esse fenômeno tem criado um imenso mercado de compra e venda de "certezas", no qual proliferam charlatães, adivinhos, profetas, magos e assim por diante. Em termos de livros, palestras e *workshops*, criou-se um mercado que se convencionou chamar de "produtos de autoajuda". Ao que tudo indica, a necessidade de consumi-los é irremovível e, além disso, também um fortíssimo obstáculo à mudança de hábitos de pensamento.

Para ilustrar a fantasia de que é possível eliminar completamente o erro, a ilusão e a incerteza, vejamos um exemplo corriqueiro do mundo corporativo. Dois executivos conversam. Um deles diz: "Estou otimista quanto a esse negócio." O outro responde: "Não basta ser otimista. É preciso planejar tudo, traçar uma estratégia. Estabelecer metas tangíveis, baseadas em pesquisas e expressas em números. Só assim teremos certeza absoluta de que alcançaremos nossos objetivos."

A diferença entre uma afirmativa e outra é que a primeira inclui um pouco de autoengano e a segunda inclui muito: seu defensor imagina que planejar e traçar metas e estratégias pode eliminar por completo a incerteza. Como se os planos pudessem descartar a realidade emergente, os fatos que surgem sem cessar no cotidiano.

É claro que planos e estratégias são úteis e até indispensáveis para ajudar a diminuir variáveis. Não há nenhuma dúvida a esse respeito. Não é menos certo, porém, que o *wishful thinking* contido na frase do primeiro interlocutor de nosso exemplo tem sua utilidade como meio de motivação. O que não é certo nem útil,

---

[7] ROSSET, Clément. Le príncipe de cruauté. In: ROSSET, Clement. *L'école du réel*. Paris: Minuit, 2008, p. 199-244.

porém, é usar planos e estratégias como instrumentos de pensamento mágico e, nessa condição, imaginar que eles podem se sobrepor à realidade.

Há muito se sabe que um percentual elevado de planos e estratégias não dá os resultados esperados, em especial porque não incluíram meios adequados de lidar com as pessoas envolvidas. Isso se deve, entre outros fatores, à dificuldade de fazer os gestores entenderem que o mundo real não se deixa aprisionar totalmente em diagramas e planilhas. Minha experiência como psicoterapeuta me ensinou que nesses casos quase sempre está presente a suposição de que os propósitos do ego podem eliminar completamente a experiência vivida.[8]

Pensar assim equivale a esperar que prevaleça a ilusão de que estar em um cargo é igual a ter o controle. Essa é uma das manifestações mais comuns de como o discurso dominante de nossa cultura nos faz confundir a realidade com a ficção. Diante dele, as pessoas costumam se colocar de duas formas principais. Uma é a postura cínica: não acreditar em nada, rejeitar tudo com um ar superior. A outra é a posição crédula: se o chefe diz, é verdade.

Entre esses extremos há infinitos pontos intermediários. Nesse e em muitos outros contextos é importante entender que nós, humanos, estamos sempre em busca de um sentido para a vida. Mas essa busca não deve incluir a inserção das pessoas em classificações esquemáticas. Não somos tão simples assim, ou melhor, não somos tão simplificáveis.

Há uma frase do jurista americano Oliver Wendell Holmes Jr. que se tornou proverbial: "Eu não daria nada pela simplicidade que há deste lado da complexidade, mas daria minha vida pela simplicidade que há do outro lado da complexidade."[9] Com essas palavras, Holmes quis dizer que para chegar à simplicidade é preciso reconhecer a complexidade, aprender a conviver com ela, e só depois simplificar o que pode (e deve) ser simplificado. Simplificar as coisas de antemão é torná-las artificiais e, portanto, afastá-las do real.

Nessa ordem de ideias, as palavras do exemplo dado há pouco sobre planos e estratégias não devem ser tomadas de modo unilateral. Delas não se deve con-

---

[8] BECKER, Ernest. *The denial of death*. Nova York: Free Press, 1997, p. 183.

[9] WENDELL HOLMES JR., Oliver. Disponível em: <http://en.wikiquote.org/wiki/Oliver_Wendell_Holmes,_Jr>.

cluir que as métricas não têm utilidade. É claro que têm – e também é claro que não servem para tudo. Essa é uma posição que muitas pessoas têm dificuldade de perceber e entender. Transformar fenômenos em números (que são símbolos) e inseri-los em uma planilha é um procedimento de redução – e é certo que num primeiro momento precisamos reduzir as coisas a certos parâmetros para melhor entendê-las. Mas, como veremos adiante em detalhes, esse é só o primeiro passo.

Reduzir e reampliar

Aprisionar o mundo real, isto é, reduzi-lo e achar que isso é suficiente, é algo espantoso. Mais espantoso ainda é chamar esse procedimento de "racional" e "prático". Como tentativas de reduzir a complexidade do mundo, as planilhas e mecanismos semelhantes são recursos úteis, desde que não sejam únicos – casos em que atuariam como ferramentas de negação da realidade.

Em geral, os modelos reducionistas produzem resultados de curta duração e âmbito limitado. Não poderia ser de outra forma, porque a longo prazo os resultados de nossas ações são imprevisíveis. E a imprevisibilidade é assustadora, daí a insistência com que muitas pessoas se mantêm presas ao curto prazo.

Em suma, a redução é necessária. Mas deve ser seguida de reampliação, para que não fiquemos restritos a uma visão estreita e supersimplificada do mundo real. Otto Rank chama a redução de "parcialização" e reconhece que ela é indispensável. Para ele, saber quando e em que grau a realidade deve ser parcializada (como etapa prévia à reampliação) é uma posição que pode ser vista como indicador de saúde mental.[10] Por exemplo, tenho de tomar uma decisão que me beneficiará de muitas maneiras. Nesse sentido, devo pensar primeiro em mim: esse é o momento da redução. Num segundo momento – o da reampliação –, devo pensar em como essa decisão repercutirá nas pessoas com quem convivo, tanto num âmbito imediato quanto num contexto maior.

Trata-se de saber o quanto é razoável reduzir e o quanto é sensato reampliar depois do que foi aprendido com a redução. Em muitos casos o equívoco consiste em reduzir, manter a redução e recusar-se a reampliar – a postura proverbial do

---

[10] BECKER, Ernest. Op. cit., p. 178.

avestruz com a cabeça enfiada na areia. Ou a não menos notória metáfora de varrer o que é inconveniente para baixo do tapete e mantê-lo lá. Às vezes, lugares-comuns como estes têm sua utilidade: evitam longas explicações e são exemplos do poder da metáfora como instrumento de aprendizagem.

Por isso, insisto em que toda redução deve ser seguida de uma ampliação: é preciso colocar as coisas num contexto maior, para ampliar o entendimento conseguido com a redução. Não reampliar quase sempre implica imaginar que a redução é capaz de dar todas as respostas, ou seja, equivale a usar o pensamento mágico. Reduzir num primeiro momento; reampliar; reduzir de novo; reampliar mais uma vez. Essa é uma das formas mais eficazes de mudança de modo de pensar: a técnica do *zoom*. Ela tem sido muito usada no universo das empresas, mas é aplicável a muitos outros ambientes.

Muitas vezes é recomendável começar pelo todo (método indutivo: do todo para as partes), mas sem esquecer que há casos em que é melhor começar pelas partes, isto é, pela redução (método dedutivo: das partes para o todo). Dessa maneira se evitam ou ao menos se atenuam os esquematicismos e as supersimplificações. É claro que essa aprendizagem requer treinamento. Não se fazem mudanças de modo de pensar apenas por meio de conceitos e teorias. São necessárias práticas que incluam exemplos e estudos de caso. Não faz parte dos objetivos deste livro detalhá-las, mas muitas estão indicadas na bibliografia e nas notas.

Por outro lado, também é ilusório ficar só na prática, fazer as coisas sem saber o que se faz, sem ter ideia de como o que se faz se insere na realidade. E esse é um dos objetivos deste livro: mostrar as bases, os pontos de partida e, sobretudo, tornar claro que um aprendizado, seja ele qual for, nunca está terminado. Há e sempre haverá espaço para a evolução, a mudança, a diferença.

Meu argumento central é que a principal mudança de maneira de pensar – que deve servir de ponto de partida para todas as demais – é a observação do mundo real tal como ele se apresenta à nossa experiência. Mas de modo algum essa atitude equivale a resignar-se ou conformar-se com o que nos é dado. É certo que para viver com um mínimo de bem-estar precisamos simplificar muitas coisas – e essa é a função das tecnologias. Por outro lado, é essencial entender a complexidade do mundo. Assim, é importante assumir posturas simples mas não simplistas, pois estas últimas costumam levar a comportamentos infantilizados.

Tentar negar o erro, a incerteza e a ilusão é a principal função do autoengano: fingir que não somos o que somos e que o mundo não é o que é. O autoengano inclui enganar os outros, que por sua vez também se autoenganam, e assim cria-se uma vasta comunidade de cúmplices: eu me autoengano e engano os outros e eles fazem o mesmo comigo. E assim nos deixamos emergir em um mundo de fantasia, criado e alimentado por ilusões.

Incluir e excluir

Apesar de todas as nossas fantasias em contrário, nós, humanos, não somos superiores nem inferiores aos demais animais. Somos diferentes. Mas essa diferença não deveria nos tornar arrogantes e predatórios. Afinal, o mundo já viveu muitos milênios sem nossa presença e pode voltar a fazê-lo se e quando desaparecermos. A esse respeito, o filósofo inglês John Gray escreveu que uma utopia na qual uns poucos seres humanos vivam felizes e em harmonia com a natureza é cientificamente factível mas humanamente inimaginável. Se algo assim vier a ocorrer, não será pela vontade do *homo rapiens*.[11]

Gray usa a expressão *homo rapiens* em lugar de *homo sapiens* em uma alusão à predatoriedade humana. Não ponho juízo de valor em sua afirmação. Prefiro deixá-la à reflexão do leitor. De todo modo, é sensato aceitar o mundo em sua realidade sem tentar simplificá-lo além do necessário ou razoável. Essa atitude implica não supersimplificá-lo por meio de racionalizações, o que o tornaria artificial e hostil à vida.

É preciso reconhecer que nossas ações nem sempre são adequadas e que nossas práticas nem sempre são as menos invasivas. Reconhecer tudo isso corresponde a aceitar que podemos estar errados, iludidos e negando a incerteza. Mas aceitar a realidade sem tentar supersimplificá-la não é fácil, porque pressupõe que antes precisamos aceitar a nós mesmos e a nossa condição humana. Esta inclui tudo aquilo de que nos orgulhamos, mas também tudo o que tentamos por todos os meios ocultar.

---

[11] GRAY, John. *Straw dogs*: thoughts on humans and other animals. Nova York: Farrar, Straus and Giroux, 2000, p. 184.

Escrevi há pouco que é essencial aceitar a realidade (que inclui o nosso mundo interior individual) sem tentar simplificá-los além de um limite razoável. Esse limite seria o ponto além do qual nossas ações podem produzir uma sociedade e um mundo natural mais inóspitos e perigosos do que já são. O difícil, porém, é identificar com nitidez essa fronteira, principalmente se continuarmos a pensar da forma como atualmente pensamos.

Reconhecer que estamos incluídos no mundo natural equivale a entender que somos parte da complexidade. Esse ponto é crucial, precisa ser bem compreendido e nada tem a ver com nobres propósitos "ecológicos" e "sustentáveis". Significa que devemos nos esforçar para não nos autoengarnarmos e não enganar os outros. Também implica não confundirmos complexidade com complicação – o que em muitos casos é uma estratégia usada a serviço da supersimplificação.

A pretensão à eliminação total das ilusões ("sou uma pessoa sem ilusões") implica um tanto de arrogância, mas contém um grau ainda maior de ingenuidade. Em nosso meio a palavra *ilusão* tornou-se pejorativa, mas pretender jamais iludir-se produz frequentemente o resultado contrário: podemos estar errados, iludidos e negando a incerteza muito mais do que imaginamos.

A questão é como aprender a pensar diferente. Espero ter tornado claro que isso não se consegue somente por meio de "regras práticas", instruções passo a passo ou coisas do gênero. Por outro lado, não pretendo diminuir a importância dos métodos e técnicas. Apenas quero acentuar que devemos entender que estes, quando considerados isoladamente e supervalorizados (por meio de chavões do tipo "o que interessa é a prática"), de modo algum substituem a reflexão, sobretudo a reflexão compartilhada.

Para mudar de hábitos de pensamento é necessário refletir primeiro sobre os modos atuais. Para que a reflexão produza mudanças é fundamental entender as bases que sustentam tais hábitos e tendem a perpetuá-los. No momento seguinte, é essencial conhecer outros modos de pensar e suas consequências práticas. Por fim, vem o questionamento sobre se para viver melhor convém pensar diferente.

Assim, no fim das contas estamos diante de uma questão de custo-benefício. Se a resposta for afirmativa, estará aberto o caminho para a mudança. No entanto, a resposta ou respostas requerem que estejamos familiarizados com alguns conceitos. Implicam também a consciência de que não existe mudança individual: é preciso compartilhar as perguntas e as respostas, é necessário compartilhar a vida.

É essencial buscar a inovação e não ter medo de errar nem de pôr-se à prova, isto é, não temer ser questionado por tentar mudar. Não nos esqueçamos de que diante de qualquer proposta sempre surgirá quem duvide, quem diga "por outro lado...", "sim, mas..." e assim por diante. Mas também surgirá quem queira participar e ajudar. Morremos sozinhos, como disse Pascal – mas só se vive com os outros.

Algumas questões: seremos capazes de fazer esse tipo de mudança? Seremos capazes de deixar de negar tanto a realidade? Até que ponto um certo grau de negação da realidade pode ser benéfico? Negar excessivamente a realidade é negar a vida? São perguntas difíceis, mas a vida não é fácil nem simples.

Repito que este não é um volume de exercícios. Não é um *field book*. Há várias obras desse tipo na bibliografia, às quais remeto o leitor. Meu propósito é proporcionar temas e meios para que as pessoas reflitam. Escrevi este livro para mostrar como as ciências da complexidade e o pensamento complexo podem ser aplicados à compreensão e gestão de diferentes contextos e situações. Em especial, pensei no público ao qual mais tenho me dirigido nos últimos anos – os executivos e empresários. Mas ele também pode ser útil a pessoas de muitas outras áreas. Para que isso seja possível, coloquei os exemplos e situações em âmbitos amplos e diversificados.

Nunca acreditei em quem diz que os executivos não leem porque têm uma visão utilitarista de mundo. Em boa medida isso é verdade, mas não só com relação ao mundo corporativo. Em todas as áreas da atividade há quem não se interesse pela palavra escrita. Também nunca me deixei influenciar por conversas segundo as quais tudo se passa como se a sociedade tivesse outorgado aos executivos autorização e justificativa para se manterem incultos e infantilizados, presas fáceis de charlatães da autoajuda, esoterismos e ideias simplistas. Não me deixo levar por essas generalizações, e o fato de meus livros anteriores terem sido bem-sucedidos valida minha posição.

É óbvio que este livro foi escrito para aqueles que o lerão. No entanto, como disse certa vez o escritor Osman Lins, todo livro é também escrito para quem não o lerá mas será influenciado pelas ideias e ações dos que o leram.

Por fim, lembro as palavras do economista John Kenneth Galbraith quando ele diz, em um de seus textos,[12] que não hesitou em repetir o que julgou importante para argumentar e explicar com clareza. De minha parte, sempre que necessário fiz o mesmo: não hesitei em retomar, atualizar e procurar tornar mais claros pontos que havia abordado em livros e artigos anteriores. Hoje sabemos que a neurociência confirma a necessidade de repetir. É o que diz o cientista americano John Medina: repetir para lembrar e lembrar para repetir.[13] Quando aplicadas à aprendizagem, as atitudes de repetir para lembrar e vice-versa deveriam servir para que aprendêssemos com os erros do passado. No entanto, de nada adianta lembrar seja o que for com o intuito de aprender se isso não se acompanhar de mudanças no modo de pensar.

Insistir nas mesmas crenças, atitudes e comportamentos diante de situações desafiadoras é uma das formas mais perigosas (e infelizmente mais comuns) de irracionalidade. É o que diz Robert Solow, prêmio Nobel de Economia, no prefácio do livro de Charles Kindleberger e Robert Aliber sobre a história das crises financeiras.[14] Esse é um texto que merece leitura atenta, em especial porque nele existe a preocupação de identificar uma das principais características das situações de crise: nelas sempre estão presentes relações causais que tendem a se repetir, isto é, padrões.

Do mesmo modo, também persiste a nossa insistência em lidar com esses padrões com base nos mesmos modos de pensar. Procedemos assim como se o que aconteceu em crises anteriores fosse igual ao que acontece na crise presente e acontecerá nas que virão. Esse é um dos aspectos mais irracionais – para usar a expressão de Kindleberger e Aliber – do modo de pensar predominante em nossa cultura: o uso do raciocínio de causalidade simples como visão de mundo única, que deixa em segundo plano ou mesmo ignora a influência dos contextos e da história dos sistemas sociais e econômicos.

---

[12] GALBRAITH, John K. *Anatomia do poder.* São Paulo: Pioneira, 1984, p. viii.

[13] MEDINA, John. *Brain rules*: 12 principles for surviving and thriving at work, home, and school. Seattle, Washington: Pear Press, 2008, p. 95-119 e 121-147.

[14] KINDLEBERGER, Charles P.; ALIBER, Robert Z. *Manias, panics, and crashes*: a history of financial crises. Hoboken, New Jersey: John Wiley & Sons, 2005.

Mesmo quando levamos em conta os contextos, a história, a grande diversidade de fenômenos associados e as ligações entre eles, é também necessário mudar de modo de pensar. Mas não é esse o nosso hábito. Acreditamos que a identificação dos mesmos padrões é uma indicação de que é possível lidar com eles por meio dos mesmos modos de pensamento. Mas as coisas não são assim e a história o demonstra. Nossos atuais hábitos mentais precisam ser mudados para que nos adaptemos às mudanças do mundo real. Este livro visa a examinar os principais modos de entender o que acontece e sugere formas de fazer essa adaptação.

1

OS HUMANOS E SEU CONHECIMENTO

Tudo o que pode ser dito pode ser dito claramente.
LUDWIG WITTGENSTEIN

Este capítulo aborda alguns pontos e conceitos que considero importantes. Serão apresentados agora e retomados e aprofundados várias vezes e de várias maneiras ao longo dos capítulos seguintes.

DOS DADOS À SABEDORIA

Imaginem uma sala de aula. O professor olha para os alunos e diz: "Mesa, chão e lâmpada." Eles o olham de volta com alguma surpresa, porque essas três palavras soltas não fazem sentido. São apenas *dados*.

Mas o professor vai além e diz que a mesa, o chão e a lâmpada fazem parte de uma sala na qual todos estão reunidos. Acaba de dar uma *informação*.

Ato contínuo, surge a indagação de para que estão reunidos. O professor explica que estão ali para uma apresentação, seguida de discussões, sobre as ciências da complexidade e suas aplicações a várias áreas da atividade, inclusive a gestão de empresas. Em seguida, faz uma introdução sobre esse tema. Trata-se agora de *conhecimento*, aquilo que emerge da ligação das informações. O professor acrescenta que em nossa cultura há pelo menos três séculos o conhecimento tem sido dividido em disciplinas ou especialidades que, dadas as suas linguagens especializadas, têm dificuldades para de comunicar entre si.

Essa é a situação atual: as disciplinas ou especialidades não se comunicam ou se comunicam mal, e isso faz com que elas permaneçam em boa medida limitadas, sem horizontes. Acreditamos que tudo pode ser reduzido a números e explicado por meio deles, mas na vida real há muitas coisas que não podem ser entendidas e explicadas nesses termos. Elas precisam ser compreendidas, mas as divisões e subdivisões das disciplinas impedem que passemos do *conhecimento* à *compreensão*.

Conhecemos muito, mas compreendemos pouco. Nossos conhecimentos em muitos casos não são suficientes para nos levar à compreensão, e por isso temos grande dificuldade de aprender com a experiência, pensar e fazer planos fora do curto prazo. Nossa memória é curta e nossa visão é míope. Temos muito *conhecimento*, pouca *compreensão* e quase nenhuma *sabedoria*. Por isso insistimos em pensar sempre da mesma forma, o que nos leva a conseguir sempre os mesmos resultados nos casos em que eles são satisfatórios. Mas o mesmo frequentemente acontece nos casos em que os resultados são insatisfatórios, prejudiciais e até desastrosos.

Os modos de pensar formatam os modos de ver. É o que mostra o exemplo a seguir.

A história dos dois astrônomos

Em um de seus livros, o filósofo Norwood Hanson[1] apresenta o seguinte exemplo: dois astrônomos, o dinamarquês Tycho Brahe (1546-1601) e o alemão Johannes Kepler (1571-1630), estavam em uma colina e olhavam para o sol que nascia. Brahe era seguidor de Ptolomeu e Aristóteles e portanto geocentrista – supunha que a Terra era fixa e o sol girava em torno dela. Kepler adotara e aperfeiçoara o modelo heliocêntrico de Copérnico. Acreditava que a Terra girava em torno do sol.

Eis a pergunta: será que eles viam a mesma coisa? Sim e não. Sabemos que as retinas dos dois astrônomos eram atingidas pelas mesmas partículas (os fótons)

[1] HANSON, Norwood R. *Patterns of discovery*. Cambridge: Cambridge University Press, 1965. Também disponível em: <http://uwi.edu/bnccde/PH29A/hanson.html>.

que compõem a luz solar. Eles viam a mesma coisa, mas a interpretavam cada qual à sua maneira. Brahe via um objeto que girava em torno da Terra. Kepler via um objeto em torno do qual a Terra girava. Faz sentido: pessoas diferentes veem a mesma coisa de maneiras diferentes. Assim, observa Hanson, a pergunta correta não é se eles viam a mesma coisa, mas o que cada um via – e isso era determinado por suas origens, educação e maneiras de pensar, isto é, por suas estruturas cognitivas individuais. É como se eles estivessem na mesma escada, mas em degraus diferentes.

Essa história me levou a desenvolver a ferramenta de aprendizagem que passo a apresentar.

A ESCADA DO CONHECIMENTO

Antes de falar sobre as diversas maneiras de pensar é indispensável saber qual é a *filosofia* (o pensamento, o conjunto de reflexões) que as orienta e da qual se originam os *métodos*. Estes são os instrumentos conceituais (ideias postas em palavras) que apontam os caminhos (*o que* fazer). Daí surgem as *técnicas* (instrumentos operacionais), que dizem *como fazer*. Das técnicas se originam os *resultados* ou produtos.

É evidente que tudo o que fazemos começa no campo da filosofia, pois o ser humano, como escreveu Pascal,[2] pode ser frágil como um caniço, mas é um caniço pensante. Pensar faz parte de nossa natureza. Mesmo as ideias súbitas, os *insights*, emergem de um processo contínuo no qual a mente interage com o mundo de que faz parte.

Imaginemos uma escada com quatro degraus. O mais alto é o do pensamento, o degrau da *filosofia*. A seguir vem o dos conceitos, isto é, os *métodos*. O degrau imediatamente inferior é o das *técnicas* – as ferramentas operacionais. Abaixo dele está o dos *resultados*. Esse conjunto forma o que denomino de escada do conhecimento e pode ser ilustrado como no diagrama a seguir:

---

[2] PASCAL, Blaise. *Pensamentos*, 177 (384).

FILOSOFIA

(Pensamento)

↓ ↑

MÉTODOS

(Conceitos. O que fazer)

↓ ↑

TÉCNICAS

(Como fazer)

↓ ↑

RESULTADOS

Cada degrau representa uma forma ou conjunto de formas de ver o mundo. Em geral, as pessoas costumam se fixar em um deles e pouco se comunicam com os demais. Os filósofos preferem o mais alto e podem ou não ir até ao dos conceitos ou métodos. Os indivíduos ditos "práticos" costumam ficar no degrau das técnicas, mas muitos preferem o dos resultados. Portanto, os "teóricos" e os "práticos" adotam posições diferentes, pouco se comunicam – e não pode haver obstáculo maior à produção, difusão e validação do conhecimento.

No mundo real os degraus não são separados. Não existe uma sequência de compartimentos estanques pensamento-discurso-ação. Tudo está entrelaçado. Por isso, é importante assinalar que nossa mente não funciona por meio de regras passo a passo. Os degraus são apresentados em separado apenas por motivos didáticos, para facilitar a construção da metáfora da escada do conhecimento.

Se as pessoas adquirissem o hábito de subir e descer mentalmente essa escada, se elas se comunicassem mais e trocassem mais experiências certamente as diferenças entre os "teóricos" e os "práticos" seriam bem menores e todos ganhariam com isso. Subir e descer com o objetivo de perceber o que acontece nos diferentes degraus seria de grande utilidade para todos. Essa é a grande mudança de hábitos de pensamento de que necessitamos nos dias atuais.

É claro que ninguém pretende que os pensadores passem de repente a lidar com métodos e técnicas, nem que os técnicos comecem de súbito a filosofar. Nem isso seria conveniente. A mudança desejável seria que saíssemos um pouco de nossos compartimentos, que abrandássemos as nossas defesas e nos abríssemos para o mundo e para a experiência vivida.

O processo que começa com uma ideia, chega às aplicações e termina com resultados pode ser curto, mas em geral é de médio ou longo prazo. Entretanto, a experiência mostra que seja ele curto, médio ou longo, imediato ou mediato, a grande maioria das pessoas não consegue acompanhá-lo. Limitam-se a ficar em uma das etapas (os degraus) sem ter ideia de como elas se ligam umas com as outras.

E assim é porque estamos aprisionados no curto prazo, no raciocínio linear e fragmentado. Ficamos com as ideias, em um extremo, ou com os resultados, no outro, e não conseguimos estabelecer conexões entre as duas pontas por meio das etapas intermediárias que as ligam. Como a mente linear é literal, tem dificuldade de entender como algo virtual como uma ideia pode produzir consequências práticas. Daí a supervalorização do que é tangível e a subvalorização do que é intangível. Aquilo que não se pode tocar, medir, pesar ou contar é muito difícil de perceber e mais difícil ainda de entender.

O VALOR DAS IDEIAS E O VALOR DAS PESSOAS

Por isso, na maioria de nossas sociedades os homens de ideias são pouco valorizados, embora a retórica habitual insista em repetir o contrário. Basta comparar o salário de um professor universitário com o de um executivo acima do nível gerencial para que as ilusões a esse respeito logo se desfaçam. Já os chamados "homens de resultados" são muito valorizados em nossa cultura, embora muitos dos resultados por eles supostamente produzidos não passem de retórica quando bem avaliados. Tem sido assim por muito tempo e tudo indica que se houver mudanças elas ainda demorarão muito a vir.

Na maioria das culturas ocidentais e em muitas das orientais, o chamado "capital intelectual" é considerado um insumo a ser utilizado para conseguir resultados financeiros. Em termos contábeis, o que se gasta para consegui-lo muitas vezes não é visto como investimento e sim como custo, embora nos últimos tempos haja evidências de que essa situação está mudando.

A principal limitação dessa atitude é privilegiar o conhecimento utilitário e mecanicista. Visto por esse ângulo, o conhecimento tem utilidade mas não tem valor intrínseco. Por outro lado, o viés utilitário tende a ser esquemático, repetitivo e não produz inovação. Essa é a principal consequência do discurso atualmente dominante na área da gestão e na economia, que desde a década de 1950 tem por base o pensamento sistêmico.

Além disso, muitos textos que falam em "capital intelectual" referem-se ao conhecimento como algo que está fora da mente das pessoas. É como se ele fosse uma coisa e, como acontece com as coisas, seu valor é econômico/financeiro e portanto expresso em preços e não em valores não ligados à economia e às finanças. Por isso, o capital intelectual tende a ser expresso em termos quantitativos e não qualitativos. Porém, como se sabe, as capacidades de criar e inovar são eminentemente qualitativas. Por tudo isso, em nossa cultura em geral o conhecimento não tem valor e sim utilidade, quando deveria ter valor e utilidade.

Todos sabem que nos países em que a conexão entre as ideias (a filosofia) e seus resultados (os produtos ou serviços) é mais claramente percebida a tendência é investir em educação, pesquisa e produção de conhecimento. Essa talvez seja a principal diferença entre ser desenvolvido e ser subdesenvolvido. E o mais irônico é que saber disso pouco ou nada contribui para mudar esse estado de coisas, porque para ter essa percepção é preciso ter também consciência do valor das ideias e de uma educação que estimule a sua produção.

Esse fenômeno leva a vários outros. Um deles é a confusão que se costuma fazer entre a capacidade de criar e desenvolver tecnologia e a tecnologia disponível. Como se sabe, atualmente muitos países dispõem de quase tudo o que existe naquilo que se convencionou chamar de Primeiro Mundo: computadores, telecomunicações, outras máquinas e equipamentos de última geração, automóveis de primeira linha e assim por diante. Ao conviver com tudo isso, os países do dito Terceiro Mundo confundem fabricar produtos com tecnologia importada com criá-los e produzi-los de modo autônomo. Confundem reproduzir com produzir.

No Terceiro Mundo, existe a ilusão de que desenvolvimento significa ter tecnologias ao alcance da mão, seja na condição de usuários, beneficiários e mesmo de eventuais fabricantes. Mas essa percepção é ilusória, pelas seguintes razões: (a) pode-se dispor dos produtos e da tecnologia a eles incorporada, mas não da ciência e do conhecimento (das ideias) dos países de onde eles vieram. Dispõe-se do tangível mas não do intangível; (b) por não dispor do conhecimento, é preciso pagar caro por ele. Entre vários outros, esse é o custo de não investir ou investir pouco em educação e pesquisa.

Acredita-se que se é desenvolvido porque se usam os resultados do desenvolvimento vindo de fora. Porém, salvo as exceções de praxe, não existe a capacidade de produzir as ideias que os geraram, porque não houve educação para tanto. É preciso pagar por essas ideias e por seus resultados. Esse é o preço do subdesenvolvimento – e ele é muito mais alto do que se imagina.

Se examinarmos um pouco mais a questão, também veremos que nos países subdesenvolvidos os resultados das ideias, já sob a forma de tecnologia, não estão disponíveis para toda a população. Há muitos excluídos desse universo, em especial quando se trata de tecnologias da saúde. O subdesenvolvimento (que se tenta negar por meio de uma série de eufemismos) leva as pessoas a dispor desses bens e serviços em uma escala bem menor do que o desejável. De certo modo, o subdesenvolvimento condena muitos países a continuar assim, porque a única coisa capaz de reverter ou ao menos atenuar essa condição não é mais tecnologia e sim mais investimento em educação, pesquisa e produção de ideias. Eis por que, no fim das contas, a filosofia (pensar, produzir ideias) é importante: tudo começa com ela.

Em geral, os livros sobre mudança de modo de pensar começam no degrau dos métodos e daí descem às técnicas. O ponto mais alto – o da filosofia – quase sempre é ignorado. Essa atitude pode levar a equívocos, pois os métodos e técnicas – mesmo quando dão bons resultados – precisam ser sempre questionados para evitar que os conceitos se transformem em regras rígidas ou receitas repetitivas, o que dificulta ou impede a criatividade.

Em suma: se usarmos sempre os mesmos métodos, obteremos sempre os mesmos resultados. E, pior ainda, quando questionados sobre por que não conseguimos sair dessa armadilha, daremos explicações, desculpas e justificativas que imaginamos ser convincentes. Isto é, racionalizaremos.

Assim, tudo começa como filosofia e depois, por meio de processos que em muitos casos incluem tentativa e erro, transforma-se em conceitos, dos quais nascem as técnicas que geram resultados. Convém recordar: as ideias, os conceitos, as técnicas e, por fim, os resultados, não estão separados uns dos outros como muitas vezes se pensa. Não são estáticos nem estão em compartimentos estanques. Estão em constante interação, fertilizam-se mutuamente, dependem uns dos outros.

Não existe nada que seja "muito filosófico", "muito teórico" ou "muito prático", como se costuma dizer. A escada é uma só e seus degraus existem para que subamos ou desçamos segundo as necessidades. Cada degrau contém os demais em potencial e essa dinâmica permite que nos adaptemos ao mundo.

Raciocinar em termos de separação entre essas instâncias equivale a negar o mundo real. A cada momento estamos sempre pensando, elaborando conceitos, montando e aplicando técnicas ou colhendo resultados. Estamos sempre em um dos degraus da escada do conhecimento, rumo ao alto ou descendo. Se uma técnica, produto ou serviço não é o que se espera, precisamos subir ao degrau dos conceitos para descobrir o que fazer para melhorar. Nesse caso será preciso mudar os métodos, isto é, os conceitos. Seja qual for o caso, se o degrau dos conceitos não nos proporcionar os aperfeiçoamentos que buscamos, teremos de subir mais e voltar ao degrau da filosofia. Vejamos um exemplo.[3]

A história dos relógios Swatch

A Suíça sempre foi reconhecida pela excelência de sua indústria relojoeira. Ainda assim, no fim da década de 1970 esse segmento da economia daquele país atravessava uma fase crítica. Na verdade, estava ameaçado de desaparecer. A razão desse desastre potencial era a competição dos relógios eletrônicos japoneses e suas principais características: produção em massa; preço acessível; boa qualidade; precisão; fonte interna de energia não exclusivamente mecânica (o cristal de quartzo). A sinergia produzida por essas características era a razão da ameaça a marcas tradicionais como Omega, Tissot, Longines, Mido e várias outras.

Era preciso encontrar uma saída. Foi o que fez o consultor de negócios e empreendedor de origem libanesa Nicholas Hayek: elaborou um plano de reestruturação que resultou na fusão dos maiores fabricantes de relógios da Suíça – ASUAG e SSIH.[4, 5] Nasceram assim os relógios Swatch, com as seguintes características:

---

[3] MARIOTTI, Humberto. Pensar tudo de novo, mas pensar diferente. *Carreira & Negócios* 14, p. 68-70, 2009.

[4] SLOANE, Paul. *The leader's guide to lateral thinking*: unlocking the creativity and innovation in you and your team. Londres e Philadelphia: Kogan Page, 2006, p. 6, 60, 175.

[5] SWATCH. Swatch Company history. Disponível em: <www.swatchgroup.ch/company/past.php>.

produção em massa; preço acessível; boa qualidade; precisão; fonte interna de energia não exclusivamente mecânica. Como os japoneses, portanto. E mais: artisticamente desenhados; de grande impacto estético e emocional; divertidos; vistos como objetos de coleção.

A recuperação foi rápida: em cinco anos, a Swatch já era a líder mundial na fabricação de relógios. A nova marca permitiu a permanência e a potencialização de marcas bem conhecidas: Longines, Lanco, Omega, Rado, Certina, Mido, Hamilton, Breguet e Blacpan, entre outras. Esse efeito se estendeu aos demais fabricantes, o que resultou no revigoramento de toda a indústria. Hayek foi o primeiro presidente do novo conglomerado e não se limitou aos relógios. Sua influência se fez sentir na criação do Smart Car, um novo carro de passeio da Mercedes-Benz que incorporou vários aspectos da filosofia Swatch, como a possibilidade de painéis de instrumentos personalizados. Note-se também a semelhança entre os nomes "Smart" e "Swatch".

Vamos agora a alguns comentários, e para tanto utilizemos a escada do conhecimento. O que realmente aconteceu com a introdução dos relógios Swatch? O que fez a diferença?

- *O produto (o resultado).* A indústria relojoeira suíça era por tradição a líder mundial. Seus produtos eram excelentes e muito apreciados pelo mercado.
- *A técnica (como fazer).* Os relógios eram tradicionalmente vistos como instrumentos mecânicos, de medida, de objetividade, que marcavam horas, minutos, segundos, dias do mês e em alguns casos as fases da lua. E assim eram fabricados: para proporcionar dados objetivos, métricas, certezas.
- *O método (o conceito).* Para essa indústria, o conceito de relógio incluía os seguintes pontos: (a) excelência, mesmo a preços pouco acessíveis em certos casos; (b) precisão; (c) confiabilidade; (d) durabilidade.
- *A filosofia (as ideias, a busca dos porquês).* A essência da filosofia da indústria relojoeira suíça era e é a física de Isaac Newton: o Universo visto como um mecanismo de relojoaria, regido por leis imutáveis. Um mundo de certezas, com pouca ou nenhuma subjetividade, sem grandes mudanças ou criatividade.

A introdução dos relógios eletrônicos japoneses pouco ou nada mudou essa filosofia. Modificou apenas o conceito de fonte de energia interna dos relógios, que passou a ser fornecida pelos cristais de quartzo. Já a transformação introduzida pelos relógios Swatch foi eminentemente filosófica. Hayek e seu grupo fizeram algumas perguntas desafiadoras: como ampliar o conceito de relógio? O que mais deve fazer um relógio além do que já faz? Que outras características deve ter?

Adotar a fonte de energia dos relógios de quartzo foi importante, porque aumentou a precisão e diminuiu os custos de manufatura. Mas não era o bastante. Era preciso pensar com mais amplitude e profundidade. Era necessário sair do degrau dos conceitos, subir ao degrau da filosofia e ampliar a ideia de relógio: o que mais deve fazer um relógio, além de proporcionar dados objetivos?

Eis a resposta: os relógios também devem satisfazer às necessidades estéticas (o que já ocorria em boa medida com os produtos tradicionais) e outras necessidades emocionais – a subjetividade das pessoas, enfim. Não que devessem abandonar suas tradicionais características mensuradoras e objetivas, pois elas eram, são e serão necessárias. Mas eles são usados por pessoas, e por isso novas satisfações subjetivas devem complementar as objetivas. Os relógios devem ser utilitários, mas também artísticos, emocionais e estéticos. Sua variedade e atratividade devem ser tais que as pessoas sintam vontade de colecioná-los. Essa foi a grande transformação que a marca Swatch trouxe para o mercado de relógios – uma mudança de filosofia.

Um dos equívocos mais primários que se pode cometer é confundir valor com preço. Preço pode ser valor, mas o inverso nem sempre é verdadeiro. Uma informação e um conhecimento têm valor e utilidade. Quando o conhecimento é visto apenas como algo útil, tende a ser transformado em uma *commodity*. O valor subjetivo é intrínseco, não facilmente transformável em algo tangível. A utilidade também é um valor, mas o utilitarismo não. O utilitarismo é uma ideologia, e como toda ideologia reduz tudo à lógica binária e assim supersimplifica a utilidade.

Essa lógica faz com que se confunda utilitarismo com competência profissional. Por exemplo, um determinado médico trata seus pacientes segundo as técnicas mais avançadas (as ditas “melhores práticas”), mas ignora seus sentimentos, emoções, ligações familiares, as repercussões sociais de sua doença, enfim, não dá valor à sua dimensão humana. Comporta-se assim com o argumento de que envolver-se com essas coisas o faria perder a objetividade e portanto a eficiência. Propõe-se a ser competente e produzir resultados. As técnicas e tratamentos que usa servem tanto para um paciente específico quanto para quaisquer outros. Não lhe importa se as pessoas têm graus diferentes de tolerância à dor, ao medo, ao estresse, ao fato de estarem em situações-limite. Seu modo de tratá-las é sempre o mesmo.

Não por acaso, essa é a definição de "melhores práticas": as que supostamente são sempre eficazes. Mas para que isso fosse verdadeiro seria preciso que os contextos fossem fixos ou variassem muito pouco. Porém, em ambientes complexos como os do mundo natural, as coisas mudam o tempo todo e é ingenuidade imaginar que fazer duas ou mais vezes a mesma coisa leva sempre aos mesmos resultados. Enfim, como se costuma dizer, o diabo está nos detalhes.

Por isso, do ponto de vista humano e em contextos complexos como os das ações de saúde, confundir frieza e impessoalidade com competência está longe de caracterizar um bom profissional. Entretanto, em nossa cultura utilitária e quantificadora é assim que as coisas funcionam. Isso não chega a surpreender. Impessoalizar as relações e os ambientes faz parte das tentativas de simplificar o mundo por meio da eliminação da incerteza. Só que no contexto da medicina, como em muitos outros, pensar que é possível descartá-los totalmente apenas cria uma ilusão: a do profissional "impecável". Significa ir longe demais com o empenho simplificador – até o ponto de supor que é possível simplificar o que não pode ser simplificado.

É o que acontece quando se tenta reduzir o conhecimento a um conjunto de tópicos utilitários. Nesses casos inevitavelmente ignora-se o seu valor, e ignorar o valor do conhecimento talvez seja a pior forma de ignorância. Essa é a diferença entre acumular dados (em geral, supondo que isso equivale a ter muito conhecimento) e educar-se (mudar de comportamento por meio do aprendizado). A acumulação pura e simples de dados tem sua utilidade em contextos bem específicos. Fora deles não passa de cultura de almanaque.

Há uma diferença essencial entre instrução e educação. Instruir significa dar às pessoas regras passo a passo, algoritmos – as chamadas "melhores práticas". Em geral elas gostam disso, porque assim não precisam se dar ao trabalho de pensar. E assim deixam de perceber que as ditas "melhores práticas" em geral são ações repetitivas que não produzem inovação. Ao contrário, induzem as pessoas a ver a vida como um processo sequencial que em muitos casos é necessário, mas também muitas vezes insuficiente. Muitos ainda não entenderam que sem fazer conexões entre os conhecimentos não há educação e sem educação não há inovação.

Complexidade e complicação

O mundo real é complexo e com frequência caótico. Por isso, os autores que estudam a complexidade costumam dizer que o mundo está sempre à margem do caos ou, como diz Morin, à temperatura de sua própria destruição.

Em um sistema complexo os elementos que o constituem estão entrelaçados, como mostra a expressão latina *complexus*, que significa "o que está tecido junto". Entretanto, máquinas sofisticadas, compostas de muitas partes que se articulam e funcionam juntas em busca de um objetivo comum, também se encaixam nesse conceito. Um relógio, um carro e um avião são máquinas com tais características. Mas não são sistemas complexos, são sistemas complicados. Por outro lado, os seres humanos e seus sistemas sociais (as sociedades e as empresas, por exemplo) e também outros sistemas naturais também cabem nessa definição. Mas são sistemas complexos e não complicados.

A diferença está no grau de erro, incerteza e ilusão. Tomemos um relógio. É um sistema em que tudo está tecido junto. Mas também é um sistema em que tudo foi feito – e com êxito – para reduzir ao máximo o erro, a incerteza e a ilusão. Essa redução aumenta muito a previsibilidade, a objetividade e a precisão. Para isso são feitos os relógios.

Nos sistemas vivos e nos demais sistemas da natureza, o erro, a incerteza e a ilusão não podem ser reduzidos com a mesma eficácia. Se isso pudesse ser feito, eles perderiam muito de sua capacidade de adaptação às variações do ambiente. Nos sistemas criados pelos humanos – os grupos, as organizações e as instituições –, é desejável que a redução seja a maior possível, mas o grau até aonde ela pode ir é muito menor do que o que se consegue nos sistemas complicados. Nestes, a engenharia – que é fundamentalmente orientada pelos princípios da física newtoniana – desempenha um papel bem mais decisivo.

Tudo isso visto, é essencial reter este ponto: os sistemas complexos se caracterizam de um lado por sua baixa precisão e baixa repetitividade e, do outro lado, por sua grande adaptabilidade, criatividade e capacidade de inovar. Por isso são chamados de sistemas complexos adaptativos. Incluem um nível mais alto de erro, incerteza e ilusão. Os grupos, organizações e instituições humanas são exemplos de sistemas complexos.

As diferenças aqui apresentadas devem ser vistas como recursos didáticos. Há sistemas naturais não vivos que são complexos, como os tornados e os vulcões. Há sistemas artificiais que podem ser considerados complexos, como certos *softwares*. De um modo geral, porém, pode-se dizer que os sistemas complicados são artificiais e os sistemas complexos são naturais.

Contudo, com os avanços tecnológicos certos artefatos têm se tornado parte dos organismos vivos, em especial os humanos. É o caso de implantes como marca-passos, *chips*, membros artificiais e assim por diante. Portanto, com o passar do tempo e a evolução da tecnologia a diferença entre sistemas complicados e sistemas complexos tende a se tornar menos nítida. De todo modo, para nossos propósitos a separação entre essas duas classes de sistemas é útil e se justifica. Por mais que a tecnologia avance, os sistemas complexos terão sempre um nível mais alto de erro, incerteza e ilusão do que os sistemas complicados.

Já em 1967, James Thompson dizia que a incerteza parece ser o principal problema das organizações complexas, e que saber trabalhar com ela é a essência da gestão.[6] Em uma empresa o planejamento, a estratégia, os processos, os cálculos e as métricas têm um papel importante para esse propósito. Mas, como se sabe, uma empresa é um sistema sociotécnico e a presença dos humanos impõe limites a esses procedimentos redutores.

Assim, apesar das máquinas, cálculos e métricas, uma empresa será sempre um sistema complexo. Se todos os humanos saíssem e deixassem apenas as máquinas e as instalações, ela poderia ser vista como um sistema complicado – mas não poderia funcionar nos termos e propósitos humanos. Isso acontece mesmo em empresas nas quais a presença humana é mínima, pois a automação e a informatização não a eliminam de todo, seja *in loco* ou a distância. Dessa maneira, justifica-se a definição didática de que sistemas complexos são todos aqueles que comportam seres vivos.

---

[6] THOMPSON, James D. *Organizations in action*: social science bases of administrative theory. Nova York: McGraw-Hill, 1967.

Quando uma empresa adquire outra, em geral o capital usado na aquisição pode ser dividido em pelo menos três partes. A primeira se destina a pagar aos acionistas e adquirir o controle. A segunda se destina ao pagamento do passivo da corporação adquirida. A terceira fatia fica em tesouraria, provisionada para eventuais surpresas. Por mais benfeita que tenha sido a auditoria antes do fechamento do negócio, há sempre a possibilidade de surgirem débitos ou encargos ainda em aberto. Providenciar essa terceira fatia é um procedimento de gestão de risco, ou seja, de lidar com o erro, a incerteza e a ilusão.

Gestão da complexidade e gestão do erro, da incerteza e da ilusão são praticamente sinônimos e esse fato gera uma questão importante. Ralph Stacey[7] observa que o pensamento sistêmico não consegue explicar nem lidar com a diversidade, a liberdade humana e a emergência do novo. Por isso ele afirma que o conceito de sistema deve ser abandonado, pois as organizações são processos evolutivos e não sistemas, na acepção que lhe dá a teoria dos sistemas e seus aperfeiçoamentos.

A proposta de Stacey é bem fundamentada, mas não concordo com sua proposta de abandonar o conceito de sistema. O que se deve descartar é a ideia do pensamento sistêmico como discurso hegemônico da gestão. Em outro contexto, Morin já havia feito uma proposta semelhante há 20 anos ou mais. Em lugar de *sistema*, ele sempre preferiu usar o termo *organização*, que soa mais abrangente e tem uma conotação menos mecanicista.

Daí se tira uma conclusão que talvez seja difícil de aceitar por muitos gestores, mas que é inerente à natureza do mundo real: um bom gestor é aquele que reconhece que, por mais que se tente afastá-los, haverá sempre: (a) um certo nível de erro e incerteza no mundo real; (b) esse nível é sempre maior do que se pensa. Não ter consciência disso é a causa de uma ilusão muito frequente: a de que é imperioso "lutar" contra a natureza e suprimir a sua complexidade para poder dominá-la.

É mais do que óbvio que nada disso dispensa os gestores de simplificar o que pode ser simplificado e gerenciar o que pode ser gerenciado. Por outro lado, faz parte dos atributos de um gestor competente saber até onde podem ir as métricas e os cálculos, e não se iludir atribuindo-lhes poderes que eles não têm. O que

---

[7] STACEY, Ralph D.; GRIFFIN, Douglas G.; SHAW, Patricia. *Complexity and management*: fad or radical challenge to systems thinking? Londres: Routledge, 2006, p. 18-19.

equivale a reconhecer e compreender a complexidade do mundo real e, diante dela, assumir uma atitude pragmática.

Conclui-se, assim, que o mundo real é complexo e com frequência caótico, isto é, permeado por crises. Fazer gestão da complexidade é antes de mais nada não esquecer que vivemos à margem do caos. A simplificação e a complicação são categorias de pensamento e ação que utilizamos para diminuir a complexidade, mas não devemos ter a ilusão de que ela pode ser totalmente afastada.

Aprender a lidar com a complexidade do mundo é um instrumento de liderança. Como disse Mohandas Gandhi, a liderança começa com a autoliderança do mesmo modo que – acrescento – o conhecimento, por mais sofisticado que seja, começa com o autoconhecimento. Ao participar de qualquer grupo, organização ou instituição, devemos estar conscientes de que nesses contextos estamos imersos na simplicidade possível, mas que a complexidade está sempre presente. Este pode não ser o melhor dos mundos, mas é o mundo em que vivemos.

Essa conscientização desperta nas pessoas uma noção mais clara da realidade e lhes dá o sentimento de que é possível errar menos, iludir-se menos e ter sempre consciência da incerteza. Trata-se de uma forma eficaz de diminuir a ingenuidade, a alienação e, em especial, a arrogância. Saber até onde se pode ir é uma forma de sabedoria que não tem nada a ver com excesso de prudência, mas sim com pragmatismo e responsabilidade. Não podemos nos dispensar de aprender essas lições.

No contexto das empresas, como em qualquer outro, o excesso de simplificação não aumenta a eficiência. Ao contrário, tende a emperrar o sistema e diminuir sua adaptabilidade. Convém lembrar: se você estiver convencido de que tudo na vida pode ser conduzido em linha reta, sem imprevistos, sem flutuações, sem surpresas e sem nada de novo, concluirá que basta agir conforme as regras. Centralizar ao máximo e submeter tudo à sua autoridade (de pai, professor ou gestor) é um direito seu. Se assim for, vá em frente – mas não se faça de surpreso quando os resultados forem opostos aos seus desejos.

Simplificar é reduzir. Reduzir é basicamente explicar, e para isso é necessário parcializar. No entanto, como já vimos, toda redução/explicação precisa ser seguida de reampliação/compreensão. Reduzir inclui diminuir até onde for possível o nível de erro e incerteza, o que já sabemos pode ser conseguido em grau máximo nos sistemas complicados, mas só em um grau razoável nos sistemas complexos. Nesse sentido as abordagens redutoras são úteis, pois explicam o que pode ser explicado. Já a reampliação permite uma visão abrangente e, portanto, a compreensão do que não pode ser explicado.

É óbvio que ambas as condutas devem ser vistas como complementares. Reduzir, reampliar, reduzir, reampliar – esse é o *zoom* do pensamento. Assim funciona a escada do conhecimento: para cima, compreensão e reampliação. Para baixo, redução e explicação. A reampliação implica tomar o que foi reduzido e questioná-lo, buscar conexões, exceções, ressalvas e nuanças – como quem procura os múltiplos matizes de cinza que existem entre o branco e o preto. Reampliar significa pôr à prova o que foi reduzido.

A redução requer mais lógica linear e leva a menos *insights*. A reampliação requer menos lógica linear e leva a mais *insights*. O excesso de redução leva à racionalização. O excesso de reampliação pode levar ao misticismo. Tanto um extremo quanto o outro geram arrogância e ilusões de controle, e é por isso que eles devem se moderar mutuamente.

Os quatro contextos

Como foi dito há pouco, fazer gestão da complexidade é, em boa medida, diminuir o nível de erro, incerteza e ilusão de um sistema complexo adaptativo – uma empresa, por exemplo. Existem alguns instrumentos conceituais e operacionais para esse fim. Entre eles estão a matriz Cynefin, introduzida por David Snowden,[8, 9, 10, 11] e a matriz MZ, que desenvolvi em colaboração com Cristina Zauhy. A matriz Cynefin será apresentada a seguir e retomada no Capítulo 8. A matriz MZ será apresentada em detalhes nesse mesmo capítulo.

---

[8] SNOWDEN, David J. Archetypes as an instrument of narrative patterning. *ARK: Knowledge Management Story*. Special Edition. p. 1-6, Nov. 2001.

[9] KURZ, C. F.; SNOWDEN, D. J. The new dynamics of strategy: sense-making in a complex and complicated world. *IBM Systems Journal* 42 (3), p. 462-483, 2003.

[10] SNOWDEN, David; STANBRIDGE, Peter. The landscape of management: creating the context for understanding social complexity. *E:CO* 6 (2), p. 140-148, 2004.

[11] SNOWDEN, David J.; BOONE, Mary E. A leader's framework for decision making. *Harvard Business Review*, p. 69-76, Nov. 2007.

Snowden divide didaticamente a realidade em quatro contextos: o simples, o complicado, o complexo e o caótico.

O **contexto simples** tem as seguintes características: as relações de causa e efeito são diretas, lineares, repetitivas, nítidas e previsíveis (causalidade imediata). Esse é um âmbito conhecido e sobre ele praticamente não há dúvidas. O tempo é o presente. Em termos de espaço, trata-se do âmbito local.

Nos contextos simples funcionam bem as chamadas "melhores práticas", que estão muito próximas das regras passo a passo, os tutoriais dos processos. É claro que só podem ser chamadas de melhores as práticas que funcionam bem em contextos simples. Mas muitos gestores desconhecem esse fato, e têm como certo que melhores práticas são as que dão os melhores resultados em qualquer contexto. No entanto, quando o contexto é complicado, complexo ou caótico, o conceito de melhores práticas não se aplica.

Imaginemos um caminhão que chega ao pátio de uma fábrica com um contêiner. A tarefa consiste em abri-lo e descarregá-lo com uma empilhadeira, para que seu conteúdo seja levado ao setor ou setores previamente determinados. É tudo muito simples, linear, previsível e sequencial. Não há desacordos a respeito do que fazer. Desse modo, pode-se dizer que o conceito de melhores práticas é inversamente proporcional ao nível de erro e incerteza de um determinado contexto.

O **contexto complicado** é o domínio dos sistemas complicados – as máquinas e os sistemas mecânicos e informatizados. Eis as suas principais características: as relações de causa e efeito são lineares ou baseadas no pensamento sistêmico. São repetitivas mas nem sempre previsíveis, porque aqui o nível de erro, incerteza e ilusão é mais alto do que nos contextos simples. O contexto é conhecível. É o âmbito do provável e das boas práticas, isto é, as que requerem a presença e atuação de especialistas.

Um bom exemplo é o funcionamento de qualquer máquina. Você se prepara para sair de manhã e dá a partida no carro. Tudo indica que ele funcionará, como faz todos os dias. Mas dessa vez não é assim, o que altera a sua rotina e exige a intervenção de um mecânico, isto é, um especialista. O mesmo também pode ocorrer quando ligamos o computador para iniciar um dia de trabalho. Tudo foi feito para que o sistema entre e os ícones apareçam na tela. É o previsível. Mas dessa vez isso não ocorre e, depois de várias tentativas infrutíferas, é necessário pedir ajuda a um técnico de TI – um especialista.

No **contexto complexo**, as relações de causa e efeito com frequência não são percebidas nem previsíveis. O nível de erro, incerteza e ilusão é bem mais elevado do que o dos contextos complicados. É preciso acompanhar o fluxo dos acontecimentos e observar os eventos que dele se originam, isto é, observar a realidade emergente e adaptar-se a ela.

Esse é o domínio das múltiplas possibilidades. Aqui as melhores práticas e as boas práticas não dão os resultados esperados. Quando isso acontece, costumamos culpar as práticas, o modo de empregá-las ou as pessoas que as usam. O hábito é trocar práticas e pessoas – somente para constatar que isso raramente resolve. E assim é porque há necessidade de práticas emergentes e adaptativas.

O contexto complexo é em geral chamado de zona da complexidade ou margem do caos. É o mundo real, no qual precisamos esperar sempre pelo inesperado e estar sempre certos da possibilidade do incerto.

No **contexto caótico**, as relações de causa e efeito não são lineares, o que também acontece, mas em grau menor, nos contextos complexos. Com muita frequência essas relações são confusas e por isso não são percebidas. É o domínio do inconcebível, das crises, dos eventos inimagináveis. Por exemplo, ninguém diria que o ataque terrorista ao World Trade Center em 11 de setembro de 2001, nos EUA, fosse acontecer. Mas aconteceu. A crise econômica, iniciada nos EUA em 2008 como financeira, é outro exemplo. A pandemia de gripe pelo vírus H1N1, começada em 2009, é outro.

Como vimos há pouco, para fins didáticos pode-se dizer que esses quatro contextos são metáforas do mundo real. O simples e o complicado são frutos do esforço humano para reduzir o nível de erro, incerteza e ilusão. Os contextos complexo e caótico contêm o nível que não é possível eliminar depois de todas as tentativas, pois ele é inerente aos sistemas complexos adaptativos.

Apesar de apresentados separadamente para melhor compreensão, os quatro contextos estão sempre presentes na realidade cotidiana, que é complexa mas contém o simples, o complicado e o caótico. Com efeito, a experiência mostra que em um único dia as situações podem se apresentar de maneiras diversas. É como a ponta do *iceberg*: ora ela representa uma situação complexa, ora caótica, simples ou complicada. No entanto, abaixo da superfície os outros contextos estão sempre presentes sob a forma de possibilidades e podem emergir a qualquer momento.

Recordemos o exemplo há pouco mencionado. Receber e descarregar um contêiner é uma situação simples. Porém, digamos que de repente se descobre que por algum motivo não é possível abri-lo, ou que o contêiner não é o que deveria estar naquele caminhão. Ou, depois de aberto, verifica-se que ele não contém a carga descrita no manifesto. Nesses momentos, a depender da urgência com que a carga é esperada na fábrica, uma situação simples pode se transformar em complexa ou mesmo caótica. E assim pode requerer um tipo de tratamento diferente e orientado por outra forma de pensar.

Nos contextos simples e complicados, os métodos tradicionais de gestão, com suas sequências operacionais, métricas e algoritmos, funcionam bem e para tanto os pensamentos linear e sistêmico são satisfatórios. Para os contextos complexos e caóticos, porém, são necessárias outras posturas e outros modos de perceber e avaliar e é indicada a gestão da complexidade, orientada pelo pensamento complexo.

Para exemplificar, voltemos à crise econômica mundial iniciada em 2008. Em um artigo importante, Heifetz e colaboradores[12] advertiram que quando a recuperação acontecesse as coisas não voltariam ao normal como se costuma pensar. Seria necessária uma mudança profunda no modo de pensar de líderes e gestores. Isso deveria acontecer, dada a constatação de que os métodos tradicionais de gestão, eficazes em contextos simples e complicados, não são eficazes nos contextos complexos e caóticos. Em outros termos, os métodos tradicionais perdem eficácia à medida que aumenta o nível de erro, incerteza e ilusão do ambiente.

Uma crise é uma situação caótica. As crises não são separadas da "normalidade", pois fazem parte dela em estado latente. É assim que as coisas se passam no mundo real – mas a maioria das pessoas não se dá conta disso, porque estão condicionadas a pensar de um modo mecanicista, de causalidade simples. Esse é o viés da chamada "sabedoria convencional", que nos faz acreditar que as crises são sempre exceções.

Daí a nossa grande dificuldade de aprender com os erros e as crises. Imaginamos que é sempre possível voltar aos hábitos e pontos de vista anteriores quando

---

[12] HEIFETZ, Ronald; GRASHOW, Alexander; LINSKY, Marty. Leadership in a (permanent) crisis. *Harvard Business Review*, p. 62-69, Jul./Aug. 2009.

elas completam o seu ciclo. Não há dúvida de que há algo de verdadeiro nisso. Mas também é correto que o fato de não aprendermos com os erros e as crises sempre cobra de todos nós um alto preço. O artigo de Heifetz e colaboradores sustenta que devemos nos libertar desse padrão de pensamento e comportamento. Nos termos deste livro, esses autores propõem que aprendamos a reconhecer a complexidade e a conviver com ela.

Sabemos que a palavra *complexidade* se refere ao mundo real, que contém uma infinidade de sistemas entrelaçados e interdependentes e inclui a natureza, as sociedades e as instituições humanas. Tudo está interligado, tudo está tecido junto, de modo que quando um ponto do sistema se modifica, a mudança repercute no todo, embora as repercussões nem sempre sejam imediatamente perceptíveis em termos de causa e efeito, tanto no espaço quanto no tempo. Ou seja: nos sistemas complexos as relação de causa e efeito são com muita frequência não lineares.

Neste ponto já é possível avançar algumas conclusões:

- A complexidade é a maneira como o mundo real se mostra à nossa experiência cotidiana.
- As ciências da complexidade constituem um conjunto de disciplinas cuja finalidade é estudar os fenômenos complexos e desses estudos extrair princípios bem fundamentados. Entre as escolas que compõem as ciências da complexidade destacam-se a teoria do caos, a matemática dos fractais, a teoria da estruturas dissipativas, de Ilya Prigogine, e a escola criada por Edgar Morin.
- O pensamento complexo é um conjunto de métodos e técnicas cujo objetivo é levar à prática os princípios e conceitos oriundos das ciências da complexidade. Tais aplicações se estendem a quase todas as áreas da atividade humana, entre elas a educação, as ações de saúde e o mundo dos negócios, economia e administração.
- O objetivo do pensamento complexo, em especial quando aplicado aos negócios, economia e administração, não é substituir os tradicionais métodos e técnicas de gestão. Ele não pretende fazer a gestão do que pode e deve ser gerenciado por métodos consagrados, cujas bases são os pensamentos linear e sistêmico. Dito de outra forma, o pensamento complexo não pretende fazer a gestão do que acontece nos contextos

simples e complicados. Nesses âmbitos, os processos sequenciais ou sistêmicos produzem resultados satisfatórios.

- Na zona da complexidade (ou margem do caos), o nível de erro, incerteza e ilusão não pode ser reduzido além de um certo ponto e por isso, queiramos ou não, temos de aprender a conviver com ele. As tentativas de fazer com que essa redução seja maior do que pode ser acabam se transformando em meios de autoengano. É o que acontece, por exemplo, quando se tenta atribuir às métricas mais valor do que elas realmente têm. Não devemos nos esquecer de que os números se destinam a aumentar a clareza e melhorar a comunicação. Quando supomos que eles têm a propriedade de transformar a subjetividade em objetividade, passam a funcionar como instrumentos do pensamento mágico e, portanto, tendem a nos afastar do mundo real. Essa tendência e sua principal consequência – a ilusão de controle – serão abordadas em detalhes adiante.

O JOGO DO ERRO E DA ESTRATÉGIA

Já abordei o tema racionalidade e racionalização em outros textos, mas é sempre conveniente retomá-lo e ampliá-lo. São duas coisas diferentes. Como diz Morin, a racionalização é a maior inimiga da racionalidade, porque abandona o diálogo com a experiência vivida no mundo real e se fixa na lógica doutrinária.[13] A racionalidade reconhece que os sentimentos, as emoções e a intuição são inerentes à condição humana e busca modos de convivência que evitem que fiquemos excessivamente presos à sua influência.

A racionalização finge que os sentimentos, as emoções, a intuição e a subjetividade não existem, e assim cria uma realidade própria que pouco tem a ver com a do mundo. Ela é surreal e irracional, e por isso mesmo um poderoso instrumento de autoengano. A racionalização se propõe "científica", "exata" e "objetiva", mas na verdade é uma projeção da mente reducionista sobre a realidade cotidiana.

O pensamento racionalizador tem uma história longa e bem conhecida. Ela começa basicamente a partir dos séculos XVII e XVIII, quando os filósofos ilu-

---

[13] MORIN, Edgar. *Pour entrer dans Le XXIe siècle*. Paris: Seuil, 2004, p. 280.

ministas decidiram banir do âmbito do pensamento e da atividade humana tudo o que se referisse aos sentimentos, emoções e subjetividade. Com isso foram também banidos os mitos, a religiosidade e com eles muitas das capacidades criativas e adaptativas das pessoas. Em seu lugar passaram a predominar a "razão clara", o cálculo, as medidas e a lógica linear.

Por si só esse fenômeno não foi necessariamente um mal. O que ele trouxe de mau foi o fato de ter expurgado formas tradicionais de conhecimento sem nenhuma tentativa de vê-las como complementares. O ânimo predominante foi o de afastar e eliminar, e o resultado foi uma visão de mundo artificial. Até hoje estamos condicionados a pensar e agir segundo esses ditames, entre os quais figura a atitude de ver o mundo não como ele se mostra à nossa experiência, mas como o calculamos.

Estamos tão condicionados por essa ficção simplificadora que continuamos a crer que seus resultados parcelares são representativos da totalidade e da complexidade do mundo. Por exemplo, continuamos inclinados a acreditar no simplismo com que são elaboradas muitas previsões econômicas, mesmo diante das evidências de que grande parte delas não passam de conjecturas. Com isso subestimamos as possibilidades de erro e nos tornamos propensos a errar mais, o que diminui nossas capacidades de adaptação.

Morin observa que todo ser vivo é um sistema que se auto-organiza por meio do confronto das informações que recebe de dois âmbitos: o meio ambiente e o seu meio interno. A informação interna está programada no sistema genético. A informação do ambiente é captada pelas funções que compõem a vida de relação. Todas essas funções incluem a possibilidade de erro, que tem a potencialidade de ameaçar o sistema e, no limite, levá-lo à desorganização, isto é, à morte.[14] Daí a importância de saber lidar com o erro. Trata-se de uma estratégia – uma estratégia vital.

Nessa linha de raciocínio é preciso mudar de modo de pensar, o que implica o desenvolvimento de algumas capacidades:

- Aprender a lidar com o erro e a ilusão. Em especial, aprender a lidar com o autoengano.

[14] Id., ibid., p. 203-204.

- Em termos de contexto, saber identificar o simples, o complicado, o complexo e o caótico. Em seguida, aprender a adaptar-se às variações dos contextos. Há várias formas de fazer isso. Uma das mais eficazes é o uso das matrizes do pensamento complexo, que será abordado no Capítulo 8.
- Aprender a ver o todo sem perder de vista as partes que o compõem e vice-versa.
- Identificar, valorizar e saber interpretar os fenômenos não imediatamente perceptíveis e a princípio aparentemente sem importância. São os chamados sinais fracos periféricos. Entre os autores que tratam do assunto estão Day e Schoemaker,[15] em um livro importante, que contém exemplos, *assessments* e ferramentas operacionais.

O CONCRETO E O INTANGÍVEL

É importante compreender que tudo o que consideramos sólido – uma barra de aço ou um prédio de 30 andares, por exemplo – antes de existir dessa forma esteve na mente de alguém. Por outro lado, sua presença física pode gerar novas ideias. Portanto, uma barra de aço e um prédio de 30 andares são ao mesmo tempo objetos concretos e representações mentais.

É essencial perceber a importância do pensamento e das ideias, e entender que é daí que vêm muitos dos objetos e práticas do mundo que chamamos de concreto. É também fundamental compreender que as técnicas, as práticas e seus resultados são, por sua vez, fontes de novas ideias. É assim que as técnicas evoluem e se aperfeiçoam. A observação e avaliação de práticas e resultados são capazes de modificar ideias antigas e produzir ideias novas. O abstrato produz o concreto e este volta ao abstrato e o aperfeiçoa.

É indispensável ter sempre consciência da importância de pensar, isto é, a importância da filosofia. Certa vez, perguntei a um aluno sobre seus objetivos no curso de que participava e tive a seguinte resposta: ele estava ali para gerar resul-

---

[15] DAY, George S.; SCHOEMAKER, Paul J. H. *Peripheral vision*: detecting the weak signals that will make or break your company. Boston, Massachusetts: Harvard Business School Press, 2006, p. 1-2.

tados para os acionistas da empresa em que trabalhava. Essas foram suas palavras textuais. Posturas assim são manifestações de um pressuposto (ou seja, da filosofia) profundamente arraigado em nossa cultura: vivemos para produzir resultados. Daí tem surgido uma série de consequências, inclusive a atitude de considerar as pessoas que têm mais idade inúteis e portanto descartáveis.

Tudo isso revela desprezo pela experiência e pelo conhecimento a ela associado. O que aliás faz um certo sentido: se examinarmos a história, inclusive a história da administração, verificaremos que a sucessão de modos de pensar que não mudam (e por isso levam à repetição dos mesmos erros) evidencia a nossa grande dificuldade de aprender pela experiência e pelos conhecimentos que ela produz. Em plena era do conhecimento, essa é uma atitude que diz muito do valor que damos a ele – apesar de toda a retórica em contrário.

O aluno a quem me referi há pouco – que presumo ter se expressado com boa-fé e talvez com uma certa ingenuidade – estava condicionado pelo chavão "funcionamos para gerar resultados". De tanto ouvir esse mantra, o aluno concluiu que ele se refere a uma orientação razoável de vida. Não lhe ocorreu que a vida é bem mais do que um processo de produção de resultados econômico-financeiros, embora estes sejam parte de nossas estruturas sociais.

Em outro curso – este em uma empresa –, ouvi de um dos participantes que boa parte do conteúdo apresentado era "muita filosofia e pouca prática". Ao falar assim, ele certamente quis dizer que não precisava de filosofia para suas atividades profissionais. Estava condicionado por lideranças que o viam apenas como uma peça operacional e utilitária, o que permite deduzir que essas lideranças são também operacionais e utilitárias e provavelmente não têm consciência disso.

Se retroagirmos nessa sequência, descobriremos mais pessoas operacionais e utilitárias e também pouco ou nada conscientes desse fato. E assim sucessivamente. Estamos, portanto, diante de uma longa cadeia de operacionalidade-utilitarismo-inconsciência, cuja função – também desempenhada de modo inconsciente – é perpetuar o adormecimento, a visão de mundo mecanicista e a alienação. Perpetuar o afastamento do homem de si mesmo (o desencantamento do homem, para parafrasear a expressão clássica de Max Weber) e o afastamento do humano de seu mundo (o desencantamento do mundo, para lembrar outra expressão desse sociólogo alemão).

Todos nós precisamos de filosofia, mesmo que não tenhamos consciência disso. Temos necessidade da filosofia na exata medida em que a negamos. Ao negá-la, nós a afirmamos. Um exemplo bem conhecido é a mudança fundamental que Peter Drucker, durante sua longa vida, promoveu no modo de pensar do mundo dos negócios e da administração nos EUA. Nascido na Áustria (naturalizou-se americano em 1943), ele trouxe para os EUA a sofisticação de sua formação europeia, que incluía o conhecimento dos grandes pensadores e suas obras.

Na grande maioria dos textos ditos técnicos, a filosofia está ausente ou quase não é mencionada. Mas esse fato de modo algum nos dispensa de saber as razões do que fazemos e o contexto em que se situam nossas ações. Se renunciarmos a esse conhecimento ficaremos reduzidos a pouco mais do que massa de manobra. Com efeito, a prática mostra que essa é a condição em que vivem milhões e milhões de seres humanos.

Vejamos uma afirmação vinda da experiência: o aço é mais elástico do que a borracha. Se pensarmos em termos do nosso entorno imediato, essa frase não faz muito sentido e a tendência dos que a ouvem é duvidar. Tomemos, por exemplo, um prego de aço e um elástico desses usados para guardar notas. A experiência imediata dos sentidos mostrará que o elástico ganha do aço em termos de elasticidade. No entanto, se pensarmos em termos de outras variáveis como a escala, a força aplicada e contextos mais amplos (um prédio de 30 andares, por exemplo), o aço é mais elástico do que a borracha. Qualquer mestre-de-obras da construção civil pode nos informar isso. Assim, a depender da escala e do contexto, o aço é e não é mais flexível do que a borracha. É uma questão do que se pensa e de como se pensa.

É essencial que entendamos a importância do pensamento. É disso que se trata, em última análise: abandonar o preconceito em relação à filosofia, mesmo porque para o bem e para o mal o que hoje praticamos resulta das ideias de pessoas há muito desaparecidas, algumas delas há milênios.

Falar de filosofia sempre nos leva a falar de livros e de leituras, o que, como se sabe, são itens pouco apreciados em muitas de nossas sociedades atuais. Os livros de filosofia – e não sem uma certa razão – são tradicionalmente vistos como herméticos, difíceis de ler e entender. Mas há muitos que não entram nessa classificação. Lembremos os ensaios de Montaigne e Emerson e as obras de Ortega y Gasset e de Nietzsche. Cabe também mencionar livros que embora não declaradamente de filosofia na verdade o são. Entre estes destaca-se a ficção autobiográfica do americano Robert Pirsig *Zen and the art of motorcycle maintenance* (*Zen e a arte da manutenção das motocicletas*),[16] considerada pelo London Telegraph e pela rádio BBC o livro de filosofia mais lido de todos os tempos.[17]

Pirsig tem muito a dizer sobre formas de pensar e como mudá-las. À sua maneira, ele segue uma linha adotada por vários outros autores e classifica a inteligência humana em dois grandes modos: o clássico (que em termos gerais corresponde ao padrão linear-cartesiano) e o romântico (que, também em linhas gerais, corresponde ao modelo não linear, não cartesiano). Considero esse livro uma das obras mais importantes que existem sobre mudanças de modos de pensar, e vários de seus pontos de vista inspiraram o que veremos nos capítulos seguintes.

As ciências da complexidade e suas aplicações

A exemplo de Ralph Stacey e colaboradores,[18] façamos agora um breve histórico do desenvolvimento do pensamento gerencial, que termina com algumas considerações sobre a aplicação das ciências da complexidade ao universo das organizações. O roteiro seguido é o da evolução das principais teorias da administração. Outros caminhos poderiam ser percorridos, mas não faria muita diferença. Qualquer que fosse a trilha adotada, a base de tudo seria sempre a filosofia.

Em geral, os livros sobre história da gestão começam pelo estudo da administração dita científica. Em 1911, o americano Frederick Taylor introduziu a ideia de que as pessoas deveriam trabalhar separadas, pois em sua opinião reuni-las tornava-as imprevisíveis e irracionais. Daí a ideia da linha de montagem industrial, na qual indivíduos separados executavam partes separadas de um determinado trabalho sem ter acesso à totalidade do que produziam. As pessoas faziam parte dessas linhas como se fossem componentes mecânicos delas. A isso Taylor chamava de racionalizar o trabalho, o que em sua concepção afastava dele qualquer aspecto

---

[16] PIRSIG, Robert M. *Zen and the art of motorcycle maintenance*: an inquiry into values. Nova York: Harperperennial Modern Classics, 2005.

[17] PIRSIG, op. cit., p. xi.

[18] STACEY, Ralph D.; GRIFFIN, Douglas; SHAW, Patricia. *Complexity and management*: fad or radical challenge to systems thinking? Londres: Routledge, 2006, p. 61-66.

de subjetividade e portanto de personalização. Essa visão de mundo positivista e impessoal recebeu o nome de gerência científica.

Em 1916, o francês Henri Fayol pensou e agiu de maneira muito semelhante à de Taylor. Utilizou os mesmos princípios, cuja base filosófica era a separação sujeito-objeto: o gerente/observador não faz parte dos fenômenos e processos que observa e gerencia. Comanda-os de fora para dentro e de cima para baixo, com o propósito de acompanhá-los em busca de metas determinadas de antemão. Pretende chegar a futuros previsíveis, a ser atingidos mediante procedimentos sequenciais e controlados, num ambiente racionalista e supostamente objetivo.

Em outro livro, falei sobre a metáfora mecanicista do ser humano visto como um tubo de ingestão (*input*), processamento e excreção (*output*), seja de alimentos, seja de percepções transformadas em comportamentos. Na época de Taylor e Fayol o discurso dominante era exatamente esse: o que acontecia na mente das pessoas não interessava, o que importava era seu comportamento objetivamente observado em resposta a estímulos.

Talvez seja desnecessário dizer isso, mas pelo sim pelo não convém advertir os que acreditam que o taylorismo e o fayolismo estão superados de que pensar dessa maneira é um equívoco. Os métodos lineares e sequenciais ainda são necessários em muitos casos, embora a atitude impessoal, "objetiva" e centralizadora não mais se justifique. No entanto, qualquer um que trabalhe em uma organização não terá dificuldade de se lembrar de pessoas e ações que pensam e se comportam assim.

O movimento das relações humanas começou aproximadamente na década de 1930. Acompanhou o desprestígio do behaviorismo como escola psicológica dominante e reconheceu a importância da motivação, dos desejos e das crenças pessoais como propulsores da produtividade, embora mantivesse a atitude de comando e controle por meio de gestores externos. Marcou o início da transição do behaviorismo para a psicologia cognitiva, que se relaciona com o pensamento sistêmico, o qual por sua vez é a base do discurso gerencial atualmente hegemônico.

Vejamos como este último surgiu e se desenvolveu. Em seu livro *Crítica da faculdade do juízo,*[19] o filósofo Immanuel Kant talvez tenha sido o primeiro a falar

---

[19] KANT, Immanuel. *Crítica da faculdade do juízo*. Rio de Janeiro: Forense-Universitária, 2008, p. 212-218.

em auto-organização. Como observam Stacey e associados, esse mesmo filósofo foi também o primeiro ou um dos primeiros a falar do que viria a se chamar de pensamento sistêmico. Para ele, a natureza sempre se empenha em fazer vir à tona o que está em estado latente, e é por meio desse processo que ela se auto-organiza.

Mas tal processo é predeterminado: de acordo com Kant, a natureza se auto-organiza sempre em direção a futuros previsíveis. Ou seja, os sistemas funcionam e fazem emergir o que neles existe em estado latente. Nesse sentido, os processos de auto-organização se dirigem para resultados previamente conhecidos. Não surge nada de novo.

Na condição de humanos somos seres naturais, e nessa medida somos determinados pelas leis da natureza. Mas também somos seres sociais: vivemos nas culturas que criamos, e por essa razão tendemos a nos considerar fora do mundo natural. Como seres culturais, acreditamos que devemos nos comportar de modo racional, isto é, devemos aplicar às nossas ações os mesmos princípios que os cientistas adotam para estudar o mundo natural.

Ao longo dos anos, a visão kantiana acabou levando ao que hoje chamamos de pensamento sistêmico. Este se baseia no cognitivismo, teoria do conhecimento que vê os processos mentais segundo uma perspectiva positivista e mecanicista. A mente é vista como uma estrutura processadora de informações. A motivação, os desejos e as crenças são admitidos como dimensões importantes, mas a posição mecanicista é o referencial que predomina. O cognitivismo e a psicologia cognitiva sustentam que as percepções são "processadas" pela mente e daí surgem representações, isto é, mapas que são estocados na memória – os chamados modelos mentais.

Depois de Kant, a evolução do pensamento sistêmico registra momentos importantes: a cibernética, a teoria geral dos sistemas, a dinâmica dos sistemas e os arquétipos do pensamento sistêmico. Do pensamento sistêmico se originaram abordagens influentes como a de Chris Argyris e o movimento das *learning organizations*, com a qual se destacou Peter Senge e hoje inclui algumas derivações de cunho um tanto místico.

Mas nenhuma dessas abordagens chegou realmente à complexidade. Elas veem as organizações como sistemas nos quais o gestor se coloca fora dos processos que administra, tal como o cientista se situa fora de seus objetos de estudo – a tradicional separação sujeito-objeto. A suposição, de inspiração kantiana, é que o gestor lida com esses processos de modo objetivo, sempre em busca de metas previamente determinadas. Essa é a base do discurso gerencial hoje hegemônico em nossa cultura.

É claro que não proponho o abandono do uso da objetividade, das metas e dos processos na gestão das organizações. São modos eficazes de administrar e tudo indica que sempre serão. No entanto, a prática tem mostrado que nas empresas, como na vida, as metas nem sempre são atingidas; os resultados nem sempre são os esperados; as instruções nem sempre são postas em prática exatamente como foram emitidas, e quando o são nada garante que se atingirá o que foi planejado.

Enfim, todos sabemos que o mundo real não costuma se curvar aos nossos desejos e que as pessoas nem sempre se submetem de modo passivo à engenharia. Isso acontece porque o mundo real e a vida real são complexos, e como tal incluem o erro, a incerteza e a ilusão. De nada adianta fazer de conta que essas dimensões não existem. Lembremos uma frase de Sêneca, filósofo estoico que viveu durante o Império Romano: "O destino guia os que o aceitam e arrasta os que o rejeitam." É claro que aqui a palavra "destino" não implica fatalismo ou coisa parecida, refere-se ao fluxo das coisas e acontecimentos.

Já sabemos que há contextos e circunstâncias em que o nível de erro, incerteza e ilusão é baixo. Nesses casos o modo de atuar deve ser orientado pelo pensamento linear-cartesiano e pelo pensamento sistêmico. Processos sequenciais como as linhas de montagem industrial são um bom exemplo. Entretanto, quando o nível de erro, incerteza e ilusão é alto – como acontece nos contextos complexos e caóticos –, é preciso pensar de outra maneira.

Vejamos um exemplo, citado por Stacey e colaboradores e outros e muito comum no universo das empresas. Há pouco lembramos que muitas vezes especificações detalhadas quando postas em prática não dão os resultados esperados. Nessas ocasiões ocorre um fenômeno bem conhecido: os executores transgridem as instruções recebidas e, com frequência, conseguem bons resultados. É o que Stacey e associados chamam de *getting things done anyway*: fazer as coisas como é possível fazê-las. Nesses casos, para o bem e para o mal, a auto-organização acontece na direção de futuros não previstos pelas especificações. As coisas são feitas por meio da criatividade e da inovação.

Há inúmeras histórias de situações assim. Muitas aconteceram na economia centralizada da União Soviética, na qual a experiência demonstrou que, se as instruções houvessem sido postas em prática tal como haviam sido emitidas, as fábricas diminuiriam ou mesmo cessariam a produção. Aconteceram então as transgressões e a auto-organização produziu resultados melhores do que os previstos. Daí surgiu a famosa piada: "Eles fingem que comandam e nós fingimos que obedecemos."

Buscar exemplos tão antigos como os da União Soviética é uma estratégia que já utilizei antes, com o objetivo de mostrar que essas circunstâncias formam um padrão que continua atual. Todos sabem que situações assim são corriqueiras, não só no dia a dia das empresas privadas como na administração pública. E nada mudará enquanto não mudar o discurso dominante de gestão em nossa cultura.

O viés do pensamento sistêmico é a psicologia cognitiva, sobre a qual falarei no próximo capítulo, mas convém adiantar algumas considerações a esse respeito. A psicologia cognitiva abandona os pressupostos do behaviorismo e passa a se interessar pelo que acontece na mente. Entretanto, a metáfora do tubo continua a ser aplicável, pois seu pressuposto fundamental é que existem as percepções (*inputs*), seu processamento interno e, como resultado, o comportamento (*output*). A ideia do "homem-máquina" continua presente. Fala-se por meio de analogias, metáforas e conceitos mecânicos. A mente é vista como uma estrutura processadora de informações. Os estímulos vindos de fora são considerados parte de um mundo pré-dado, como acontece com as instruções passadas aos funcionários de uma linha de montagem. O mundo é apenas um fornecedor de *inputs*. O foco está no indivíduo e a dimensão social tem um papel secundário.

Rumo ao pensamento complexo

O filósofo alemão Georg Hegel[20] não concordou com a ideia kantiana de relações de causa e efeito diferentes para a natureza e para o homem. Em seu modo de entender, essas duas dimensões devem ser vistas como uma só e suas partes formadoras se relacionam entre si por meio de microinterações. Estas são para-

[20] HEGEL, G. W. F. *Phenomenology of spirit*. Oxford: Clarendon Press, 1977.

doxais, porque delas se originam ao mesmo tempo a continuidade/identidade e as transformações/diferenças.

Tais paradoxos constituem o que Morin, pensador confessadamente influenciado por Hegel, chama de coexistência de opostos ao mesmo tempo antagônicos e complementares. Por exemplo, como membro da espécie humana sou igual às demais pessoas, mas ao mesmo tempo sou diferente delas como indivíduo. Essa condição faz com o que o futuro deixe de ser previsível, pois, como acabamos de ver, das microinterações sociais emergem identidades (repetições) e inovações (diferenças).

E assim, como observam Stacey e associados, tais microinterações reconstituem de modo incessante o futuro. Elas comportam simultaneamente a competição e a cooperação, o exercício do poder, a inovação e a criatividade. É nelas, enfim, que está a liberdade humana.

Acrescento que não devemos esquecer que nós, humanos, somos ambíguos em relação à liberdade. Nós a desejamos e a tememos ao mesmo tempo. Há séculos que nossa característica de temer a liberdade e a propensão a obedecer tem sido observada e discutida. Para não ir muito longe nessa área, lembremos apenas as obras de La Boétie,[21] Erich Fromm[22] e Stanley Milgram.[23] Não entrarei em detalhes aqui porque já o fiz em outros livros, aos quais encaminho ao leitor.

Dada a sua origem e viés mecanicistas, o pensamento sistêmico não é capaz de explicar os fenômenos complexos. É de sua natureza tentar reduzir o erro, incerteza e ilusão a níveis muito baixos, o que diminui a complexidade dos sistemas e limita-lhes a liberdade e a capacidade de criar e inovar. Os principais objetivos – aliás válidos, nos contextos apropriados – da visão mecanicista são a precisão e a reprodutibilidade. Já vimos que um relógio, por exemplo, deve marcar a hora certa.

No mundo real esses objetivos são importantes para o que chamei de vida mecânica em outro livro: a vida do corpo em seu funcionamento fisiológico. Entretanto, para a vida não mecânica – que inclui os sentimentos, as emoções, a

[21] LA BOÉTIE, Etienne de. *Discurso da servidão voluntária*. São Paulo: Brasiliense, 1986.

[22] FROMM, Erich. *Escape from freedom*. Nova York: Holt, Rinehart and Winston, 1941.

[23] MILGRAM, Stanley. *Obedience to authority*: an experimental view. Nova York: Harper Perennial Classics, 2004.

subjetividade e a intuição – tais objetivos não se aplicam. Nesse âmbito, nunca se sabe quando uma pessoa assumirá comportamentos agressivos, quando ocorrerá um terremoto, quando surgirá um furacão, uma enchente, uma pandemia viral. Nunca se sabe quando acontecerão grandes crises econômicas, quando os confrontos entre países e facções religiosas ou políticas desencadearão novas guerras e assim por diante.

A não ser que queiramos nos deixar levar por consolações místicas ou semelhantes, é necessário pensar de modo adaptativo: explicar o que pode ser explicado e compreender o que não pode ser explicado. É principalmente para compreender o que não pode ser explicado que nós, humanos, construímos socialmente a realidade. Daí a importância do construcionismo social.

O construcionismo social

A abordagem de Stacey e colaboradores é um importante passo à frente no que se refere à aplicação das ciências da complexidade, seja à gestão das organizações ou a qualquer outra área. As ideias de Stacey podem levar ao fim o longo reinado do pensamento sistêmico como base do discurso gerencial dominante e em vigor ao menos desde 1950. Contudo, é importante deixar claro que no mundo das organizações muitas pessoas não sabem o que é pensamento sistêmico nem se dão conta desse fato, embora esse modo de pensar permeie a maioria das organizações em nossa cultura, inclusive na gestão de recursos humanos.

Stacey e associados[24] deram à sua abordagem, na qual as microinterações das pessoas desempenham um papel fundamental, o nome de psicologia dos relacionamentos (*relationship psychology*). Ela é em grande parte baseada nos trabalhos de George Herbert Mead, Lev Vygotsky, Mihkail Bhaktin, Norbert Elias e outros, que direta ou indiretamente estabeleceram os fundamentos do que veio a se chamar de construcionismo social. Acrescento as ideias seminais de Peter Berger e Thomas Luckmann,[25] autores confessadamente influenciados por Mead.

Recordemos alguns de seus pontos principais.

---

[24] STACEY et al. *Complexity management,* op. cit., p. 182.

[25] BERGER, Peter L.; LUCKMANN, Thomas. *A construção social da realidade*. Petrópolis: Vozes, 2001.

- O construcionismo diz respeito à construção de significados por meio de interações humanas, o que inclui relações de poder. Os fenômenos do dia a dia são socialmente construídos, e para tanto a linguagem é essencial.
- O mundo não pode ser percebido pelos humanos tal como é. Não pode ser percebido diretamente pelo observador, mas pode ser conhecido por meio da experiência – e esta é amplamente orientada pela linguagem, que por sua vez permeia e estrutura as interações das pessoas.
- Como o mundo não pode ser percebido e conhecido diretamente, precisamos confiar nas representações que dele fazemos: os símbolos, os mapas, as imagens, os discursos – enfim, tudo o que pode servir como representação de nossa experiência.
- O construcionismo social se afasta do realismo ingênuo, modo de pensar que propõe que o mundo existe independentemente de nossa presença e percepção. Para o realismo ingênuo, o mundo pode ser observado objetivamente e a mente o reflete tal como ele é, como se fosse um espelho. Daí a expressão "a mente é o espelho da natureza".
- Ao dar grande valor à linguagem, o construcionismo social sustenta que o sentido dos fenômenos emerge das comunicações entre as pessoas à medida que elas compartilham suas experiências. A realidade é construída socialmente por meio das comunicações interpessoais. Tudo o que acontece passa a fazer sentido por meio dos construtos sociais daí resultantes. Mas o contexto, isto é, o mundo, jamais deve ser ignorado.

Desde o século VI a.C., os filósofos pré-socráticos haviam compreendido que estamos no mundo e ele está em nós, da mesma maneira que o indivíduo está na sociedade e vice-versa. Tenhamos ou não capacidade de percebê-lo diretamente, o mundo deve ser levado em conta em nossos esforços de construção social da realidade.

Temos um corpo concreto, tão concreto quanto o mundo. Ele é frágil e vulnerável: está sujeito a acidentes, sofrimentos, dores, doenças, morte e deterioração. Sob muitos aspectos, o mesmo pode ocorrer com o mundo. É por isso que não podemos abstraí-lo com alguns volteios teóricos. Longe de ser um conceito ou uma teoria, o real existe e, segundo o ponto de vista de muitos, é insensível e cruel. O filósofo Clément Rosset[26] vai mais longe e observa que a crueldade do real é dupla: ela não só existe como não há nenhuma dúvida a esse respeito. Esse aspecto será retomado adiante.

Ao longo da vida, deixamos nossas marcas no mundo. Nós o construímos por meio da linguagem e, para o bem e para o mal, agimos de acordo com esses construtos. Por exemplo, não raro somos extrativistas e predatórios em relação à natureza. Mas o mundo também deixa suas marcas em nós. Para ficar só em exemplos óbvios, lembremos as grandes catástrofes e seus efeitos não apenas sobre as vítimas, mas sobre os sobreviventes e refugiados. Por tudo isso, seria ilusório ver o mundo apenas como um cenário.

Contudo, ao contrário do que parece, nem sempre a ilusão é uma forma de negar a realidade. É um equívoco vê-la apenas como um mecanismo de fuga. Em muitos casos, ela pode ser uma estratégia de convivência e adaptação. O quanto de ilusão é adequado e o quanto é exagerado ou evasivo é uma questão importante e será abordada adiante. Nessa linha de raciocínio, não desconsiderar o mundo e integrar sua concretude e simbologia à nossa busca de sentido é uma postura adaptativa, e portanto de sobrevivência. Aprender a lidar com a complexidade é parte essencial dessa estratégia, como veremos nos próximos capítulos.

É importante fazer a distinção entre negação pura e simples e estratégias de adaptação. Negar ou ignorar uma coisa equivale a fazer de conta que ela não existe. Conviver com ela implica reconhecer sua existência, para o bem e para o mal. Significa adaptar-se, preservar-se, sobreviver.

Segundo Stacey e colaboradores,[27] para entender as organizações, sua dinâmica e significado, deve-se pensar nas múltiplas diferenças de interpretação das comunicações interpessoais como geradoras de variedade e inovação. Essa atitude é preferível a pensar em termos de acaso, erros ou equívocos como produtores de diversidade nas comunicações. O que Stacey e seus colaboradores dizem é verdadeiro, mas também é verdade que onde há seres vivos também há acasos, erros, enganos e incertezas e por isso, como diz Morin, o maior erro é querer ignorar o erro.

---

[26] ROSSET, Clément. *Le príncipe de cruauté*. In: ROSSET, Clément. *L 'école du réel*. Paris: Minuit, 2008, p. 199-244.

[27] STACEY et al. *Complexity management*, op. cit., p. 189.

Antes de fechar este capítulo, convém reter um ponto que será importante para o que será discutido nos próximos. Depois de anos de pesquisa, estudo e prática, Stacey e associados chegaram à conclusão de que no estudo das aplicações das ciências da complexidade é preciso abandonar o pensamento sistêmico – mas não como ferramenta prática e sim como conceito dominante. Eles não foram os primeiros nem são os únicos a propor essa atitude. No começo da década de 1970, logo nos primeiros volumes de sua obra *O método*, Morin já havia chegado a essa mesma conclusão. Talvez o fato de ele não ser diretamente ligado ao universo dos negócios e da administração tenha-lhe facilitado o raciocínio. Mas prefiro pensar que essa facilidade veio de sua característica de ser um pensador continental, com a sofisticação filosófica e literária que essa condição propicia.

A tabela abaixo mostra as relações entre os dois discursos.

O discurso dos pensamentos linear e sistêmico	**O discurso do pensamento complexo**
• Não perca o foco	• Alterne as visões focada (redutivista) e periférica (ampliadora) segundo os contextos e as necessidades
• Use sempre as melhores práticas	• Mude de práticas segundo os momentos, as circunstâncias e os contextos
• A realidade é repetitiva	• A realidade é mutante
• É preciso eliminar totalmente o erro, a incerteza e a ilusão	• É preciso diminuir o erro, a incerteza e a ilusão
• As pessoas que estão nos cargos também estão no controle	• As pessoas que estão nos cargos nem sempre estão no controle

2

OS HUMANOS E A SUA MENTE

Os impérios do futuro serão os impérios da mente.

Winston Churchill

Este capítulo fala um pouco mais sobre filosofia e psicologia. Ou seja, permanece no degrau mais alto da escada do conhecimento, do qual aos poucos desceremos em direção aos métodos e às práticas abordados nos capítulos seguintes.

O QUE SÃO MODELOS MENTAIS

Comecemos com o representacionismo. É uma teoria do conhecimento que vem da filosofia dualista de Descartes (século 17), do pensamento dos empiricistas John Locke e David Hume (século 18) e do idealista Immanuel Kant (século 18). O representacionismo propõe que não percebemos os objetos externos como eles são: construímos imagens (ou representações) deles. Tal como são na ausência de observadores, as coisas não podem ser conhecidas por nossa mente. Só podemos conhecê-las por meio de representações mentais. O mundo é uma coisa e o conhecimento que dele temos é outra.

Essa teoria está exposta na filosofia de Kant, em especial em sua obra *Crítica da razão pura*,[1] e depois dele foi retomada por vários outros. Kant propôs que existem em nossa mente estruturas que chamou de categorias *a priori*, que independem do que percebemos. Tais categorias filtram os dados que nos chegam pelos sentidos e nos fazem perceber o mundo externo segundo essa filtragem ou processamento, e não o mundo como ele é em si. Dessa maneira, Kant questionou o antigo conceito de Aristóteles, que via o homem como um observador passivo, um simples receptor de dados vindos já prontos de fora – uma *tabula rasa*.

No representacionismo, a mente é vista como um mecanismo processador das percepções e as transforma em representações (imagens mentais) do mundo percebido. Tais representações formam mapas ou modelos que determinam o comportamento das pessoas. Essa teoria influenciou o pensamento de Jean Piaget, criador do construtivismo. Para Piaget o desenvolvimento mental da criança é regido por dois princípios: adaptação e organização. Nosso cérebro contém estruturas que "processam" as percepções para que elas façam sentido, o que permite que nos adaptemos ao ambiente. O princípio da organização sustenta que a base da organização mental são os *schemata* (esquemas, diagramas), que são representações de percepções, ações e ideias.

Piaget foi um dos precursores da psicologia cognitiva, que tem dois pressupostos fundamentais: (a) em princípio, é possível identificar "cientificamente" os mecanismos de nossos processos mentais; (b) tais processos podem ser descritos e explicados como algoritmos, isto é, regras do tipo passo a passo. Os algoritmos podem levar a soluções, mesmo quando não são entendidos. Mas há também soluções ditas heurísticas, que podem ser entendidas mas nem sempre levam a soluções. Estas podem ou não surgir de súbito, sob a forma de *insights*.

A psicologia cognitiva estuda processos mentais como a memória, a linguagem e a solução de problemas. Tem sido ligada ao processamento de informação, à inteligência artificial e à busca de analogias entre o cérebro humano e os computadores. Como vimos no capítulo anterior, a psicologia cognitiva e o cognitivismo influenciaram o pensamento sistêmico.

---

[1] KANT, Immanuel. *Critique of pure reason*. Nova York: St. Martin's Press, 1963.

A expressão "modelos mentais" surgiu em 1943 em um livro de Kenneth Craik,[2] mas o conceito já existia desde 1927 em uma obra de Georges-Henri Luquet.[3] Craik propôs que traduzíssemos os eventos externos em modelos internos. Para ele, raciocinamos por meio da manipulação dessas representações simbólicas. Podemos expressar esses símbolos por meio de ações, ou reconhecer uma correspondência entre eles e os eventos externos. No entender de Craik, um modelo mental é uma representação dinâmica ou uma simulação do mundo externo.

Há várias formas de definir modelos mentais. A maioria dos autores os define como padrões de pensamento que resultam de nossas interações com o ambiente e conosco próprios. Assim, eles são as bases de nossos processos cognitivos. Boa parte dos autores utiliza o conceito de modelos mentais como representações da realidade, isto é, tomam como base o representacionismo.

Segundo Johnson-Laird,[4] esses modelos são representações mentais de situações reais ou imaginárias. São as lentes ou filtros por meio dos quais vemos as coisas e, como qualquer lente ou filtro, podem proporcionar imagens distorcidas. O conjunto de nossos modelos mentais constitui o que alguns autores chamam de nossos mapas mentais.

Em geral, os autores que falam sobre modelos mentais os usam como sinônimo de representação mental. De acordo com Craik, por exemplo, a mente constrói pequenos modelos da realidade – como se fossem maquetes – e os utiliza para antecipar eventos. Johnson-Laird diz que eles se parecem com os diagramas usados pelos físicos. Assim, funcionam como pressupostos. Para Craik, os modelos mentais podem ser construídos com base na imaginação ou na compreensão de discursos.

De modo geral, as definições que acabamos de ver se baseiam nos princípios da psicologia cognitiva, para a qual os modelos mentais são uma espécie de maquete. As considerações acima permitem destacar o seguintes pontos:

---

[2] CRAIK, Kenneth. *The nature of explanation*. Cambridge: Cambridge University Press, 1943.

[3] LUQUET, Georges-Henri. *Le dessin enfantin*. Paris: Alcan, 1927.

[4] JOHNSON-LAIRD, Philip N. *Mental models*: towards a cognitive science of language, inference, and consciousness. Cambridge, Massachusetts: Harvard University Press, 1983.

- Os modelos mentais podem ser vistos como fixos. Há mesmo quem afirme que tentar mudá-los é como mudar o sentido de uma palavra.
- Eles são o resultado do processamento que o cérebro faz das percepções, como propõe a psicologia cognitiva. Permitem que filtremos ("processemos") nossas percepções, e daí resultam esquemas que orientam o nosso comportamento. Tudo que não se encaixar nesses esquemas ficaria excluído de nossa percepção.
- Mas essa posição não é generalizada. Eis algumas das características dos modelos mentais, de acordo com White e Fredericksen:[5]
  a) são incompletos e estão sempre em evolução;
  b) em geral, não representam com exatidão os fenômenos percebidos, pois comportam erros e até mesmo contradições;
  c) proporcionam explicações sucintas e simplificadas de fenômenos complexos. São, portanto, redutores;
  d) geralmente contêm indicações de que sua validade é incerta.

De modo geral, porém, os modelos mentais são definidos como representações que formatam a nossa mente. Sua imutabilidade (segundo alguns autores), ou a dificuldade de modificá-los (de acordo com outros), faz com que as pessoas não mudem ou tenham dificuldade de mudar seu modo de perceber e comportar-se. Em outras palavras, os modelos mentais tendem a traduzir o mundo em um conjunto restrito, filtrado, de percepções. São redutores, e como tal dificultam as tentativas de reampliar o que foi reduzido e por isso dificultam a criatividade.

Não adoto os pressupostos do cognitivismo, e portanto também não adoto o seu conceito de modelos mentais. Já usei essa expressão antes, mas não com o sentido que lhe dá a psicologia cognitiva. Para evitar equívocos, não a uso aqui e doravante não mais a usarei. O próximo passo é esclarecer o que não são modelos mentais.

---

[5] WHITE, B.; FREDERICKSEN, J. Qualitative models and intelligent learning environments. In: LAWLER, R.; YAZDANI, M. (Ed.). *Artificial intelligence and education*. Norwood, New Jersey: Ablex Publishing Corporation, 1985.

O QUE NÃO SÃO MODELOS MENTAIS

As imagens do mundo (inclusive do nosso mundo interior) em nossas mentes não são "mapas", "esquemas" ou "maquetes". Não resultam de um "processamento" (no sentido computacional do termo) que a mente faz, de modo unilateral, das percepções. Elas são o resultado das interações de nossas estruturas perceptivas com o mundo. Por meio delas construímos o mundo e ele nos constrói. Ao longo desse processo, deixamos nossas marcas no mundo. E o mundo, por sua vez, também deixa em nós as suas marcas.

Trata-se de uma coconstrução, uma construção conjunta. Essa ideia pode ser de compreensão um tanto difícil para algumas pessoas, porque não é mecanicista. Não nos esqueçamos de que vivemos em uma cultura mecanicista e quantificadora, na qual os humanos, os demais seres vivos e o meio ambiente em geral são vistos e tratados como coisas. É por isso que as metáforas mecanicistas e tecnológicas (o cérebro visto como um computador ou as empresas vistas como máquinas) agradam a muitos. Elas dão a impressão de controle, objetividade e certeza. Nada mais enganoso, porém.

Já sabemos que deixamos nossas marcas no mundo – para o bem e para o mal – e que este – também para o bem e para o mal – deixa em nós as suas marcas. Em outros termos, construímos o mundo em que vivemos segundo a nossa estrutura perceptiva. Por outro lado, como o mundo também tem suas estruturas e vivemos em inter-relação, ele também nos constrói. Dessa construção mútua resulta nossa visão de mundo. Vamos a um exemplo.[6]

Se é certo que o observador percebe o mundo externo, é também correto que este também o percebe e o faz segundo a sua própria estrutura, isto é, a forma como está preparado para percebê-lo. Por exemplo, ao andar em uma praia percebemos muitos dos detalhes do trajeto e da paisagem. Agradam-nos ou não certos aspectos da trajetória ou do ambiente: gostamos mais da areia fofa ou da endurecida pela maré vazante; gostamos mais ou menos do que vemos na areia; preferimos andar sobre o chão seco ou molhar os pés à medida que avançamos e assim por diante.

---

[6] MARIOTTI, Humberto. Complexidade e pensamento complexo: breve introdução e desafios actuais. *Revista Portuguesa de Clínica Geral* 23, p. 727-731, 2007.

Ao longo da caminhada, se olharmos para trás, perceberemos que deixamos no mundo externo as marcas da nossa passagem. São as nossas pegadas na areia e o modo como elas estão impressas: mais ou menos profundamente, de acordo com o nosso peso; mais ou menos em linha reta, segundo a nossa maneira de andar ou as paradas que fizemos; mais ou menos distantes umas das outras, segundo o comprimento de nossas pernas e a velocidade com que andamos ou corremos. Todas essas marcas são os registros, as evidências de como a estrutura do mundo externo "percebeu" nossa relação com ele. O mundo registrou nossa passagem, da maneira como estava estruturado para fazê-lo.

Além do mais, ao longo do passeio também fomos percebidos por muitos olhos e ouvidos: pessoas que de perto ou de longe, visíveis ou não, testemunharam a nossa caminhada. E muitos outros olhos, ouvidos e o olfato de aves marinhas e outros seres vivos que interagiram conosco. Não importa que não os tenhamos percebido: mesmo assim, as interações aconteceram. Para nós, o resultado dessa construção mútua é a nossa visão de mundo.

A crença de que recebemos informações e nos limitamos a "processá-las" está hoje sob questionamento. O cérebro não é um computador que processa as informações que nele "inserimos". Não recebemos passivamente um mundo já pronto. Nós o construímos e por ele somos construídos ao longo de todo um histórico de convivência.

Estas considerações são importantes e geram duas questões: (a) saber até onde é possível mudar de forma de pensar; (b) saber se nos casos em que isso é possível em que medida os resultados correspondem às expectativas.

Os integrantes de uma organização não são predeterminados, embora sejam determinados por suas próprias estruturas mentais. Se fossem predeterminados, reagiriam sempre da mesma forma a todos os tipos de pressões e demandas. No entanto, como são determinados por suas respectivas estruturas, reagem às pressões ou demandas de acordo com essa estrutura, isto é, têm um grau considerável de autodeterminação. Portanto, pode-se dizer que são autônomos.

Nessa ordem de ideias, tudo aquilo que dificulta a autonomia e a liberdade das pessoas é uma violência. As tentativas de condicionamento são uma violência, porque pretendem determinar como elas devem reagir diante das mudanças do meio externo, isto é, diante das pressões adaptativas do ambiente. Os condicionamentos dificultam ou impedem que as pessoas pensem de modo diferente sobre essas pressões, o que é indispensável para que elas se mantenham em relação sustentável com o ambiente.

Ao dificultar o processo de auto-organização, as tentativas de condicionamento – que são manifestações de poder – são limitadoras. Por outro lado elas estimulam dissidências, o abandono de comportamentos acomodados e a busca da inovação.

Nas organizações humanas existe um fenômeno conhecido, mas ainda não avaliado como deveria. É o que Ralph Stacey e colaboradores chamam de *shadow system*. Trata-se daquilo que nas empresas brasileiras é conhecido como "rádio peão": as redes informais de conversação que veiculam informações, estados de ânimo, boatos, especulações diversas. Tudo isso surge nas chamadas conversas de corredor e exprime o que ocorre na cultura latente ou informal da organização – o inconsciente organizacional. Essas conversações exprimem os conflitos, as animosidades, as lutas pelo poder, os problemas. Mas também são fonte da criatividade, da inovação, da mudança enfim.

Saber ouvir o *shadow system*, avaliar o que ele quer dizer e, sobretudo, saber separar – em geral de maneira intuitiva – o que é potencialmente útil do que são apenas boatos é uma habilidade que poucos gestores têm. Essa habilidade de avaliar o clima organizacional (isto é, como a cultura de uma organização é percebida em um dado momento) muitas vezes pode significar a diferença entre ser ou não um líder.

Muito do que mais tarde se manifestará sob a forma de decisões importantes que produzirão mudanças significativas surge antes por meio do *shadow system*. Se é correto que construímos o mundo e ele nos constrói, também é certo que a realidade não é percebida de modo inteiramente objetivo nem totalmente subjetivo. A percepção do real resulta de interações complexas entre percebedores e percebidos. É uma coconstrução para a qual a linguagem e suas metáforas contribuem de maneira decisiva.

O poder das metáforas

George Lakoff e Mark Johnson são autores de dois livros que considero essenciais. Um deles fala sobre as metáforas e sua importância.[7] O outro fala de como

---

[7] LAKOFF, George; JOHNSON, Mark. *Metaphors we live by*. Chicago: The University of Chicago Press, 1981.

a moderna neurociência questiona alguns dos pontos supostamente mais bem assentados da filosofia.[8] E o faz por meio de três conclusões:

a) a mente é inerente ao corpo, isto é, não há separação entre corpo e mente;
b) a maior parte do conteúdo de nossa mente é inconsciente;
c) em sua maioria, os conceitos abstratos são metáforas.

Para Lakoff e Johnson, o modo como vemos a filosofia deverá mudar muito por causa dessas conclusões. Por outro lado, haverá muita reação contra elas. Essas descobertas requerem que algumas das abordagens filosóficas atuais aparentemente consolidadas sejam repensadas, em especial a filosofia analítica anglo-americana e o chamado pensamento pós-moderno. Entre outras coisas, Lakoff e Johnson discutem o que está nos tópicos abaixo.

- Como acontece com a mente, a razão não é externa ao corpo como tradicionalmente se pensa. Ela emerge de nossos cérebros, corpos e experiência. Como diz Francisco Varela, a mente é o cérebro em funcionamento. Para Lakoff e Johnson, os mesmos mecanismos neurais e cognitivos que levam aos movimentos corporais dão origem a modos de pensar e conceitos.
- A razão é evolutiva. Não é algo que nos afasta dos outros animais. Ela nos coloca em um *continuum* com eles.
- Se não há separação corpo-mente, a razão não pode ser transcendental. Mas ela é universal, porque é compartilhada por todos os humanos.
- A razão é, em sua maior parte, inconsciente e não consciente.

A esta última assertiva acrescento alguns comentários. Para Freud, ao trazer à consciência memórias reprimidas, podemos alcançar um grau maior de entendimento de nossas vidas. Enquanto elas permanecerem inacessíveis podemos, por exemplo, ficar perplexos ao ter crises inexplicáveis de ansiedade, ao ser assediados por atos falhos e assim por diante. Recuperar, ou melhor, reviver as

---

[8] LAKOFF, George; JOHNSON, Mark. *Philosophy in the flesh*: the embodied mind and its challenge to Western thought. Nova York: Basic Books, 1999, p. 3.

memórias que estão por trás de certos comportamentos compulsivos pode nos ajudar a alterá-los.

Freud compreendeu que muito de nossa vida mental ocorre fora da consciência. Ele estava certo ao sugerir que ao trazer de volta à consciência, por meio da psicanálise, pensamentos e sentimentos reprimidos podemos nos tornar capazes de lidar melhor com a vida. Mas as atividades não conscientes (não confundir com inconscientes) que estão por trás muitas de nossas percepções e comportamentos não podem ser resgatadas dessa maneira, pois não operam no mesmo plano que a mente inconsciente da qual falou Freud. São elas que tornam possível a atenção consciente.

Nosso *self* consciente surge dos processos nos quais a consciência desempenha apenas uma pequena parte. Resistimos a admitir esse fato porque ele parece nos privar do controle de nossas vidas. Em geral, pensamos em nossas ações como resultados dos nossos pensamentos. Mas a quase totalidade da vida diária de todos nós acontece sem intervenção do pensamento. Quando adquirimos experiência em certas atividades – dirigir automóveis, por exemplo –, nossas ações se tornam automáticas porque vêm de determinações que estão ainda mais abaixo do inconsciente intuído e descrito por Freud e por outros antes dele, inclusive Nietzsche. Esses mecanismos são tão rápidos que não há como trazê-los à consciência, como se faz na psicoterapia com os conteúdos inconscientes reprimidos.

Em seu livro *Straw dogs* (*Cachorros de palha*),[9] John Gray, professor de filosofia da London School of Economics, refere-se a Benjamin Libet, pesquisador que trabalhou no departamento de fisiologia da Universidade da Califórnia, em San Francisco, cujas pesquisas sobre a consciência vale a pena mencionar.

Libet demonstrou que os impulsos elétricos que dão início às ações acontecem meio segundo antes que tomemos a decisão consciente de agir. Assim, o ponto de partida da maioria de nossas ações é não consciente ou inconsciente. A tradicional sequência pensamento → ação não foi validada pelas pesquisas neurofisiológicas. Como assinala Gray, "processamos" cerca de 14 milhões de *bits* de informação

---

[9] GRAY, John. *Straw dogs*: thoughts on humans and other animals. Nova York: Farrar, Straus and Giroux, p. 66-67.

por segundo, mas a amplitude de nossa consciência só permite que percebamos cerca de um milionésimo da informação que utilizamos para atuar no cotidiano.

Assim não somos, como o senso comum nos quer fazer crer, os autores conscientes de todos os nossos atos, embora em teoria (mas só em teoria) possamos ter algum poder de veto que nos permite interromper atos que se iniciaram no cérebro fora do âmbito da consciência. Esse fato explica muitas das decisões absurdas que com frequência tomamos ou de que temos conhecimento em nosso dia a dia.

- A razão não é puramente literal, mas amplamente metafórica e imaginativa. Também aqui acrescento alguns comentários. A exemplo de outros autores, Lakoff e Johnson se deram conta de que as metáforas não são simples expressões empregadas em sentido figurado. São muito mais do que isso: permeiam todos os pensamentos e atividades humanas, inclusive a ciência.

Com efeito, Lakoff afirma que não é possível fazer ciência ou qualquer outra atividade sem metáforas. Adiciono alguns exemplos: o Big Bang; os nichos de mercado; os cones de incerteza; os cenários futuros; a empresa vista como uma máquina (metáfora que parecia adequada no início do século 20, mas que agora é um dos principais entraves à gestão); a ciranda financeira; e assim por diante.

O corpo e a mente não mudam em sua essência, o que muda são nossas metáforas a seu respeito. Lakoff também sustenta que quando eles são estudados cientificamente o uso de metáforas é inevitável, e tal uso diz muito sobre a época e a cultura em que elas são usadas. Por exemplo, as metáforas usadas para a mente evoluíram junto com a tecnologia e, como se sabe, ela já foi comparada a centrais elétricas e telefônicas e agora aos computadores. De todo modo, as metáforas hoje são reconhecidas como instrumentos fundamentais da percepção e do conhecimento. Ao mudarmos de metáforas em relação a qualquer objeto de conhecimento, nós o reinventamos. Não nos esqueçamos de que é por meio da linguagem que construímos o nosso mundo.

Como vimos há pouco, Lakoff e Johnson sustentam que não existem seres humanos duais como queria Descartes, isto é, com a mente separada do corpo e independente dele. Na acepção cartesiana a mente seria transparente para si própria, de modo que seria possível conhecê-la em sua totalidade por meio da reflexão: "Faça um exame de consciência e com isso alcance o autoconhecimento." Descartes estava enganado por duas razões principais: (a) a mente faz parte do corpo, como mostrou primeiro a medicina psicossomática e depois a neurociência; (b) dado que a maior parte da mente é inconsciente, ela não pode se autoconhecer por meio da introspecção. É preciso estudá-la empiricamente, e essa é uma das tarefas da neurociência cognitiva.

Do mesmo modo que para eles não existem seres humanos moldados pelos pressupostos cartesianos, Lakoff e Johnson também argumentam que não existe o homem utilitário, para quem racionalidade é igual a racionalidade econômica. Na verdade essa é uma racionalização – a suposição de quem pensa que a totalidade do raciocínio pode ser controlada. Para Lakoff e Johnson, a maior parte dos raciocínios desse tipo é baseada em protótipos, quadros de referência e chavões. Mais uma vez torna-se claro que estamos diante da ilusão do controle.

A mente literal, "concreta", resiste às metáforas porque tem dificuldade de entendê-las. Não admite nada que seja implícito. Tudo tem de ser explícito, e "claro". Nada de alternativas além do jogo binário do raciocínio "ou/ou". Uma coisa só pode expressar a si mesma: pau é pau e pedra é pedra. A mente literal é exclusivista, não gosta de nuanças. É a antítese da mente participativa. Daí sua paixão pelos números, que vê como coisas "concretas" e "sólidas" e não como símbolos, o que eles realmente são. A mente literal busca certezas e não dúvidas, identidades e não analogias como as fornecidas pelas metáforas. Busca explicações, reduções, e não reampliações e compreensões.

As metáforas mostram que muitas vezes uma palavra ou uma expressão podem – e devem – ter mais de um significado. Uma palavra ou expressão reduzida a um significado único é quase sempre interpretada de modo literal. Tornam-se redutoras, e o reducionismo por elas induzido é a base dos unilateralismos e dos estereótipos.

A tendência a não aceitar ou não entender metáforas é uma manifestação da propensão à simplificação (não confundir com simplicidade) e ao preconceito. Interpretações literais levam a comportamentos repetitivos e reforçam a resistência a tudo o que é novo, o que por sua vez dificulta ou impede que as pessoas percebam e compreendam a complexidade do mundo. Uma vez, conversando sobre alimentação, falei para uma jovem executiva que nós comemos o sol. Essa frase a deixou perplexa e a perplexidade não se modificou nem mesmo quando expliquei o seguinte: quando comemos uma fruta ou uma salada, por exemplo, alimentamo-nos da clorofila que esses alimentos contêm. A clorofila, por sua vez, é um produto da fotossíntese, para a qual é indispensável a luz solar. Assim, ao comer uma salada comemos o sol.

Nem assim a jovem renunciou à sua atitude de estranhamento. Retrucou que ao comer uma salada ela se alimentava de vegetais, coisas concretas, tangíveis. Não via nenhum sol em seu prato, e por isso "comer o sol" lhe parecia uma frase absurda, em especial porque ela se considerava uma pessoa prática, que lidava com coisas sólidas e simples. Por que complicar a vida?

Ato contínuo, perguntei-lhe o que achava da energia elétrica produzida por painéis solares. Por esse meio, por exemplo, o sol podia fazer com que seu computador funcionasse. Isso também lhe parecia absurdo? Depois de pensar um pouco ela se mostrou embaraçada e pediu que a conversa não continuasse porque, em sua opinião, era "muito filosófica". Esses exemplos me fazem lembrar um trecho de livro: "A metáfora é um recurso tão humano que talvez seja a última coisa que os robôs do futuro entendam. Provavelmente eles responderão 'não tem registro, não tem registro', como aquele robô de *Perdidos no espaço*, quando ouvirem uma metáfora."[10]

Essa passagem leva a algumas reflexões que podem se esclarecedoras da relação entre as metáforas e as pessoas com diversos graus de raciocínio mecanicista.

Já sabemos que as pessoas de mente literal e concreta têm dificuldade para entender metáforas. Essa dificuldade se estende à percepção das relações entre as coisas, pessoas e eventos – a conhecida mentalidade "pão-pão, queijo-queijo". Elas são hábeis nos modos convencionais de gestão: processos, métodos passo a passo, regras fixas, contextos simples, o tempo presente ou o curto prazo e contextos espaciais em geral restritos ao entorno imediato. No entanto, têm dificuldade de pensar fora desses referenciais e delas não se pode esperar muito em termos de adaptabilidade, criatividade e inovação. Pessoas assim trabalham bem nos contextos simples de Snowden.

As pessoas que entendem com facilidade metáforas mecânicas (o cérebro é um computador, a empresa é uma máquina, a vida é uma luta, os funcionários

---

[10] SARDINHA, Tony B. *A metáfora*. São Paulo: Parábola, 2007, p. 12.

são um exército) são os especialistas em geral. Seu domínio profissional inclui máquinas de grau variável de sofisticação, inclusive computadores e assemelhados.

Elas também tendem a se prender a regras passo a passo, mas percebem que os sistemas mecânicos e seus componentes comportam conexões, embora ainda tenham uma certa dificuldade de estender essa percepção ao universo não mecânico, isto é, os seres vivos e o mundo natural. Têm, por exemplo, dificuldade de perceber que a cultura criada pela mente mecânica tende a robotizar as pessoas. Pensam quase sempre em termos de máquinas complicadas, cujo funcionamento se destina a proporcionar resultados previsíveis. São pessoas em que prevalece a mente geométrica. Essas pessoas trabalham bem nos contextos complicados de Snowden.

Esses dois grupos têm dificuldade de entender conceitos ou eventos que incluam um grau razoável de abstração ou complexidade. Precisam de exemplos direta e nitidamente ligados aos assuntos tratados. Beneficiam-se com exemplos simples, mas o mesmo nem sempre ocorre quando se usam estudos de caso que comportem um certo nível de sofisticação. Em casos assim, apegam-se aos números, estatísticas e diagramas contidos nos casos, em uma tentativa de refugiar-se em um universo familiar.

Essa estratégia de refúgio tende a fazer com que as pessoas se atenham mais à metodologia dos exemplos e casos do que aos ensinamentos que sua análise pode proporcionar. E assim os estudos de caso passam a ser vistos como um fim em si, e não um meio de aprendizado e produção de conhecimento. O mesmo acontece em relação aos *assessments*, modelos computadorizados, *softwares* e instrumentos semelhantes: o valor instrumental tende a excluir o valor de produção de conhecimento.

Há um outro grupo, capaz de intuir a complexidade. São as pessoas ditas integradoras. Nesse universo, a capacidade de entender metáforas e utilizá-las como meio de aprendizagem e produção de conhecimento é significativa. Os indivíduos tendem a ser muito seletivos em relação às metáforas mecânicas ou militares. Só as aceitam em situações específicas. Para elas, um estudo de caso é útil tanto por seus aspectos qualitativos quanto por seus dados quantitativos e não são vistos como um fim em si, mas como meio de aprendizagem, produção e aplicação de conhecimentos.

As habilidades das pessoas integradoras as capacitam a lidar com situações imprevistas nas quais é grande o número de variáveis – contextos turbulentos, com multiplicidade de fenômenos emergentes e crises. São indivíduos que percebem as conexões não óbvias entre os fenômenos. Do mesmo modo, ao participar de conversas percebem muito do que não é dito, em especial por meio da observação da linguagem corporal.

Uma palavra final sobre esse tópico. É evidente que o propósito das considerações acima não é classificar as pessoas e atribuir-lhes mais ou menos valor, ou incluí-las em segmentos estanques. Meu objetivo é mostrar que as pessoas são diferentes, e que é exatamente por causa disso que elas devem ser respeitadas. Afinal, a diversidade é uma das características essenciais da complexidade. Além do mais, mudar de modo de pensar inclui necessariamente aprender a lidar com a diferença e a diversidade.

Tudo isso junto nos leva a pensar sobre o que é possível mudar em termos de modos de pensar. Refiro-me a mudar conscientemente, de modo voluntário. À luz das considerações acima e no estado atual de nossa cultura certamente não é muito o que pode ser mudado. Mas isso não quer dizer que sejamos totalmente incapazes de mudar ao menos alguns de nossos hábitos de pensamento. De todo modo, estas considerações são úteis para evitar que sejamos ingênuos a ponto de esperar que, por meio de uma série de instruções tipo passo a passo, algoritmos, ou o que for, possamos mudar nossos hábitos de pensamento no momento em que quisermos e como quisermos. Ao contrário, esse processo é gradual e não linear. Leva tempo para que abandonemos visões de mundo esquemáticas, saiamos do simples "preto ou branco" e comecemos a perceber as nuanças do mundo real. Resta saber se e como isso é possível em termos de natureza humana.

A natureza humana

Esse é um tema ao qual sempre volto em meus textos. Quando pensamos nele, logo vem à mente a pergunta de se algo mudou em tantos milênios de evolução. John Gray cita o biólogo Edward O. Wilson, conhecido darwinista, que acredita que o controle da evolução humana é possível e até mesmo inevitável. Para ele a humanidade acabará por controlar seu destino – como se fôssemos deuses. Assim, os humanos poderão mudar a espécie nos âmbitos da anatomia e da inteligência, e poderão mudar também suas emoções e seu impulso criativo.

É uma posição polêmica, sem dúvida nenhuma. Gray não acredita que mudanças dessa profundidade possam ser conscientes e deliberadas. Faz sentido, pois, como já sabemos, consciência plena e determinações totalmente voluntárias estão fora do nosso alcance. Ainda assim, Gray argumenta que é possível que nos próximos dois séculos a ciência possa mudar a natureza humana, o que talvez possa acontecer já no próximo século.[11] Mas isso não acontecerá da forma deliberada e ordenada que imaginamos. Se essas mudanças ocorrerem – continua ele –, muitas delas serão resultado do acaso, efeitos colaterais das lutas pelo poder no mundo dos negócios, das atividades do crime organizado e dos governos.

Nos termos da teoria da complexidade, serão fenômenos emergentes. Resultarão do que é pouco conhecido ou revelado, do que é pouco consciente, inconsciente ou não consciente. Não há nada de divino nisso, como acentua Gray. Tudo é profundamente humano. Eis, portanto, mais uma forma de pensar sobre mudança de modos de pensar: mudanças auto-organizadas na própria natureza humana que ocorrem parte por nosso empenho, parte à nossa revelia.

Mencionei essa passagem de Gray mas não necessariamente concordo com ela em sua totalidade. Se o fizesse, estaria afirmando que não se pode mudar de modo de pensar por meio de iniciativas conscientes e disciplinadas. Acredito que isso é possível, embora não na medida em que desejamos, e esse é um ponto que merece mais reflexão baseada em pesquisas empíricas.

Nem todos admitem que existe uma natureza humana no sentido estrito dessa expressão. Erich Fromm, por exemplo, assegura que seria mais adequado ter sempre em mente a nossa condição de seres ambíguos. Para ele não existe uma natureza humana imutável, pois ela depende da evolução e da história. Por exemplo, a ansiedade pela fama e pelo dinheiro, valores destacados do Renascimento e até hoje, não eram tão essenciais na Idade Média. Naquela época, o mais importante era a sensação de segurança que as pessoas sentiam por pertencer a uma determinada classe social, comunidade e profissão. Ainda assim, segundo Fromm o que se deve entender por natureza humana inclui a necessidade de satisfazer a certos anseios e a aversão ao isolamento. Daí nossa necessidade de solidariedade.

---

[11] GRAY, John. *Straw dogs*, op. cit., p. 6.

De toda forma, o tema continua presente e importante. Apesar das restrições feitas por Gray e outros, a concepção de natureza humana de E. O. Wilson, exposta em seu livro *On human nature*[12] (*Sobre a natureza humana*) tem aspectos que vale a pena lembrar no contexto deste livro:

- O comportamento humano se desenvolveu ao longo de uma história de milhares e milhares de anos, desde os caçadores-coletores, e adquiriu um grau considerável de adaptabilidade genética que resultou no aumento de sobrevida individual e da capacidade reprodutiva. Por outro lado, o comportamento humano não pode ser predito de modo confiável. Nesse particular temos de ficar nas generalizações, por causa da indeterminação matemática e do princípio da incerteza.
- Não somos as espécies com maior propensão para a violência. Mesmo assim, temos uma propensão inata à agressão e à guerra, cujo propósito é conservar a aptidão genética – por exemplo, competir por suprimentos alimentares escassos.
- Temos um profundo medo de estranhos, que pode ser estendido a tudo aquilo que desconhecemos ou conhecemos mal.
- O altruísmo distingue os humanos de outros vertebrados, mas é comum em animais sociais invertebrados, como as formigas e as abelhas. Em grande medida, as formas específicas de altruísmo são culturalmente determinadas. O chamado altruísmo *hard core* é aquele em que o indivíduo não espera ganhos pessoais por suas ações. Já o altruísmo dito *soft core* é interesseiro e calculista. Com frequência ele se baseia em mentiras, pretensão e engodos, mas constitui a base da civilização moderna e dos contratos sociais que mais se aproximam da realidade.
- A orientação para a sobrevivência individual é responsável por muito do comportamento humano e nossa organização social é uma mistura de ambivalência, artifícios e culpa.

No âmbito da psicoterapia, em especial da psicoterapia de executivos, minha experiência tem me ensinado que essa mistura de ambivalência, artifícios e culpa caminha lado a lado com a infantilização.

[12] WILSON, Edward O. *On human nature*: with a new preface. Cambridge, Massachusetts: Harvard University Press, 2004.

A INFANTILIZAÇÃO

"Explique de uma forma que eu possa entender. Simplifique. E esteja sempre por perto para que eu possa esclarecer minhas dúvidas." Esse é um comportamento muito comum em adultos com mente infantilizada, e que por isso se excusam de pensar com suas próprias cabeças.

É claro que não há nada errado em querer aprender. O que não é razoável, porém, é declarar-se e colocar-se de maneira passiva e infantil em relação ao conhecimento. A posição do professor é natural, necessária e por definição temporária. A duração indefinida do modelo professor-aluno é uma situação na qual ambos os lados perdem: quem ignora continua a saber menos do que deveria, e quem conhece continua convencido de que sabe mais do que na verdade sabe.

Sabemos que o conhecimento pode ser ampliado e continuado ao longo do tempo por meio da tradição oral. Mas é também muito comum registrá-lo por meio de palavras e, atualmente, cada vez mais em imagens. Quando consultados, esses registros podem estimular a produção de novos conhecimentos e, mais importante, conhecimentos inovadores e valiosos. Para que isso seja possível, o conhecimento formalizado e registrado precisa ter duas características fundamentais: a clareza e a acessibilidade. Na verdade, a clareza é uma das condições da acessibilidade, pois as duas se reforçam mutuamente.

Nada disso, porém, justifica a existência de aulas, palestras e textos ininteligíveis, que muitas vezes os ouvintes e leitores fingem entender para não dar a impressão de ser pouco inteligentes ou incultos. Esses são os cultores do *chichi*. Esse termo designa uma atitude que desde a segunda metade do século 19, na França, caracteriza o gosto pelo rebuscamento e pela complicação.[13] Geram-se assim círculos de "iniciados" e coisas do gênero. Na própria França (mas de modo algum não somente lá) há não poucos autores – em especial filósofos e psicoterapeutas – adeptos do *chichi*. Não é preciso citá-los, pois eles se tornaram internacionalmente conhecidos, não só pela impenetrabilidade de seus textos mas por serem reverenciados por causa disso. Como diz Rosset, é um caso típico de substituição do mundo real por outro, artificial e difícil de

---

[13] ROSSET, Clément. *L'école du réel*. Paris: Minuit, 2008, p. 51.

penetrar e entender. É como se os textos herméticos fossem uma espécie de fetiche ou brinquedo.

Por outro lado, essa postura de envolver tudo em uma trama de dificuldades de acesso e mistério leva ao efeito de fruto proibido.

É por esse motivo que muitos textos herméticos e impenetráveis passam por obras-primas ou manifestações de grande sabedoria. Embora não se tenha dedicado extensamente ao tema, Galbraith[14] o aborda de modo convincente, ao afirmar que textos impenetráveis e muito subjetivos são com frequência utilizados como escudos contra a crítica. São também uma espécie de justificativa para não ter de fazer o difícil trabalho que é escrever e falar com clareza.

Esse é um embuste bem conhecido, mas nem por isso as pessoas deixam de ser iludidas por ele. Quanto mais dificuldades temos de aceitar os nossos semelhantes – e eles a nós –, mais buscamos algo distante, misterioso e esotérico para venerar. Em vez disso deveríamos aprender a lidar com a complexidade e nesse processo buscar não a simplificação, mas sim a simplicidade e a clareza. A esse respeito lembremos uma frase inspiradora de Wittgenstein: "Tudo o que pode ser dito pode ser dito claramente."[15]

Tudo isso alimenta indefinidamente um circuito de auto e heteroengano, ao qual não falta uma boa dose de mistificação. O *chichi* alimenta seus adeptos e estes o alimentam. Fingir entender falas e textos herméticos é uma forma de exibicionismo, de mostrar-se pertencente a uma elite intelectual da qual estão excluídos os simples mortais. É também uma manifestação de infantilização: "Nossos brinquedos são mais especiais do que os seus."

O outro extremo da infantilização se desenvolve em paralelo com a progressiva supersimplificação dos modos de pensar de nosso tempo. Nesse processo, a mente simplificadora simplifica o mundo e simplifica-se a si mesma. A cultura da infantilização é a cultura do "resumido" e do "fácil de entender". Aumenta cada vez mais o número das pessoas que não estão interessadas nem preparadas para ler nada que não venha em tópicos curtos; nem para pensar em nada que não

---

[14] GALBRAITH, John K. *Anatomia do poder*. São Paulo: Pioneira, 1984, p. xviii.

[15] WITTGENSTEIN, Ludwig. *Tractatus logico-philosophicus,* parágrafo 416.

prometa (embora nem sempre entregue) resultados imediatos ou de curto prazo; e em nada que procure aprofundar um determinado assunto.

Esses comportamentos e os valores que os orientam são quase universalmente adotados. Ajustam-se a uma sociedade infantilizada e esta se ajusta a eles. Trata-se de um condicionamento que, por outro lado, em muitos casos também corresponde aos desejos das pessoas. Como foi dito na introdução deste livro, tudo se passa como se os técnicos e especialistas tivessem recebido da sociedade permissão ou justificativa para se manter na ignorância de tudo aquilo que não se resuma às suas áreas de *expertise*. É como se para todos os demais âmbitos do conhecimento eles devessem permanecer como crianças, sempre necessitadas de guias ou mentores.

É o que acontece quando se fica restrito a um ou a poucos recortes do mundo real e se ignora todo o resto. É evidente que um recorte da realidade não é a realidade. Porém, para os que se habituam a pensar assim, ele acaba sendo visto dessa maneira. É como se os conhecimentos, mesmo os técnicos, tivessem de chegar às pessoas sempre resumidos, simplificados, pasteurizados. Como acontece com as partituras musicais "facilitadas", destinadas às crianças que dão seus primeiros passos na aprendizagem de um instrumento. Só que na vida real as crianças crescem, e na idade adulta partituras facilitadas só servem para estimular a supersimplificação da realidade.

A infantilização leva à necessidade de tutela, a qual por sua vez realimenta a infantilização. A tutela se manifesta de muitas maneiras, entre as quais uma das mais destacadas é a prescritiva. Nas livrarias, as áreas especializadas em negócios e administração, estão cheias de livros sobre "os sete passos", "os dez caminhos", "as oito etapas", "o cinco requisitos" e assim por diante. Falam sobre os chamados modismos gerenciais e se caracterizam por sua brevidade e superficialidade. Essas duas características fazem com que seu conteúdo seja fácil de entender e mais fácil ainda de esquecer.

Para a manutenção da infantilização, funciona também um conhecido mecanismo do poder: a voz do especialista, que faz o papel do tutor que traduz a realidade para seus discípulos e diminui o medo que eles têm do mundo real. Na maioria das vezes essa tradução é apresentada sob a forma de conselhos e diretivas passo a passo. Mas também pode ocorrer o contrário: não importa que os tutelados não entendam o que os tutores dizem ou escrevem, porque o hermetismo aumenta a devoção que eles têm pelos tutores e é fator de reforço da tutela e portanto da infantilização. Em todos esses mecanismos participam o autoengano e o medo da realidade

O MEDO DA REALIDADE

O filósofo John Gray, há pouco citado, está entre os que afirmam que o ser humano não consegue suportar muita realidade e por isso precisa de ilusões defensivas. Gray acredita que a fé irrestrita na chamada "ideia de progresso", isto é, nos avanços da ciência e da tecnologia, é uma dessas ilusões que ele classifica de irracionais. Elas seriam remédios contra a desesperança, a falta de horizontes, enfim, contra o niilismo. Precisamos a todo custo acreditar num futuro melhor, e esse é o papel social e necessário das utopias. Mas essa necessidade também alimenta o imenso mercado da "autoajuda" e toda a sorte de charlatanismos a ele ligados.

Temos necessidade de nos submeter a figuras de poder, a autoridades que nos proporcionem essas ilusões. Para Gray, a fé na ciência e seus resultados tecnológicos é uma dessas instâncias protetoras que, em certa medida, podem funcionar como ilusões necessárias.[16]

Como arremate a esses argumentos, Gray sustenta que não podemos nos livrar das ilusões. Como elas fazem parte de nossa natureza, melhor seria que as aceitássemos.[17] Concordo que talvez essa posição faça sentido em determinados contextos e circunstâncias, mas não necessariamente precisam assumir um *status* universal. Existem ilusões desnecessárias: estão sempre a serviço do autoengano e da alienação. Falarei mais sobre esse tema nos próximos capítulos, mas desde já adianto uma delas, também mencionada por Gray, e que no universo corporativo se tornou conhecida como *workaholism*, a embriaguez pelo trabalho.

O trabalho nos dá uma sensação de concretude, de solidez. Todos sabemos disso, aliás. Para Gray, não são os sonhadores indolentes que conseguem fugir da realidade, mas sim os homens ditos "práticos". São bem conhecidos exemplos de pessoas que passam tanto tempo nas empresas depois do trabalho que parecem

---

[16] GRAY, John. *Straw dogs*, op. cit., p. 29-30.

[17] Id., ibid., p. 81.

morar nelas. Esse fenômeno tem sido confundido com dedicação ou idealismo. Em algumas situações isso pode ser até real, mas em muitos casos suas causas são outras. Minha experiência como psicoterapeuta tem mostrado que pessoas assim usam o trabalho para fugir de si mesmas.

O uso do universo do trabalho, isto é, do mundo da técnica, como instrumento de poder e para fugir da vida não é nenhuma novidade. É uma das muitas formas que nós, humanos, usamos o poder dos símbolos e dos mitos para tentar compreender um domínio da realidade que não pode ser explicado pela ciência.

A história de Orfeu

A mitologia grega se refere a Orfeu, filho da musa Calíope com Apolo, como um músico de imenso talento. Até os animais mais ferozes e os pássaros se encantavam e se acalmavam com o som de sua lira. O mito de Orfeu se refere ao apaziguamento, à busca da concórdia e à atitude de ajuda – à capacidade de entender o sofrimento dos outros e procurar colocar-se em seu lugar. Como ocorre com outras figuras da mitologia, Orfeu é um curador ferido, no sentido de que é capaz de ajudar e curar os outros mas não consegue curar a si mesmo.

Segundo Lewis Mumford[18] foi Orfeu, e não Prometeu, o nosso primeiro guia. Os humanos adquiriram sua condição não por meio do domínio do fogo, mas por ter conseguido expressar a solidariedade, ampliar seu horizonte mental e sua memória. E o fizeram por meio da linguagem simbólica. Por exemplo, a coragem de Aquiles e a astúcia de Ulisses só se integraram às culturas e civilizações humanas por meio da poesia de Homero.

Assim Orfeu, o tocador de lira, é tão importante quanto Prometeu, que nos deu o domínio do fogo. O primeiro representa a arte e o segundo representa a técnica. Ambos, cada qual à sua maneira, deram a sua contribuição, e por isso deveriam ser vistos como ao mesmo tempo antagônicos e complementares, e não apenas como opostos em disputa.

Mumford[19] observa que desde os tempos pré-históricos os humanos desenvolveram funções simbólicas muito sofisticadas, enquanto suas capacidades técnicas

---

[18] MUMFORD, Lewis. *Arte e técnica.* Lisboa: Edições 70, 1986, p. 36.

[19] MUMFORD, op. cit., p. 41.

permaneciam em estado rudimentar e só vieram a se desenvolver muito tempo depois. Para ele, a razão desse descompasso foi a luta pelo poder. A busca e o exercício do poder conduzem os humanos ao âmbito das coisas que eles consideram concretas e ao domínio da técnica – o universo do tangível. Já a necessidade de autonomia e liberdade os leva para os caminhos da arte. É claro que os dois lados deveriam se completar mutuamente mas, como já foi dito e repetido, a experiência mostra que isso acontece muito menos do que deveria.

Em suma, a história registra que as culturas humanas sempre foram atraídas pelas coisas ditas "concretas" e pela técnica. E estas, como acabamos de ver, com muita frequência são usadas como instrumentos de luta pela conquista e manutenção do poder. Basta comparar os orçamentos militares dos países com os recursos destinados à educação e ao desenvolvimento humano.

Mas tudo isso tem um preço. Com a hegemonia da técnica, tendemos ao conservadorismo e à repetição. As técnicas podem se renovar no plano operacional, mas no fundo seu propósito é manter sempre o *status quo:* sempre fizemos assim e sempre deu certo, logo vamos continuar a fazer dessa maneira. Ou seja, usemos o novo para conservar o antigo.

O medo da mudança e da inovação são conhecidas variantes do medo da realidade e da liberdade. No universo das empresas, em especial, disfarçamos as limitações que nos são impostas por meio de *slogans*, jargões e frases de efeito que, como mostra a prática, em grande parte dos casos não passam de retórica. É por isso que enquanto nos repetimos e nos limitamos a reproduzir em vez de produzir, continuamos a nos autoenganar e a recitar os mesmos mantras: "Crescimento com qualidade", "inovação sem perda da solidez" e assim por diante.

A maior parte dos livros sobre inovação e criatividade exaltam a necessidade de que as pessoas sejam o mais possível livres para criar, inovar, ousar discordar. Há mesmo quem rotule esses espaços de criação como locais em que as pessoas têm "permissão para errar" sem por isso ser punidas. Uma abertura para o novo, enfim. Ela faz parte daquilo de que já falei e falarei ao longo deste livro: a necessidade de reconhecer o erro, a ilusão e a incerteza e, depois de eliminar o tanto deles que pode ser eliminado, aprender a lidar com o que restou e não pode ser descartado.

Essa liberdade de errar, fantasiar e admitir a incerteza é muito necessária à criatividade e à inovação. Representa a arte que deveria complementar a técnica. Sem ela não há mudança, e sem esta continuaremos a nos repetir e nada mudará.

Mas sabemos que entre as dificuldades de aceitar a inovação e a diferença está uma das características mais arraigadas dos humanos: nosso medo da liberdade. Há muitos exemplos, no mundo real e nas obras de ficção. Estas últimas, aliás, não são simples meios de entretenimento ou atividades culturais como muitos pensam. Delas têm surgido orientações fundamentais para o que chamamos de "vida prática". Tem sido assim e assim será, ao longo da história.

Na obra ficcional de Shakespeare, por exemplo, estão contidos muitos dos fundamentos da psicanálise, e essa observação pode ser estendida a várias outras escolas de psicoterapia. Nos romances de Dostoievski estão contidos muitos dos fundamentos da filosofia existencial e vários dos princípios da psiquiatria fenomenológica e da psicoterapia existencial.

Outros exemplos poderiam ser acrescentados a esses, e alguns deles estão em outras partes deste livro. Mas o que importa reter agora são duas ideias: (a) as metáforas são a essência do pensamento e da linguagem humanos; (b) é por meio da linguagem que construímos socialmente a nossa realidade.

Daí a importância do que é dito ou escrito – e também do que não é dito ou escrito, mas pode ser expresso em outras formas de linguagem. Vejamos um exemplo.

A história do Grande Inquisidor

Não se pode falar em realidade sem falar em liberdade. Por outro lado, não é possível falar em liberdade e o medo que dela têm os humanos, sem falar em Dostoievski e sua famosa parábola do Grande Inquisidor. Ela é sempre citada quando se fala dessa nossa característica e de uma de suas principais consequências: nossa necessidade de líderes, guias, gurus e assemelhados, seja para nos isentar da culpa por ter errado, seja para evitar que nos arrisquemos a errar. A parábola faz parte de um dos grandes romances de Dostoievski e da história da literatura: *Os irmãos Karamazov*.[20]

---

[20] DOSTOIEVSKI, Fiodor. Os irmãos Karamazov. In: *Obra completa*. Rio de Janeiro: Nova Aguilar, 1995, v. 4, p. 995-710.

Essa parte do livro relata uma conversa entre dois irmãos, Ivan e Aliócha. Fala Ivan: "Meu poema chama-se *O Grande Inquisidor*, é absurdo mas quero que o fiques conhecendo." E começa a sua narrativa. A ação se passa no século 16, em Sevilha, na Espanha, na época em que a Santa Inquisição da Igreja católica perseguia, aprisionava, torturava e queimava em fogueiras públicas os acusados de bruxaria ou de atos considerados heréticos.

Nesse cenário, Jesus Cristo volta à Terra e logo é reconhecido. Faz alguns milagres: cura um cego, ressuscita uma criança. Surge então um velho cardeal. É o Grande Inquisidor, que vê o que acontece e ordena aos guardas que prendam Jesus e o levem ao prédio do Santo Ofício e o ponham em uma cela.

Anoitece. A porta da cela se abre e entra o Inquisidor. O prisioneiro está em silêncio. O Inquisidor sabe quem ele é, mas não menciona isso e começa a falar-lhe. Acusa-o de ter voltado para atrapalhar a ordem dos acontecimentos. Informa-o de que o condenará à fogueira como "o pior dos heréticos". O prisioneiro continua em silêncio. O Inquisidor diz-lhe que não acrescente mais nada ao que havia dito no passado, porque "tuas revelações novas feririam a liberdade da fé".[21]

E prossegue. Afirma que os homens nunca haviam sido tão livres como naquela época, e no entanto entregaram sua liberdade à Igreja. Continua o Inquisidor: "Queres ir para o mundo de mãos vazias, pregando aos homens uma liberdade que a estupidez e a ignomínia naturais deles os impedem de compreender, uma liberdade que lhes causa medo."[22] E continua. Diz que os homens não podem ser livres: logo que nascem, começam a procurar uma autoridade diante do qual insistem em se curvar. Dizem amar o livre-arbítrio, mas ao mesmo tempo o temem porque o acham muito doloroso.

É um discurso longo e o Inquisidor o termina assim: "Amanhã, a um sinal meu, verás aquele rebanho dócil trazer carvões acesos para a fogueira a que subirás, por teres vindo estorvar nossa obra. [...] Amanhã eu te queimarei."[23]

O prisioneiro continua calado. Por fim, levanta-se e beija o Inquisidor. Este abre a porta da cela e ordena-lhe que saia e não volte mais. O prisioneiro sai.

---

[21] DOSTOIEVSKI, op. cit., p. 698.

[22] Id., Ibidem., p. 700.

[23] Id., Ibidem., p. 706.

Estamos diante de um dos mais famosos exemplos do poder das metáforas. Nessa parábola estão sintetizadas as características que fazem de nós, humanos, seres tão avessos às mudanças. Estamos sempre em busca de certezas ilusórias, sempre com medo das incertezas, sempre em busca de ilusões e de quem nos diga o que fazer, sempre ambíguos, sempre presos à nossa mentalidade de rebanho.

Como observa Rollo May, a parábola do Grande Inquisidor mostra que nosso anseio por segurança acabou superando tudo o mais.[24] As pessoas trocaram a liberdade pelas "certezas", mesmo sabendo que estas não são garantidas. A obediência acabou por ser considerada a maior virtude, o que é uma das manifestações de nossa infantilização, de nossa mentalidade de escravos (embora rebeldes por natureza), de não sermos capazes de lidar com o conhecimento do bem e do mal a não ser opondo-os de modo binário.

Por isso precisamos nos iludir e ser iludidos. Como diz May, preferimos o conforto à incerteza. Escolhemos empregos medíocres e desmotivadores porque o pagamento é garantido. Não é difícil comprovar nada disso: basta que lembremos de muitos exemplos na área das empresas, no serviço público e em outros âmbitos. Temos até provérbios e metáforas de reforço: "Não deixar o certo pelo duvidoso", "o seguro morreu de velho" e assim por diante.

O medo da incerteza e a alienação

A maior liberdade que um ser humano pode ter é a de ser ele mesmo – mas também dessa liberdade ele tem medo. Daí a importância de conhecer as três manifestações da alienação dos seres humanos segundo o filósofo Martin Heidegger, pois são importantes para os processos de mudança de modo de pensar. Já fiz breve menção a uma delas em meu livro *As paixões do ego*, mas agora convém retomá-las com detalhes.

A alienação descrita por Marx pode ser chamada de quantificadora, porque ele se baseou na propensão que muitas pessoas têm de mensurar o mundo. Já Heidegger examinou a alienação em um domínio bem mais profundo da condição humana. Ele a viu como a tendência do homem a perder-se para as coisas, de

---

[24] MAY, Rollo. *Liberdade e destino*. Rio de Janeiro: Rocco, 1987, p. 94.

entregar-se a elas, fugir de si mesmo e abrigar-se nos objetos. Assim ele se ausenta de sua própria vida, e o faz por meio de alguns hábitos e atitudes.

Ao nos alienarmos não somos nós mesmos: entregamo-nos a algo maior que nos manipula e controla. Aceitamos ser comandados por esse grande Outro aparentemente protetor e acolhedor, mas na verdade frio e impessoal com sua sabedoria padronizadora – o chamado senso comum. Ao entrar nesse processo, regredimos à média: dispensamo-nos de pensar, porque acreditamos que tudo já nos chega pensado e resolvido e as decisões que contam já estão tomadas. Dessa forma, o mundo em que vivemos não é construído por nós: ele nos é dado de antemão por meio da retórica do senso comum, e isso nos dá uma sensação de conforto e atenua a nossa insegurança.

Em seu livro *Ser e tempo*, Heigedder aborda o que denominou de as três formas básicas de alienação dos humanos.[25] Na ordem em que ele os apresenta, esses modos são a tagarelice (*idle talk*), a avidez pelas novidades e a ambiguidade.

A tagarelice tem muito a ver com a superficialidade. É o hábito de falar incessantemente, o que muitas vezes resulta na perda do sentido das palavras. Fala-se sem saber do que se fala. Entre as manifestações da tagarelice está o uso imoderado de chavões, *slogans* e lugares-comuns, tão frequentes nos discursos políticos, nos pronunciamentos diplomáticos, nas arengas dos animadores de auditório e no palavreado padronizado da maioria dos eventos sociais. O discurso "breve-leve", tão comum nas palestras-espetáculo, às quais as pessoas vão em busca de entretenimento e não de conteúdo, também faz parte dessa lista.

A tagarelice nos faz falar muito e comunicar muito pouco. As conversas são mantidas num modelo em que a abundância de palavras alimenta a superficialidade e vice-versa. Em alguns contextos, ela assume grandes proporções. Quem tem experiência no cotidiano das empresas, por exemplo, certamente terá testemunhado seus efeitos nocivos e muitas vezes desastrosos. Nas reuniões, a tagarelice é frequentemente um fator de improdutividade. Encontros que poderiam tomar muito menos tempo tornam-se intermináveis graças às frequentes digressões sobre aspectos secundários e irrelevantes, que tiram as pessoas do foco e dispersam seus raciocínios.

[25] HEIDEGGER, Martin. *Being and time.* Nova York: Harper Perennial, 1962/2008, p. 210-224.

Ao dispersar o raciocínio das pessoas e fazê-las perder a objetividade, a tagarelice aumenta o número de variáveis a ser consideradas. O desperdício de tempo e a perda de eficácia daí resultantes criam um clima de animosidade em relação a futuras reuniões. O tempo excessivo tomado por interlocutores de fala caudalosa e prolixa se reflete ao longo dos dias e semanas. Por não serem eficazes, as reuniões precisam ser mais frequentes, e isso diminui ainda mais o tempo de reflexão indispensável às decisões. Aumentam então as cobranças relativas às decisões e sua implementação. O resultado é um aumento do estresse, o clima organizacional se torna pesado, os resultados esperados demoram mais a surgir e tudo se atrasa. E os atrasos, como escreveu Shakespeare, têm consequências funestas.[26]

Além disso, há outro problema. Decisões resultantes de reuniões muito prolongadas e enfadonhas muitas vezes são consideradas bem fundamentadas, mas a experiência tem mostrado o contrário: reuniões prolongadas e enfadonhas tendem a pulverizar a atenção e o raciocínio dos participantes. Dificultam as conexões entre as ideias e desorganizam o pensamento. É o que diz o neurocientista John Medina: "Não prestamos atenção às coisas que nos aborrecem."[27]

Embora diferentes um do outro, a tagarelice e o *chichi* estão estreitamente relacionados. Em nossa cultura, ambos são sempre prestigiados e com frequência bem remunerados. Não é de admirar, pois seus praticantes, em especial os famosos, ajudam a manter a alienação com seus discursos infindáveis e superficiais. Ao passar a falsa ideia de profundidade e erudição, muitos textos herméticos contribuem na mesma direção.

A verbosidade excessiva ajuda a manter as pessoas longe daquilo que elas mais detestam: ter de pensar, refletir, examinar suas dúvidas e problemas, pôr-se à prova. Como se tudo isso ainda não bastasse, os praticantes da tagarelice e do *chichi* também são os anunciadores e mantenedores dos modismos. Dizem às pessoas o que elas querem ouvir e assim estão sempre a serviço da superficialidade, do descompromisso e da infantilização.

Contudo, nada disso significa que as pessoas que falam muito são necessariamente mal intencionadas nem que tenham necessidade de aparecer e se autoafir-

---

[26] SHAKESPEARE, William. Delays have dangerous ends. *King Henry VI.* Parte I, Ato III, cena 2.

[27] MEDINA, John. *Brain rules*: 12 principles for surviving and thriving at work, home, and school. Seattle, Washington: Pear Press, 2008, p. 71 ss.

mar por esse meio. Com frequência elas são movidas por um desejo genuíno de ajudar, mas não percebem que acabam produzindo o efeito contrário. Compete aos gestores com capacidade de liderança a tarefa de fazer com que elas se deem conta desse fato.

Essa não é uma tarefa simples. Minha experiência como psicoterapeuta me mostrou que muitas vezes essas pessoas – com ou sem o desejo genuíno de ajudar – têm o ego inflado e a autocrítica diminuída. Essa conjugação de fatores transforma qualquer tentativa de ajudá-las em um empreendimento delicado, dado que elas tendem a interpretar tais tentativas como insultos pessoais.

O potencial alienante da tagarelice não deve ser desprezado, por mais uma razão importante: discursos intermináveis muitas vezes estão ligados à impontualidade e à falta de objetividade. E o tempo, como todos sabemos, é inerente à condição humana. Somos seres temporais. Tomar o tempo das pessoas equivale a tomar partes de suas vidas. Não saber lidar com o tempo (o nosso e o dos outros) é um sinal de que precisamos aprender a lidar com nossa condição humana.

A avidez pelas novidades expressa a aversão à reflexão e ao aprofundamento e leva as pessoas a mudar sempre o seu foco de atenção. É o universo do "já vi tudo", do "isso está desatualizado", da busca constante de novos modismos, de novos produtos, mesmo quando se sabe que em sua maioria eles não passam dos mesmos objetos maquiados.

E assim fugimos da vida subjetiva e nos dirigimos cada vez mais para o que está fora de nós. O resultado é que quanto mais nos voltamos para o externo, para o superficial, mais aumenta o nosso vazio interior. Nosso discurso é de autonomia, mas na prática nos comportamos como obedientes e manipuláveis.

A grande procura pelos chamados modismos gerenciais é um exemplo comum. A moda, a busca do "mais atualizado" e do "mais prático" entretém a avidez pelas novidades e leva à constante "fabricação" de necessidades supérfluas. O novo se mantém dentro nos trilhos de sempre e por isso só na aparência é novo.

A terceira forma de alienação humana é a ambiguidade. Ela se manifesta em nossa tendência a aceitar determinadas situações como inquestionáveis, a vê-las quase como verdades reveladas. É a postura do chamado senso comum: vou porque todo mundo vai; concordo porque todo mundo concorda; compro porque todo mundo compra. Todas as explicações necessárias já vêm prontas de fora. Elas são julgadas úteis porque são expressas em uma linguagem que qualquer um pode entender – e esse "qualquer um" é o homem regredido à média, impessoalizado e impessoal. São as verdades sabidas, aceitas e jamais questionadas. Tudo isso, é claro, induz ao conformismo e torna as pessoas manipuláveis.

Nos termos das ciências da complexidade, a ambiguidade, a atração pelas novidades e a tagarelice funcionam como atratores, isto é, são polarizações que afastam as pessoas de uma visão mais ampliada de sua existência. Elas nos distraem, dificultam ou impedem nossa percepção das sutilezas do cotidiano, e por isso tendem a nos tornar resistentes a mudar de modo de pensar.

A alienação é uma evidência de como nos deixamos fascinar por determinados atratores, que polarizam nossas atenções e fazem com que nosso raciocínio se torne imediatista, esquemático e supersimplificador. Tudo se reduz a um foco único, à minha especialidade, ao meu recorte do mundo, às minhas técnicas, ferramentas e modos de avaliação dos resultados.

Os três modos de alienação são interligados e se reforçam mutuamente. Quando as pessoas (e isso é comum no universo dos negócios) falam em "novos desafios", quase sempre se referem a novas ações. Não lhes ocorre que para que um desafio seja de fato novo é preciso que seja reconhecido como novo. Para tanto é preciso ampliar o horizonte mental, fertilizar os conhecimentos com novos aportes, questionar e questionar-se, desafiar e desafiar-se.

O universo alienado vive de diretivas: como influenciar as pessoas; como adquirir "inteligência emocional"; como prever o futuro; como fazer isso; como fazer aquilo. Só o "como" interessa. Os porquês não interessam, são considerados "teóricos". Saber mais, aprofundar-se, pensar, refletir, tudo isso é visto como modos de perder tempo. O que importa é o como funciona, o mundo mecânico e a vida mecânica.

A identificação do "mais" com o "melhor" levou a uma noção muito peculiar de viver: a vida de resultados. O que leva à necessidade de entender o que é, afinal de contas, qualidade de vida. Pela ótica da tecnoburocracia falar nisso é um tanto estranho, porque viver melhor é automaticamente identificado com viver mais. O exagero quantificador às vezes beira o surreal. Certa vez, assisti a uma palestra sobre o que então se chamava de "espiritualidade nos negócios". Em meio a uma profusão de *slides* com animação, o palestrante afirmava que o desenvolvimento da espiritualidade (o que exatamente ele queria dizer com essa palavra não foi esclarecido) levava a um aumento de cerca de 50.000 dólares na renda anual das pessoas.

Mudar concepções de mundo como essa e muitas outras semelhantes é o grande desafio. Uma das formas de fazer isso é o que Karl Popper apresenta em seu livro *Conjeturas e refutações*.[28] Trata-se nada mais nada menos do que pôr à prova ideias e conceitos aparentemente inabaláveis. Desafiá-los, questioná-los, não ter medo de estar errado – essa, aliás, é uma das maneiras eficazes de lidar com o erro. Se esse aspecto for entendido logo de saída, a questão dos modos de pensar e a possibilidade de mudá-los também será compreendida. Se não, tudo se torna cada vez mais problemático. Já se disse que o difícil não é fazer com que as pessoas aceitem ideias novas, mas sim fazer com que elas abandonem as ideias antigas. Esse é o ponto central.

[28] POPPER, Karl. *Conjectures and refutations*: the growth of scientific knowledge. Londres: Routledge, 1963.

3

OS HUMANOS, SUA MENTE E SEU MUNDO

A estratégia, assim como o conhecimento, continua sendo a navegação em um oceano de incertezas entre arquipélagos de certezas.

EDGAR MORIN

UM UNIVERSO DE "CERTEZAS"

Tomemos duas frases como ponto de partida. Uma é de H. L. Mencken: "O homem que se gaba de só dizer a verdade é simplesmente um homem sem nenhum respeito por ela."[1] A outra é de Nietzsche: "As convicções são inimigos da verdade mais perigosos do que as mentiras."[2]

Talvez nem fosse necessário citar autores tão conhecidos para destacar o que sabemos desde sempre: estamos constantemente em busca de "certezas". Existe mesmo um "efeito certeza",[3] que pode ser assim descrito: tendemos a preferir os absolutos. Quando um resultado esperado é praticamente certo, nós o preferimos ao que é provável. Se pudermos escolher, queremos certezas, não probabilidades.

---

[1] MENCKEN, H. L. *O livro dos insultos*. São Paulo: Companhia das Letras, 1988, p. 31.

[2] NIETZSCHE, Friedrich. *Humano, demasiado humano*. São Paulo: Companhia de Bolso, 2005, parágrafo 483, p. 239.

[3] TVERSKY, A.; KAHNEMAN, D. The framing of decisions and psychology of choice. *Science*, 211, p. 453-458, 1981.

Existe também um efeito pseudocerteza: quando o resultado esperado é positivo, nossas decisões se inclinam para o lado da aversão ao risco. Quando esperamos resultados negativos, inclinamo-nos para a aceitação do risco. É o que há longo tempo diz a sabedoria popular: "Perdido por um, perdido por mil." De todo modo, nossa tendência maior é a busca de certezas, que se traduz em outro dito popular: "Não deixe o certo pelo duvidoso" – que aliás é uma receita frequentemente eficaz para a mediocridade.

A verdade, o que consideramos certo, é o que sabemos – aquilo com que estamos familiarizados e nos conforta. Foi o que escreveu Wittgenstein: "Eu sei = conheço isso como uma certeza."[4] É claro que não há nada de mal em tentar reduzir as variáveis e assim diminuir a incerteza e aliviar nossa insegurança. É uma atitude lógica e em muitos casos desejável. O problema é que as certezas que tanto queremos não existem no mundo real na mesma medida em que as idealizamos. Para tentar escapar ao confronto com essa constatação, recorremos a todos os tipos de subterfúgios. E é aí que mais nos enganamos, pois certezas demais produzem o efeito contrário ao esperado: diminuem a nossa autonomia. É o que diz Shakespeare em sua tragédia *Macbeth*: "A segurança é a maior inimiga dos mortais."[5]

Assim, insistimos em continuar em busca de certezas quando isso é factível – o que é razoável –, mas também teimamos em procurá-las mesmo em situações nas quais é óbvio que estamos apenas nos autoenganando. Na área da economia, dos negócios e da administração essa circunstância é comum, em especial no caso dos chamados modismos gerenciais e nas técnicas ditas de autoajuda. Não por acaso esses modismos – cuja principal característica é prometer "certezas" – continuam a proliferar. Em seu afã de negar a incerteza eles acabam criando um mundo de fantasias e, pior ainda, ao prometer inovação não raro criam obstáculos a tudo o que é novo.

Outra forma de tentar negar a incerteza é o estabelecimento de metas demasiadamente ambiciosas. Esse hábito em si não é mau. Sabemos que em geral seu objetivo é desafiar as pessoas, estimulá-las, criar uma mentalidade de superação.

---

[4] WITTGENSTEIN, Ludwig. *Da certeza*. Lisboa: Edições 70, 2000. Edição bilíngue. Parágrafo 272, p. 81.

[5] SHAKESPEARE, William. *Macbeth*. Ato III, cena 5.

Ao mesmo tempo, há outro propósito: diminuir o número de variáveis e portanto a incerteza, o que também é razoável.

Mas essa postura se torna perigosa quando se imagina que é possível eliminar a incerteza além de um certo limite. Nesses momentos, torna-se claro que esse grau tão elevado de eliminação de variáveis além de ser inviável é um poderoso produtor de ilusões. Em consequência, se por um lado a satisfação de cumprir as metas pode ser grande, de outra parte o fato de fixar metas inatingíveis – e portanto ilusórias – pode gerar muita frustração.

A crise econômica global de 2008 é um bom exemplo do que pode ocorrer quando não se leva em conta a incerteza e se age como se o futuro pudesse ser totalmente "gerenciado". Pensou-se que as variáveis podiam ser reduzidas mais do que o razoável e necessário. E isso criou uma ilusão, que por sua vez levou a um grau de frustração diretamente proporcional à atitude racionalista de querer simplificar demais a complexidade do mundo.

Vejamos um exemplo. Depois de passar por três entrevistas de seleção, um executivo foi aprovado para o trabalho a que havia se candidatado. Mesmo assim teve de despender quase um dia inteiro em um serviço terceirizado, onde se submeteu a uma bateria de testes e avaliações. Se era óbvio que sua contratação já havia sido decidida, é o caso de perguntar para que tantas aferições adicionais. A resposta é simples: para proporcionar aos tomadores da decisão de contratá-lo um certo grau de proteção "garantido" pela tecnologia. Caso algo não vá bem no futuro, sempre se poderá dizer que todas as avaliações foram feitas, todas as condutas foram seguidas. Logo, se houver problemas, culpa não cabe aos tomadores da decisão.

Esse procedimento é comum na medicina. Mesmo quando o diagnóstico está feito, multiplicam-se os exames complementares, muitos deles invasivos. Embora esse dado não seja mencionado, sabe-se que essa iniciativa se destina a proteger os médicos de processos por imperícia. No entanto, a experiência tem mostrado que no mais das vezes o que se consegue é um aumento dos custos médico-hospitalares.

Hoje é comum o argumento de que além de um limite razoável, quanto mais uma tarefa ou decisão é "validada" por artefatos e procedimentos tecnológicos mais aumenta a importância das técnicas e máquinas e mais diminui a importância das pessoas. Faz sentido: se as máquinas são tão "validadoras" assim, qualquer um pode operá-las e o resultado será o mesmo, pois é delas que vem a "validação" e portanto a confiabilidade.

Isso não implica necessariamente diminuir a importância das técnicas e das máquinas – mas significa que é preciso recuperar a importância perdida pelas pessoas. O que, por sua vez, implica aumentar o grau de clareza que elas, as pessoas, têm de si mesmas, dos outros e do mundo. Elas precisam educar-se, ampliar seus conhecimentos. Não foi por acaso que Peter Drucker escreveu, em 1993, que precisamos de uma teoria econômica que ponha o conhecimento no centro do processo de produção da riqueza.[6]

O CÍRCULO DA EXATIDÃO

Há muitos exemplos ilustrativos desse mundo de certezas que tanto idealizamos e que, para o bem e para o mal, tem se revelado a cada dia mais incerto. Lembremos a história do Círculo de Viena, um grupo de pensadores que se consolidou e se notabilizou na Áustria, entre 1922 e 1936. Era uma associação informal, de certa forma coordenada por Moritz Schlick. Reuniam-se regularmente, e entre os mais assíduos estavam, além do próprio Schlick, Rudolf Carnap e Otto Neurath. Entre os frequentadores eventuais havia nomes ilustres como Kurt Gödel, W. V. Quine e A. J. Ayer.

Esses cientistas, lógicos, matemáticos e filósofos de certa maneira radicalizaram ao rejeitar tudo o que se relacionava à metafísica. Por meio de suas conversações construíram um mundo esquemático, de lógica linear, certezas e segurança intelectual. Um mundo no qual os humanos e as características a eles inerentes – a ambiguidade, a aleatoriedade e a imprevisibilidade – eram vistas como algo a ser descartado: se os humanos atrapalham as certezas e a exatidão, devem ser postos em segundo plano. As coisas precisam ser fragmentadas e analisadas. Não interessa que o conhecimento resultante do uso exclusivo dos métodos analíticos também seja fragmentado. Privilegiam-se a divisão, a análise e as partes separadas. As relações entre elas devem ser postas em um plano inferior.

---

[6] DRUCKER, Peter. *Post-capitalist society*. Nova York: Harper Business, 1993, p. 183.

Não importa que a vida orientada por esse modo de pensar pouco tenha a ver com a vida real e por isso estimule o afastamento entre as pessoas. Também não importa que um mundo de pseudocertezas, pseudossegurança e pseudoprevisibilidade pouco tenha a ver com a realidade. Nesse domínio de pensamento – que tem muito a ver com a chamada "ideia de progresso" –, devemos nos acostumar a crer que quantidade equivale a qualidade. O próprio sentido da palavra *progresso* tornou-se quantitativo. Não devemos falar em um progresso melhor, mas em um progresso maior.

No entanto, sabemos que a ideia de progresso pretende ignorar a incerteza e com isso não se dá conta da complexidade do mundo. É portanto uma ideia simplificadora, um conjunto de certezas e determinismos idealizados. Se por um lado ela estimula a busca do conhecimento, as pesquisas e o desenvolvimento da tecnologia, de outra parte vê os resultados dessas pesquisas como um conjunto de determinismos. Nivelam-se o conhecimento e a informação e com isso perde-se a sabedoria. Não se vê a incerteza como algo a ser reconhecido, estudado e compreendido para além das tentativas de ignorá-la. Ao contrário, ela é vista como um estorvo que deve ser totalmente eliminado.

Como se sabe, os pensadores da escola de Frankfurt, entre eles Max Horkheimer e Theodor Adorno, criticaram as sociedades só compreensíveis, organizáveis e administráveis por meio de números e estatísticas. Hoje falaríamos em "sociedades de planilha", coerentes com o discurso dominante do pensamento tecnoburocrático e seus propósitos idealizados de controle, mensuração e previsibilidade.

A tecnologia é a grande fornecedora de "certezas" no mundo atual, mas isso tem um preço. Como mostra a prática cotidiana, quanto maiores forem a sofisticação e a eficácia de um aparato tecnológico, maior será a necessidade de fazer sua manutenção e monitorá-lo, dadas as muitas possibilidades de efeitos colaterais indesejáveis resultantes de seu funcionamento.

Tecnologia elaborada requer atenção elaborada. Os sistemas tecnológicos são artificiais e portanto em sua maioria são complicados e não complexos. Incluem um alto grau de precisão, mas isso não é necessariamente tranquilizador, pois o medo e o estresse associados a tais sistemas e seu funcionamento se originam em regiões do cérebro não sensíveis a argumentos técnicos e explicações quantitativas.

E assim o nosso mundo de pretensas certezas acaba produzindo o que se tornou conhecido como "efeito ferramenta", que pode ser assim descrito: quanto mais tecnologias criarmos e usarmos, mais modificaremos o mundo e menos entenderemos as consequências – boas ou más – dessas modificações. E quanto menos as compreendermos, menos entenderemos nosso papel e nossas responsabilidades em relação a elas. Por extensão, menos compreendemos a nós mesmos. Tudo isso deveria nos alertar para a necessidade de mudar de hábitos de pensamento, mas até agora pouco tem sido feito nesse sentido.

A necessidade de monitorar de modo ininterrupto as tecnologias aumenta seu custo global e também amplia o estresse, tanto dos que as fornecem quanto dos que as utilizam. O que obviamente não implica condená-las – mas gera a necessidade de compreender seus custos e benefícios e, com isso, determinar seus limites. Ainda assim, é necessário ter sempre em mente que quando os critérios econômico-financeiros prevalecem sobre todos os demais, tais cuidados se tornam muito difíceis de observar e adotar – quando não se transformam em motivo de escárnio.

A cultura de ver o pensamento analítico como modo quase exclusivo de percepção e conhecimento tem a marca típica do "efeito ferramenta". Para os pensadores do Círculo de Viena – introdutores do positivismo lógico –, a via analítica buscava aquilo que eles chamavam de "verdade concreta". Daí o propósito de ainda hoje reduzir tudo a números e estatísticas, estas por sua vez redutíveis a diagramas, planilhas e modelos de computador.

Em 1814, o cientista francês Pierre-Simon de Laplace[7] deixou bem claro o anseio da ciência para controlar aquilo que muitos acreditam ser o seu grande inimigo: a incerteza. Com efeito, proporcionar "certezas" a seres como os humanos, cuja essência é a incerteza e a imprevisibilidade, é um projeto longamente acalentado. Mas é óbvio que a condição humana jamais poderá ser controlada, mensurada e tornada previsível além de um determinado ponto. É a insistência em não reconhecer esse limite que nos torna ansiosos e, pior ainda, que nos faz tentar negar por todos os meios possíveis a nossa própria realidade.

---

[7] LAPLACE, Pierre-Simon de. Essai philosophique sur les probabilités. Apud HAYEK, F. H. *The counter-revolution of science*: studies on the abuse of reason. Indianapolis: Liberty Press, 1952, p. 201.

Ao que tudo indica, hoje parece não haver muitos cientistas que levem a sério a posição de Laplace. No entanto, pode-se acrescentar que muitas pessoas ainda acreditam que ela corresponda à realidade. A chamada sabedoria convencional, talvez junto com um número não desprezível de cientistas, continua a acreditar que os grandes ideais do Iluminismo ainda estão em vigor.

É nos momentos em que estamos mais cheios de dúvidas, ou mais estressados, ou as duas coisas, que mais buscamos as certezas: quanto tempo de vida nos resta diante de um diagnóstico médico sombrio; por quanto tempo continuaremos em um emprego ao saber que a empresa está cortando custos (isto é, cortando pessoas); o que acontecerá com uma crise financeira que ameaça reduzir a pó as nossas economias; e assim por diante. É nessas circunstâncias que o mundo real mais nos revela que é basicamente feito de variáveis e incertezas.

De modo geral, defendemo-nos de tudo isso recorrendo a explicações que consideramos lógicas, em especial aos números e estatísticas – isto é, recorremos às racionalizações. Em vez de procurar compreender a vida refletindo sobre ela e compartilhando com outros essas reflexões, fingimos desconhecer que a racionalização é enganosa e não funciona nos contextos complexos e caóticos. Não funciona porque, como observa Morin, ela atribui um excesso de lógica aos conhecimentos empíricos e rejeita a complexidade do real.

É nos momentos em que mais precisamos ser racionais que mais nos tornamos racionalistas. Negamos a complexidade da experiência vivida e buscamos abrigo no redutivismo das regras passo a passo e das fórmulas de autoajuda. Ao pretender compreender mais acabamos compreendendo menos. Os resultados são sempre os mesmos: descobrimos que as racionalizações não são tão "práticas" como imaginamos, e torna-se claro que elas têm muito a ver com o pensamento mágico e com o alívio autoenganador por ele proporcionado.

Já se disse que o mundo é pouco compreensível para nós, humanos, e é por isso que buscamos explicações. Quando elas nos são apresentadas de maneiras difíceis de entender sentimo-nos desprotegidos, pois fomos condicionados a pautar nossa conduta segundo diretivas simples, claras e quase sempre vindas de fora. Tememos as informações que chegam em grande quantidade e com muita rapidez, pois intuímos que elas podem trazem problemas que nos obriguem a pensar fora das regras habituais.

O mesmo acontece sempre que as informações não são transformadas em conhecimentos, ou seja, quando são desligadas de suas finalidades. Nesses casos elas deixam de ser um meio e passam a ser um fim e, o que é pior, um fim cuja utilidade é confusa ou desconhecida. Se não houver reflexão e busca de conexões, quanto maior for a quantidade de informações – e a velocidade com que elas forem veiculadas – mais diminuirá a clareza sobre sua utilidade e mais aumentará a desinformação.

Uma das muitas razões que nos levam a buscar com tanto empenho o que chamamos de "certezas" é a fragilidade do nosso ego. Entre muitas outras coisas, o ego infunde em nós o medo de errar. Mas não tanto pelo receio das consequências do erro e sim pelo horror à censura dos outros – do que eles poderiam dizer. É esse medo que faz com que nos apeguemos às "certezas".

Em nossa época e cultura, o que convencionamos chamar de "certezas" é o que nos chega por meio de duas fontes principais: (a) a revelação, isto é, as crenças religiosas; (b) o conhecimento científico.

Nossas "certezas" muitas vezes nos levam ao conformismo e à acomodação, e com isso limitam nossa capacidade de tomar decisões. Em termos organizacionais, um exemplo é imaginar que no ambiente de trabalho as pessoas são diferentes de quando estão fora dele – na chamada "vida pessoal". Essa expressão revela o que com frequência tentamos esconder: que na maioria dos ambientes de trabalho a vida é impessoal. Vivemos atrelados ao faz-de-conta de que a impessoalidade de muitos dos ambientes profissionais é a vida "não pessoal", quando na verdade trata-se de uma farsa que representamos dia após dia.

Em consequência, fingimos que é possível descartar nossos sentimentos e emoções sem perceber que essa tentativa além de inútil nos esvazia existencialmente. Ainda não entendemos que é possível ser racional sem fingir não ter sentimentos e emoções. Ou vice-versa: que é possível experienciar os sentimentos e as emoções sem descartar a razão.

O entendimento de como é possível ao menos chegar perto da integração dos modos racional e emocional ajuda-nos a ver o cotidiano de uma forma menos contaminada pelo pensamento mágico. Ao contrário do que muitos pensam, para chegar a esse entendimento não basta aplicar uma série de regras, dinâmicas ou jogos que nos levem à "inteligência emocional" ou coisa do gênero. É necessário refletir em profundidade sobre situações que na aparência são mutuamente excludentes mas que na verdade não o são. É uma tarefa quase sempre difícil pelos padrões de nossa cultura. Mas não deveria ser assim, porque a essência da condição humana inclui a ambiguidade, como veremos a seguir.

Os dados da existência

O psicoterapeuta Irvin Yalom[8] estudou esse tema e desenvolveu o conceito dos quatro dados da existência (*existencial givens*). Para ele, grande parte dos problemas humanos se origina de nossa dificuldade de lidar com esses dados. Estes são categorias intrínsecas à condição humana, constituem as nossas estruturas mais profundas e podem ser assim nomeadas:

a) a certeza da finitude;
b) a liberdade;
c) o isolamento;
d) a falta de sentido.

A certeza da finitude, isto é, da morte, leva-nos ao dilema existencial básico: o desejo de continuar a existir juntamente com a certeza de que um dia morreremos. No entanto, é a certeza da morte que faz com que valorizemos o nosso tempo e nos esforcemos para deixar algo feito, ideias, realizações – em suma, sinais de nossa passagem pelo mundo. A morte faz parte da vida e a vida faz parte da morte. Esse é o que chamo de primeiro paradoxo da condição humana.

Como vimos no Capítulo 2, a liberdade nos põe diante de outra situação paradoxal: ao mesmo tempo em que a desejamos nós a tememos, em especial por causa das responsabilidades que ela implica. Sabemos que dentro de certos limites podemos escolher o que queremos ser e o que desejamos fazer, mas isso nos torna responsáveis pelas consequências – boas ou más – de nossas escolhas. Além disso, hoje se sabe que muitas dessas escolhas não são conscientes, o que por si só não nos isenta de nos responsabilizarmos por elas.

[8] YALOM, Irvin D. *Existential psychotherapy*. Nova York: Basic Books, 1980, p. 8-9.

Em suma, ao mesmo tempo em queremos ser livres desejamos que algo ou alguém nos oriente, nos diga o que escolher e o que fazer, alguém que divida conosco a responsabilidade pelas consequências do que escolhemos. Mas esse desejo é frustrante: embora almejemos uma base em que nos apoiar, temos de conviver com a realidade de que, em última análise, ela só existe em nossas fantasias. Esse é o segundo paradoxo da condição humana.

O isolamento existencial não é o que costumamos chamar de solidão, o fato de estarmos afastados das outras pessoas. Também não significa estarmos isolados de nós mesmos, isto é, alienados. Trata-se de uma condição bem mais profunda: estamos isolados tanto do mundo quanto de outros seres vivos, pois nascemos sozinhos e assim morreremos.

Uma das manifestações mais evidentes do isolamento existencial é o chamado problema das outras mentes, que pode ser assim descrito: não podemos saber o que acontece na mente dos outros e o inverso é verdadeiro. Por mais que tentemos transmitir a alguém o que se passa em nossa mente, essa pessoa só receberá um relato segundo o nosso ponto de vista. Jamais terá acesso ao nosso conteúdo mental tal como ele é. Se digo que estou triste ou alegre, e por mais que eu o diga com o máximo de clareza de que sou capaz, meu interlocutor só terá a minha versão, o meu ponto de vista. Mais ainda: receberá e entenderá meu relato segundo o seu próprio ponto de vista.

Esse é o terceiro paradoxo da condição humana. Temos de aceitar nosso isolamento existencial e, ao mesmo tempo, reconhecer a necessidade de conviver com os outros: precisamos de contatos, de ser acolhidos, de pertencer a algo maior do que nós, de proteção, de ser reconhecidos.

A falta de sentido é a conclusão a que chegamos quando nos questionamos por que e para que vivemos. Sabemos que do ponto de vista abstrato essa pergunta é irrespondível. Sob esse ponto de vista a vida não tem sentido. Não nascemos predeterminados a ser isso ou aquilo ou a fazer isso ou aquilo. Daí a nossa grande necessidade de que alguém ou algo nos proporcione regras fixas, diretrizes, orientações que nos digam o que fazer.

Não precisamos ser filósofos para questionar o sentido da vida. Essa pergunta nem precisa ser posta em pensamentos ou palavras, pois é inerente à condição humana: já está feita desde sempre. Esse é o quarto paradoxo da condição humana: a vida em si não tem sentido, mas precisamos dar sentido às nossas vidas. Isso inclui elaborar uma visão de futuro, traçar estratégias, projetar cenários e, ao mesmo tempo, reconhecer que nada disso garante certezas – mas não nos deve demover de nossos esforços.

Ao examinar em conjunto os quatro dados da existência, logo percebemos que eles têm um ponto em comum: ensinam-nos que viver inclui a tarefa de aprender a lidar com opostos ao mesmo tempo antagônicos e complementares. A certeza da morte causa medo, mas valoriza nosso tempo de vida. A liberdade nos amedronta, mas ao mesmo tempo nos leva a superá-la por meio da assunção das responsabilidades, que é o caminho da autodeterminação. O isolamento existencial nos tornou seres gregários. A falta de sentido nos transformou em buscadores e provedores de sentido.

É importante notar que os quatro dados da existência estão presentes em todos os domínios da atividade humana. Se examinarmos bem, veremos que eles fazem parte de todos os nossos problemas, sejam pessoais, interpessoais ou organizacionais. Mas também fazem parte das soluções que damos a esses problemas.

A existência de opostos ao mesmo tempo antagônicos e complementares (os paradoxos) inspirou Edgar Morin e seus discípulos, entre os quais me incluo, a desenvolver os operadores cognitivos ou conceituais do pensamento complexo. Um deles é o operador dialógico, que nos permite lidar com mais facilidade com situações paradoxais. Já escrevi sobre ele em outros lugares e voltarei a fazê-lo no Capítulo 8.

Vejamos um exemplo do operador dialógico. Quando questionado sobre o que fazer em situações que envolviam tomar decisões aparentemente antagônicas, o executivo americano Jack Welch respondeu: "Não aposte apenas em uma coisa ou na outra. Aposte nas duas. [...] Entenda que a hora certa de lançar uma nova tecnologia é fundamentalmente um salto aflito de fé. [...] E não há modelo no mundo que seja capaz de quantificar isso."[9]

Os dados da existência são realidades chocantes e desanimadoras, mas ao mesmo tempo não o são. Esse é mais um paradoxo entre os muitos que fazem parte da nossa condição humana. Somos grandes buscadores de certezas, e o fato

---

[9] WELCH, Jack. Entrevista. *Exame* (São Paulo), 23 maio 2007.

de saber que elas não existem na mesma medida em que as idealizamos em nada modifica nosso empenho em buscá-las. Por outro lado, ao longo de toda a história humana essa característica nos tornou presas fáceis dos provedores de certezas, que logo descobriram que estamos dispostos a tudo para consegui-las.

Movidos por nossa credulidade, somos grandes compradores de certezas. Acreditamos de maneira incondicional em todos os que as vendem. Mesmo quando as evidências mostram que eles estão nos enganando, continuamos a acreditar e a comprá-las. Nesses momentos o autoengano é posto a serviço dos que nos iludem.

As decisões: o que fazer

A complexidade do mundo comporta os determinismos, mas também inclui o acaso. A partir do que está determinado surgiram as leis da ciência. O nascimento do sol, as órbitas dos planetas e seus satélites, as marés, a reprodução e a hereditariedade, tudo isso é determinado. No entanto, o fato de sabermos que nascemos do acasalamento de nossos pais não significa que também sabemos como será a nossa vida nem quanto ela durará. Mesmo as mensurações que chamamos de científicas comportam bem mais erros e incertezas do que supomos.

A experiência cotidiana mostra que os fenômenos do mundo incluem um âmbito matematizável e racionalizável, mas também comportam outro espaço, este não matematizável e não racionalizável. Não podemos lidar com ambos com base nos mesmos pressupostos, métodos e estratégias. A presença do não racionalizável e não matematizável nos impele a fazer outros tipos de escolhas. Não é possível tomar decisões com base apenas em determinismos: em muitos casos elas serão erradas e produzirão consequências indesejáveis, porque ignoraram as dimensões não determinadas e não determináveis do mundo e da condição humana.

Que construímos nosso mundo por meio de ideias e de como as expressamos (a linguagem) já se sabe desde a época de Buda, a quem são atribuídas as seguintes palavras: "Tudo o que vemos é o resultado do que pensamos. Tudo se baseia em nossos pensamentos e é por eles formado." Também Shakespeare já havia escrito: "There is nothing either good or bad, but thinking makes it so" ("não há nada de bom ou mau, o pensamento é que os faz assim").[10] Muito antes dele, Xenófanes, filósofo grego pré-socrático, escrevera: "Não há nem haverá [um homem] que tenha o conhecimento certo sobre os deuses e sobre todas as coisas. [...] Mesmo que ele porventura pudesse dizer a verdade inteira, ainda assim não se daria conta disso. A imaginação permeia tudo."[11]

Somos o que pensamos. Não existe separação entre o sujeito (o observador) e objeto (o que é observado). O observador participa do que observa. Essa frase deve ser entendida no sentido de que ele, o observador, influencia o que observa e é por este influenciado. Por exemplo, um antropólogo que vive algum tempo entre os membros de uma tribo, com o intuito de estudar sua vida e costumes, influencia-os e é por eles influenciado. Um sociólogo que observa e estuda uma comunidade afeta-a e é por ela afetado. Um consultor que intervém na cultura de uma empresa modifica-a e é por ela modificado.

Nas tradições monoteístas – judaísmo, cristianismo e islamismo –, as crenças derivam de conhecimentos revelados. Dada a sua origem, tais conhecimentos não podem ser objeto de discussão. São verdades que devem ser percebidas e internalizadas da mesma maneira por todos, independentemente de suas estruturas individuais. Os que as adotaram ou vierem a adotá-las não participaram nem participarão de sua elaboração.

Nessas tradições, Deus não faz parte do mundo que criou e o mesmo acontece com suas revelações. Essa é a inspiração da literalidade dos fundamentalismos: as afirmações reveladas sobre a realidade são iguais à realidade, que desse modo é a mesma para todos. Nas tradições orientais não monoteístas, porém, as afirmações sobre a realidade não a espelham porque não são declaratórias. Por isso, elas convidam as pessoas a viver suas experiências e tirar suas próprias conclusões.

Tudo visto, fica um ponto para reflexão e discussão: tomar decisões com base em experiências próprias é uma coisa; tomá-las com base em diretivas externas que não admitem discussão é outra muito diferente. Convido o leitor a exercer a sua autonomia e a transpor o resultado de suas reflexões e discussões para vários âmbitos, inclusive o profissional.

---

[10] SHAKESPEARE, *Hamlet*, ato II, cena II.

[11] XENÓFANES, Fragmento, 34.

Os modos de ver

Entre os vários modos de ver a realidade é possível destacar três. O primeiro é achar que ela é totalmente objetiva. O segundo é julgar que ela é inteiramente subjetiva. O terceiro modo sustenta que a visão objetiva e a subjetiva dialogam o tempo todo e são igualmente importantes. Nesse caso, nossa percepção e a dos outros tornam-se igualmente indispensáveis. Não podemos entender a complexidade do real se nos imaginarmos fora dele. A participação e a inclusão são imprescindíveis à compreensão de nós mesmos, dos outros e do mundo. A compreensão é um processo solidário.

A visão objetivista/realista afirma que a realidade é a mesma para todos. Mas hoje sabemos que o que chamamos de realidade é o resultado de uma construção conjunta, que se faz ao longo de nossa interação com os outros. Na primeira hipótese teríamos uma construção simplista e padronizada. Na segunda, uma construção plural e diversificada.

Ter clareza sobre esses pontos é essencial. Se acreditarmos que a realidade é a mesma para todos, o resultado será uma concepção de mundo padronizada com a qual teremos de nos conformar. Teremos de nos tornar também padronizados. Por outro lado, se acreditarmos que a realidade é a que construímos no dia a dia por meio de nossa interação com os outros e com o mundo, o resultado será uma concepção não padronizadora, mas com as responsabilidades que isso implica.

A concepção simplificadora (que é mais quantitativa e utilitária) e a integradora (que é mais qualitativa e interativa) têm se revezado ao longo da história das culturas humanas, e dessa forma ambas têm orientado comportamentos e atitudes. Em nossa época e cultura, ainda predomina a visão que reflete a hegemonia do pensamento cartesiano-newtoniano, principal fundamento do Iluminismo e da Revolução Industrial. Embora nos últimos tempos tenham surgido evidências de mudança nesse quadro, ainda vivemos sob uma visão de mundo utilitarista e quantitativa.

As tentativas de ignorar a diversidade biológica e as diferenças culturais foram características do "socialismo real", do mesmo modo que o são na economia baseada no chamado consenso de Washington, esta hoje sob crescente contestação. Ambos os sistemas ignoram a individualidade ou a confundem com individualismo. No caso da economia mercadista – que em geral não vê diferença entre competitividade e competição predatória –, o resultado foi a substituição da individualidade pelo individualismo. A impessoalidade facilitou a exclusão das pessoas, primeiro do mercado de trabalho e depois de várias outras áreas do convívio social.

É importante que esses pontos seja entendidos fora de qualquer viés ideológico, para que se perceba a importância da visão da realidade segundo o pensamento complexo. Com esse modo de pensar fica mais fácil pensar e exercer a responsabilidade social. E assim é também mais fácil contestar as iniciativas de exclusão, porque as pessoas, além de se tornarem menos embrutecidas pelo mecanicismo e pela competição predatória (não confundir com competitividade), podem resistir mais às tentativas de padronização.

Ainda assim, a experiência revela que em nossa cultura continuam a proliferar as iniciativas que ignoram a complexidade do mundo, primeiro induzindo as pessoas a confundi-la com complicação, e depois tentando supersimplificá-la e reduzir sua importância.

Repetições e explicações

Sabemos que há bastante tempo os países mais desenvolvidos exportam suas indústrias poluidoras para o Terceiro Mundo e conservam e importam o capital intelectual composto pelos indivíduos criativos, produtores e difusores de conhecimento. Tais países não querem gente repetidora, mas sim pessoas que produzam ideias, diferença e inovação.

A repetição produz banalização e assim dissolve o valor simbólico das imagens, palavras, coisas e pessoas. O resultado é a vida repetitiva, rotineira e burocrática de muitos milhões de pessoas em nossa cultura. A hiperexposição de pessoas e ideias – na TV, por exemplo – é uma evidência disso. No fim das contas, trata-se de uma manifestação da lei da oferta e da procura: quanto maior a quantidade e a facilidade de obtenção, seja do que for, menor será o valor.

Já sabemos que grande parte de nossa resistência à mudança vem do fato de tentarmos explicar pelo pensamento linear, de causalidade simples, o que não pode ser explicado desse modo. Muitas vezes essa resistência vem de pretendermos explicar o que não pode e nem deve ser explicado, mas sim vivido e compreendido.

A insistência em explicar tudo de modo simplista – e insucessos daí decorrentes – pode fazer com que adquiramos aversão ao que não pode ser explicado.

A necessidade de explicar o explicável é legítima, mas o empenho em explicar o inexplicável é ingênua. Em ambos os casos, as tentativas de explicação têm como base a nossa convicção de que não fazemos parte daquilo que tentamos explicar – a conhecida separação sujeito-objeto. Imaginamos que é possível explicar sem participar, permanecendo "de fora". É o mesmo que pretender viver como se não fizéssemos parte da vida. No fundo a resistência à mudança vem do medo do desconhecido, que em última análise é o medo da morte. E é irônico que assim seja, porque ao resistir à mudança por ter medo da morte fugimos de tudo o que pode surgir de novo, de diferente, isto é, fugimos da vida.

Vejamos um exemplo. Ao escrever sobre a guerra civil no Líbano, Nassim Taleb observa que ao conversar sobre o assunto as pessoas tendiam a racionalizar: pareciam convencidas de entender os acontecimentos, embora a realidade mostrasse que todos os dias surgiam fatos novos fora das previsões.[12] Isso acontece por causa de nosso modo habitual de pensar, que nos faz raciocinar em termos de separação sujeito-objeto: vemos as coisas e os eventos como se não fizéssemos parte deles. Pela mesma razão, pensamos e falamos como se estivéssemos separados de nós mesmos: "Meu pensamento", "minhas ideias", "minhas previsões", e assim por diante.

Criamos pretextos para evitar o autoquestionamento: "Estou sempre certo: meu pensamento, minhas ideias e minhas previsões é que podem estar errados." Questionam-se as ideias, o corpo, as previsões, mas não as pessoas em sua totalidade: estas são sempre protegidas por meio de uma rede de racionalizações. Ao racionalizar, a mente esconde de si mesma a incapacidade de questionar suas próprias deficiências.

A racionalização é um poderoso mecanismo de autoengano que também está a serviço da negação. É, portanto, um meio de esquivar-se da autocrítica. Essa postura se baseia no pensamento binário, que nos condicionou a crer que em termos de conhecimento só há dois polos: o conhecido e o desconhecido. As

---

[12] TALEB, Nassim N. *The black swan*: the impact of the highly improbable. Nova York: Random House, 2007, p. 9.

nuanças, toda a gama de estados intermediários com sua riqueza e abertura para novas visões, novas reflexões, permanecem invisíveis diante de nossa abordagem rudimentar ao fenômeno do conhecer.

As emoções e o conhecimento

Tudo isso tem muito a ver com nossa dificuldade de lidar com as emoções. Muitos autores já falaram sobre as relações entre a razão e as emoções e outros tantos ainda o farão. Para apoiar minhas reflexões a esse respeito, escolhi, em meio a essa grande variedade de abordagens, um texto de Jean Hamburger.[13] Para ele a descoberta é com frequência a recusa do passado, isto é, o resultado de um olhar diferente sobre os mesmos objetos. Hoje se sabe que aquilo que observamos pode ser modificado por nossa observação. Portanto, se ao observar modificamos o objeto observado e somos por ele modificados, mudar o modo de observar faz surgir novas possibilidades de conhecimento.

O modo habitual de pensar de nossa cultura é chamado por Hamburger de "senso comum" ou "pensamento cotidiano". Nada mais apropriado, porque esse é o padrão que modela a imensa maioria de nossos pensamentos e, em consequência, as ações e suas consequências. Assim, limitarmo-nos a um só lado – o que chamamos de racional – equivale a admitir que nosso conhecimento é incompleto.

Os realistas afirmam que o mundo é independente de nós. Os empiristas (Locke, Berkeley, Hume, Russell) asseguram que o conhecimento autêntico é o resultado de informações que nos chegam por meio dos sentidos. Os idealistas sustentam que o mundo exterior não existe fora da ideia que fazemos dele. Para Hamburger, o conhecimento acontece em vários cenários diferentes mas comunicáveis entre si.

Há um limite para o determinismo. Existe uma fronteira entre o determinado e o indeterminado, mas nós a entendemos segundo a fórmula à qual estamos condicionados: ou uma coisa ou a outra. Não percebemos que essa fronteira que limita a percepção não é impermeável: na verdade, ela permite a fertilização mútua dos dois campos.

---

[13] HAMBURGER, Jean. *La raison et la passion*. Paris: Seuil, 1984.

É comum o argumento de que a incapacidade dos métodos científicos de medir e quantificar totalmente a realidade é provisória, pois a ciência progride sem cessar. Porém, como observa Morin, o progresso do conhecimento gera como efeito colateral o progresso do desconhecimento. Assim, se o progresso do conhecimento é interminável, o progresso do desconhecimento também o é. A própria vida é um processo de conhecimento que se extingue com a morte dos indivíduos, mas prossegue com o conhecimento das espécies. O mesmo vale para o desconhecimento. Quanto mais dados fornecermos aos computadores, de mais dados eles precisarão para seguir processando as incógnitas geradas pelo processamento dos dados anteriores. É como se eles nos sugerissem que é necessário buscar outros modos de conhecer.

Devemos principalmente a Morin a formulação de que a fronteira entre o determinado (a ordem absoluta) e o indeterminado (a desordem absoluta) é a complexidade. Essa fronteira não é uma linha, mas sim um amplo domínio de conhecimento. É um ponto de múltiplos encontros e compartilhamentos. O rigor científico destinado a explicar e a habilidade das humanidades destinada a compreender têm muito a ganhar com tais compartilhamentos.

Já que a certeza total jamais será alcançada, o compartilhamento dos saberes é o que se poderia chamar do grau máximo de conforto (ou grau mínimo de mal-estar) que podemos conseguir diante da complexidade do mundo. Por isso é preciso colocar o bom-senso no lugar do senso comum. Pôr a construção conjunta da realidade no lugar da sabedoria convencional.

O que Hamburger chama de "senso comum" sem dúvida corresponde à chamada sabedoria convencional. Esse padrão – que gera os comportamentos a cujo conjunto chamo de atitude habitual – é por ele denominado de "o sistema de referência que habita em nós". Hamburger chama o raciocínio de causalidade simples "o enraizamento dos porquês". Segundo ele, é preciso desconfiar da pressão que os hábitos exercem sobre a nossa maneira de pensar. A meu ver, desenvolver essa desconfiança é uma das primeiras atitudes a tomar quando se quer mudar de maneira de pensar.

A crítica à noção de causalidade simples tem sido feita por muitos autores. Um deles é Hamburger, que afirma que num processo de observação é preciso que aprendamos a desconfiar da "famosa lógica natural". Na verdade, mais adequado ainda seria questionar o próprio processo da observação do qual o observador se imagina não participante. Para Hamburger, a causalidade simples pode funcionar bem na concretude do cotidiano, mas não é assim quando nos afastamos dos limites de nossa experiência, isto é, quando pretendemos compreender o significado profundo de nossos sentimentos e emoções.

Refletir sobre todos esses pontos requer bem mais esforço do que buscar soluções em fórmulas e receitas simplificadoras. Mas esse esforço evita que nos deixemos enganar por elas. Um passo importante para tanto é entender o que está por trás dessas receitas.

O REINO DAS RECEITAS

A razão técnica-utilitária, na qual se baseiam o produtivismo e a automação, fez com que o raciocínio se tornasse mais um meio de produção do que um meio de conhecimento. A significação foi substituída pelo funcionamento. As pessoas não estritamente operacionais passaram a ser chamadas de "teóricas", no sentido pejorativo da palavra. Pensar tornou-se algo estranho e inadequado, que faz perder tempo. Estreitou-se e obscureceu-se o nosso horizonte mental.

Dada a sua unilateralidade, esse obscurecimento diminuiu as possibilidades do conhecimento. O mecanicismo da razão instrumental privilegiou o operacional em prejuízo do estratégico. Em consequência, grandes equívocos foram e continuam a ser cometidos. A linguagem – lembra Horkheimer –, tornou-se um simples instrumento de veiculação de informação ou manipulação de dados e pessoas. Sua capacidade de produzir conhecimento ficou limitada ao extremo.

Assistir a um comercial de um minuto ou menos na televisão é visto como "mais prático" do que ler um artigo de duas páginas. A rapidez acena com a sedução da superficialidade, do não comprometimento e, portanto, da pouca ou nenhuma responsabilidade. Assim fomos educados. Pirsig tem uma frase exemplar para ilustrar esse fenômeno: nas salas de aula do mundo inteiro o que mais se encontram são professores empenhados em nos ensinar a fragmentar, fatiar, pulverizar o conhecimento, no incansável esforço de pregação dos ditames de Aristóteles – "a voz árida e sem vida da razão dualista". [14]

---

[14] PIRSIG, Robert M. *Zen and the art of motorcycle maintenance*. Nova York: Harper Collins, 2005, p. 370.

O excesso de operacionalidade nos tornou obtusos. Um exemplo é a questão do "muito teórico". Páginas atrás falei sobre esse aspecto e agora o retomo.

O que significa exatamente essa expressão? Em muitas escolas, inclusive as de negócios e administração, ela é muito usada pelos alunos quando avaliam os professores. O que eles querem dizer? A resposta não é difícil. Um professor (ou um livro, ou qualquer outro texto) é dito "muito teórico" quando não fornece receitas – as chamadas instruções passo a passo. Estas são diretivas ditas "práticas" sobre como fazer isso ou aquilo, que supostamente dispensam os aconselhados de pensar com suas próprias cabeças, inquirir, ampliar, contextualizar e interligar conhecimentos anteriores.

A expressão *muito teórico* com sentido pejorativo é corriqueira em uma cultura como a nossa, cada vez mais reduzida à passividade e à obediência a regras, instruções ou comandos externos. É a linguagem dos algoritmos. Como se sabe, um algoritmo é uma sequência de instruções com começo, meio e fim. Cada uma pode ser executada de modo mecânico, num período de tempo determinado e com uma quantidade de energia também determinada.

Portanto, um algoritmo é uma receita, embora nem sempre uma receita simples. As chamadas "melhores práticas" estão muito próximas do conceito de algoritmo, que nem sempre é um programa de computador. É um passo a passo destinado à realização de uma tarefa. Sua implementação pode ser feita por um computador, um robô ou uma pessoa. A máquina de Turing, criada por Alan Turing em 1936, baseou-se no conceito de algoritmo e deu início à ciência da computação.

A algoritmização da mente das pessoas leva-as a recusar tudo o que não tiver aplicação restrita a um contexto reduzido de espaço, tempo e ação. É o universo da superespecialização, que faz com que se recuse tudo o que não estiver imediatamente ligado a uma determinada área de conhecimentos e *expertise*. Nessa ordem de ideias, exemplos dados em aula ou trazidos para uma conversa precisam ser ajustados a essas restrições. Por exemplo, muitos técnicos só aceitam exemplos de sua área, porque são os que podem entender com facilidade. E isso, evidentemente, ocorre em muitos outros âmbitos da atividade.

Falei há pouco sobre o paradoxo da liberdade humana: desejamos a liberdade, mas ao mesmo tempo a tememos e por isso estamos sempre à procura de alguém ou algo a quem ou a que obedecer. O empenho prescritivo tem como base o desejo de comando e controle. Por outro lado, a ansiedade das pessoas por instruções passo a passo é uma manifestação de servidão voluntária: a propensão a obedecer, descrita desde o século 16 pelo já mencionado Étienne de la Boétie.[15]

Em 1549, La Boétie entendeu a passividade das populações diante de seus governantes primeiro como um vício adquirido e depois como uma compulsão herdada. Essa vontade irremovível de ser governado acabou se tornando profundamente enraizada. Entretanto, como observou J. M. Coetzee, La Boétie apreende esse aspecto de maneira parcial. As alternativas não são binárias: servidão de um lado ou revolta contra a servidão de outro. Há um terceiro termo, e por ele optaram milhões de pessoas em todo o mundo: a opção da apatia e do obscurantismo voluntário.[16] É o homem alienado de Heidegger, aprisionado pelos algoritmos da sabedoria convencional.

A necessidade de orientação externa faz com que na ausência de "regras claras" (as chamadas "melhores práticas") muitas pessoas se sintam perdidas. No entanto, como é fácil constatar no cotidiano, as normas passo a passo, tão apreciadas e desejadas, frequentemente dificultam ou mesmo impedem a criatividade e estimulam a obediência, o conformismo e a mediocridade. Já as miniespecificações (ou diretivas mínimas) estimulam a criatividade e a autonomia mas, pelos motivos já apontados, produzem desconforto.

Esse é o preço a pagar pela mudança de modo de pensar. O pensamento e as ações tradicionais, as metas quantitativas e as métricas são muitas vezes enganosos, porque dão a falsa impressão de que "estamos fazendo tudo certo". São úteis, é claro, mas não quando é preciso lidar com as manifestações da complexidade do mundo real. Estas exigem que trabalhemos não só com o tradicional mas também com os fenômenos emergentes.[17]

Quando precisamos orientar-nos mais por metas quantitativas, necessitamos mais de gestão do que de liderança. Para lidar com a realidade emergente, isto é, com eventos inesperados do cotidiano, há mais necessidade de liderança do que de

[15] LA BOÉTIE, Étienne de. *Discurso da servidão voluntária*. São Paulo: Brasiliense, 1986.

[16] COETZEE, J. M. *Diary of a bad year*. Londres: Harvill Secker, 2007, p. 12.

[17] Ver, na introdução deste livro, as principais tendências que reformatarão o mundo nos próximos 20 anos, segundo James Canton.

gestão. Os dois lados não se excluem, devem complementar-se. Mas não é possível aprender a lidar com o mundo real e sua complexidade (que obviamente inclui o âmbito dos negócios, administração e economia) usando apenas exemplos, casos e metáforas restritos às áreas especializadas.

Não é possível fazer gestão da complexidade por meio de simplificações e reduções. O mundo real é como é, e não como queremos que ele seja. A realidade é complexa: inclui e ultrapassa as reduções, simplificações e especializações. Não existem algoritmos ou instruções que nos capacitem inteiramente a lidar com a complexidade. É isso que nos mostram as grandes crises econômico-financeiras, os ataques terroristas e as manifestações do aquecimento global – para citar exemplos de áreas diferentes porém interligadas.

Precisamos aprender a utilizar exemplos vindos de muitas áreas e obtidos por meio de múltiplas abordagens. Só assim entenderemos que tudo tem a ver com tudo, por mais que as aparências sugiram o contrário. Essa compreensão pode fazer com que deixemos de ficar confinados a recortes e fragmentos do mundo e, portanto, a visões parciais e não representativas do conjunto.

Para iniciar um processo eficaz de mudança de hábitos mentais a primeira atitude é deixar de lado a passividade de quem está acostumado a obedecer a receitas e começar a pensar com autonomia. Não há algoritmos que substituam a liberdade de pensamento e a criatividade. É importante que desenvolvamos as nossas próprias condutas, nossos próprios modos de fazer. Eles poderão até ser semelhantes ou mesmo idênticos aos que vêm já prontos. Entretanto, ao fazer escolhas por meio de reflexões e análises autônomas teremos exercido o direito de utilizar nosso pensamento crítico.

Causas e efeitos

A visão newtoniana de que pequenas causas produzem sempre pequenos efeitos (pequenos esforços dão pequenos resultados) e que grandes causas produzem sempre grandes efeitos (grandes esforços produzem grandes resultados) há muito não é reconhecida como regra geral. No mundo real, pequenas causas podem produzir grandes efeitos (efeito borboleta) e vice-versa. A visão simplista que afirma que passados conhecidos explicam presentes conhecidos e levam a futuros conhecíveis é um exemplo bem conhecido desse tipo de raciocínio linear.

Na vida real, os novos conhecimentos do presente permitem que revisitemos o passado e o reexaminemos a essa luz. Dessa forma é possível compreender de outra maneira o passado e isso implica reconstruí-lo. A neurociência já mostrou que a memória não recupera, mas sim reconstrói o passado. O presente concebido de modo linear e fragmentário nos leva a linearizar e fragmentar o passado e ter uma expectativa semelhante de futuro. Desse modo, tomamos a parte pelo todo nessas três dimensões do tempo e reduzimos a complexidade da vida a uma visão mecânica e tecnoburocrática – uma vida árida e empobrecida de conteúdo experiencial.

A concepção complexa da integração presente, passado e futuro foi estabelecida por Morin[18] e pode ser assim apresentada: passado ⇄ presente ⇄ futuro. Costumo complementá-la dizendo que o presente é a experiência. Acessamos o passado por meio de memória e ele nos dá *feedback*. Acessamos o futuro por meio da imaginação e ele nos dá *feedforward*.

Para compreender melhor esse conceito, é preciso lembrar que o presente inclui a memória do passado, a experiência do tempo real e as expectativas do futuro. É um *pool* de tempo, por assim dizer. Congrega o tempo dos relógios ou tempo objetivo (*Kronos*), que é diferente do tempo vivido ou subjetivo (*Kairós*). No tempo *Kronos* não há narrativas: há capítulos isolados que não permitem que se vislumbre o sentido geral. No tempo *Kairós* há um fio condutor, um fluxo que convida à participação e às correções de rumo. O tempo *Kronos* gera consequências operacionais ou no máximo regras morais. O tempo *Kairós* produz vida, experiências a ser modificadas pela reflexão, e daí surgem consequências éticas.

Tudo visto, é preciso não esquecer que o erro, a incerteza e a multiplicidade de variáveis permeiam tudo e portanto é preciso aprender a trabalhar com eles. Já sabemos que não há nada de errado em reduzir tanto quanto possível a sua frequência. Mas é incompreensível tentar controlar as variáveis além de um certo limite, como aconteceu com a supervalorização do modelo tecnocientífico em nossa cultura, que nos levou a supervalorizar a mensurabilidade, a previsibilidade e a quantificação como universais.

---

[18] MORIN, Edgar. *Pour entrer dans le XXIe siècle*. Paris: Seuil, 2004, p. 310 e segs.

Sem que isso signifique uma atribuição de todos os nossos males ao capitalismo, não se pode deixar de registrar que até o momento esse modelo econômico não tem lidado de modo realista com a incerteza e a ilusão. Além de não prevenir crises e outros percalços, a busca pelas certezas criou muitas delas. E não foi por falta de aviso. Desde o século 17, Adam Smith já avisara que a rotina estreita e obscurece o espírito. Smith também tinha consciência de que a economia de mercado tem um lado do qual muitos preferem não falar.

A orientação predominantemente tecnoburocrática privilegia o trabalho e a produtividade – o chamado lado "sério" da vida. Vive-se para trabalhar. A vertente humanista tem sido tradicionalmente ligada ao lado dito "não sério". Trabalha-se para viver. Essa é uma visão simplista, porque o trabalho é uma dimensão fundamental do viver. A separação de ambas, portanto, não é boa para a compreensão do trabalho nem para o entendimento da vida.

Para Smith, porém, a separação entre a casa e o local de trabalho é um dos fundamentos da produtividade, segundo o qual a vida é transformada numa subsidiária do processo econômico. Tal separação existe até hoje, e ao que tudo indica tende a se acentuar: cada vez mais *Kronos* e cada vez menos *Kairós*. Mas o desejável seria algum tipo de negociação entre os dois, em resultado da qual ora um ora outro predominasse segundo as necessidades das circunstâncias, dos contextos e dos momentos.

Poder, liderança e liberdade

Morin costuma dizer que a política deveria ser um meio eficaz de lidar com a complexidade do mundo, mas em vez disso ela se empenha em simplificar as coisas. Como mostra a experiência cotidiana, as disputas políticas costumam reduzir os acontecimentos à lógica binária concordo-discordo, contra-a favor, situação-oposição, e o faz porque isso é necessário para que o poder seja exercido e mantido: trata-se de estabelecer uma distinção nítida e facilmente compreensível entre quem manda e quem obedece.

É evidente que esse modo de raciocinar e suas consequências podem conduzir a ilusões em relação ao poder e a como ele é exercido. A esse respeito, Ralph

Stacey e colaboradores[19] fizeram algumas observações interessantes, com as quais concordo. Segundo eles, a experiência com empresas os levaram a pensar que em muitos casos os planos e procedimentos afins podem ser usados como cobertura ou disfarce para o que realmente está sendo feito. Nesse sentido eles são instrumentos de ação política, manobras diversionistas.

Mas isso não significa que todas as pessoas que deles participam tenham consciência desse fato. Nessa mesma linha de raciocínio, Stacey e associados também chegaram à conclusão de que os planos e estratégias frequentemente funcionam como defesas, para desviar as pessoas do confronto com o fato de não saberem o que realmente fazem.

Ter ou não consciência do que se faz pode ser um fator crucial. Por exemplo, Galbraith[20] percebeu que embora salários elevados sejam importantes para conseguir submissão, não são o que realmente conta. A crença nos valores e propósitos organizacionais é o que realmente funciona nesses casos – e funciona por meio do que Galbraith chamou de poder condicionado, isto é, o poder que se conquista persuadindo as pessoas a internalizar determinadas crenças. Além disso, confirmou-se que, ao obedecer levadas por suas crenças, elas em geral não têm consciência disso.

Galbraith não foi o primeiro – e certamente não será o último – a afirmar que não é possível falar em economia sem falar em poder, ao que se pode acrescentar que a recíproca é verdadeira. Há estudos confiáveis que indicam que é a economia que deve se modificar, no sentido de que ela precisa voltar a valorizar e pôr em prática com mais equanimidade as suas dimensões financeira e social.[21] Mesmo que essas modificações não aconteçam ou demorem muito a acontecer, o papel da mentalidade criativa e inovadora continuará importante como instrumento de busca da competência para viver num mundo em que predomina a competição predatória.

---

[19] STACEY, Ralph D.; GRIFFIN, Douglas; SHAW, Patricia. *Complexity and management*: fad or radical challenge to systems thinking? Londres: Routledge, 2006, p. 208.

[20] GALBRAITH, John K. *Anatomia do poder*. São Paulo: Pioneira, 1984, p. 62.

[21] SEN, Amartya. *Sobre ética e economia*. São Paulo: Companhia das Letras, 1999.

______. *Desenvolvimento como liberdade*. São Paulo: Companhia das Letras, 2000.

______. *Desigualdade reexaminada*. Rio de Janeiro: Record, 2001.

Mas a economia não se modifica sozinha. Para que qualquer mudança surja e seja levada à prática, é preciso que a formatação mental que condiciona a nossa cultura se modifique. Tal mudança só será efetivamente completada se e quando surgir um número suficiente de pessoas capazes de:

- Entender que estamos em plena transição de uma época mecanicista (a era industrial) para um período histórico no qual cada vez mais teremos de lidar com a complexidade do mundo.
- Pensar a longo prazo sem perder de vista as necessidades do dia a dia.
- Identificar as tendências e os mecanismos que estão sob a superfície dos fenômenos.
- Pensar em termos de mudanças e em como desenvolver estratégias para diminuir a resistência natural das pessoas a elas.

Em geral, alguns líderes já fazem tudo isso intuitivamente, mas em muitos casos não dispõem da linguagem nem dos instrumentos capazes de levar suas intuições à prática. Equipá-los em termos de linguagem e ferramentas práticas é a tarefa das escolas, em especial das escolas de *management*, nas quais os executivos devem ser preparados para desenvolver suas potencialidades e pensar em termos abrangentes, a longo prazo e de modo criativo.

Trata-se, enfim, de preparar pessoas que sejam capazes de desenvolver a criatividade e a intuição sem perda do pragmatismo. Ou, em outras palavras, capazes de harmonizar as mentalidades industrial e artesanal. O artesão se preocupa com o mundo natural: procura trabalhar com recursos renováveis, modificá-los o menos possível e assim diminuir ao máximo a produção de subprodutos poluidores. No entanto, o excesso de ênfase no lado artesanal é tão alienante quanto o excesso de destaque do lado industrial. Ao contrário do que parece, esses não são dois modos opostos: são ao mesmo tempo opostos e complementares.

Em julho de 1942, o líder político indiano Mohandas Gandhi escreveu na revista *Harijan* que a seu ver a aldeia ideal seria "uma república completa, independente de suas vizinhas quanto às suas necessidades vitais e, ainda assim, interdependente quanto a muitas outras necessidades nas quais a dependência é uma necessidade".[22] Assim, essa aldeia seria ao mesmo tempo autônoma e dependente, competitiva e cooperativa, fornecedora e compradora, artesanal e industrial. Hoje, tantos anos depois, esse modo de ver as coisas continua não só atual como é cada vez mais necessário. Além disso ele é obviamente uma antecipação daquilo que atualmente conhecemos com o nome de pensamento complexo.

As conhecidas tentativas de desqualificação de Gandhi, que o acusam de "historicamente superado" e defensor do retorno a uma sociedade "primitiva", "pré-industrial" e "alternativa", são estratégias para desviar a atenção da essência de seu pensamento, que é eminentemente pragmático. Sabemos que ele inspirou líderes de expressão mundial, cuja atuação política alcançou resultados de amplo alcance. Lembremos dois exemplos: Martin Luther King Jr., nos EUA, com sua atuação na questão dos direitos civis dos negros, e Nelson Mandela, na África do Sul, com sua liderança participativa na luta contra o *apartheid*. Ambos receberam o prêmio Nobel da Paz. Não fosse isso bastante, a importância de Gandhi como político já havia sido reconhecida pelo ensaísta inglês George Orwell: "Considerado apenas como político, e comparado a outras figuras políticas importantes de nosso tempo, que rastro de aroma puro ele deixou!"[23]

Ideários como o gandhiano e semelhantes inspiraram reflexões significativas. A revista *The Economist* seguiu esse caminho, em um texto que mostra que o darwinismo moderno contesta a ideia conservadora de sobrevivência do mais apto, que alimentou e ainda alimenta a ideia de competição predatória tão presente nos mercados atuais. Em outras palavras, a mentalidade supersimplificadora aos poucos cede lugar ao reconhecimento de que a complexidade do mundo real precisa ser aceita e compreendida, e não negada por meio de artifícios redutivistas.[24]

Apesar de tudo, a política continua a ser fundamental. Para Aristóteles o homem é um animal político. A política faz parte da natureza humana e, como

---

[22] FISCHER, Louis. *Gandhi*. São Paulo: Círculo do Livro, 1989, p. 128.

[23] ORWELL, George. *Dentro da baleia e outros ensaios*. São Paulo: Companhia das Letras, 2005, p. 80.

[24] Evolution: modern Darwinism paints a more flattering portrait of humanity than traditionalists might suppose. *The Economist*, 24 Dec. 2005, v. 377, nº 8.458.

diz Coetzee, ela faz parte do destino dos homens como a monarquia é parte do destino das abelhas.[25]

Uma das manifestações mais comuns da ilusão é a ilusão do controle, que é frequentemente potencializada pelo autoengano. Ela é tão comum na política quanto no mundo corporativo. Como notou Morin, não há um trajeto linear e garantido entre uma ação e o resultado que dela se espera. No mundo real, nem sempre prevalece a visão newtoniana de que pequenas causas levam a pequenos efeitos e vice-versa. Nem a expectativa de que fazer a mesma coisa duas vezes produzirá dois resultados iguais é invariavelmente alcançada. Nesses casos, como em inúmeros outros, há sempre algum grau de incerteza.

Galbraith[26] dá alguns exemplos. Não se pode prever qual será o retorno de um empreendimento, as consequências da variação da taxa de juros, o resultado de uma decisão política, financeira ou administrativa. Em casos assim, quem consegue passar a impressão de que é capaz de prever e garantir resultados acaba aparentando um certo grau de poder, que evidentemente é ilusório. Para Galbraith, essa é uma das muitas formas de ilusão de controle. Outra é a ilusão de poder vinda de conseguir persuadir os outros a fazer o que eles teriam feito de qualquer maneira, pois esse já era o seu desejo. Isso ocorre, por exemplo, quando se dá entrevistas ou se escrevem artigos ou livros.

Assim, o político que diz aos seus simpatizantes o que eles querem ouvir acaba com a impressão de tê-los influenciado. Segundo Galbraith, boa parte do que é tido como poder político ou poder da mídia está incluído nesse tipo de ilusão. Na mesma linha, quando veem nos jornais ou na TV comentários sobre coisas em que já acreditam (muitas vezes sem ter consciência disso), as pessoas tendem a concordar e se manifestam favoravelmente. Esse comportamento com frequência é erroneamente visto como resultado daquilo que foi veiculado pela mídia.

Ao longo da história da formação das culturas e sociedades humanas, foram estabelecidas normas e regras limitadoras e definidoras do comportamento dos indivíduos. Tais limitações foram internalizadas, e é por isso que se pode dizer que quando se fala em sociedade fala-se em indivíduo e vice-versa. Uma dimensão faz

---

[25] COETZEEE, op. cit., p. 9.

[26] GALBRAITH. *Anatomia do poder*, op. cit., p. 42.

parte da outra. Em todo grupo social, desde as nações e seus governos até os grupos familiares e outros semelhantes, há um conjunto mínimo de normas que os tornam viáveis. É o chamado "conhecimento de receita" ou "conhecimento receitado".

O mesmo acontece nas empresas. Porém, como se sabe, quando há tentativas de regulamentar além do necessário e razoável, as pessoas tendem à transgressão. Ao comportar-se assim, elas preservam sua liberdade e capacidade de inovar. Tentativas exageradas de instrumentalizar, modelar, ampliar o poder, levam sempre a transgressões bem ou mal-sucedidas. Muitas vezes ocorre que tais tentativas são manifestações de projetos pessoais de poder, e nesse sentido são acrescentadas aos fatores de limitação/regulamentação/modelagem já existentes. É claro que tudo isso restringe a liberdade e em consequência a inovação.

Por outro lado, é preciso mais uma vez levar em conta que os seres humanos no fundo têm medo da liberdade e a propensão à obediência, e desse fenômeno se aproveitam vários tipos de oportunistas para exercer seus projetos de poder. A pretexto de ampliar o espaço de liberdade das pessoas, eles acabam por estreitá-lo. Se têm ou não consciência disso é outro aspecto da questão, mas o resultado final é o mesmo.

Tendo ou não essa consciência, levados pela ingenuidade ou pela boa-fé de que o projeto "libertário" de "devolver às pessoas a espontaneidade perdida", fazê-las "respirar melhor" ou levá-las a um processo de "des-repressão", os "gurus" e assemelhados põem em prática seus projetos individuais. O resultado é a diminuição da liberdade de inovar e, em consequência, buscar futuros não previamente determinados.

A tendência a obedecer e o medo da liberdade facilitam muito os projetos pessoais de poder. Por outro lado, a história da administração mostra que foi por meio de transformações espontâneas e oriundas de transgressões, que o taylorismo e o fayolismo foram abrandados pelo movimento de relações humanas. Mas também sabemos que esse movimento foi orientado pela visão mecanicista, que desaguou na psicologia cognitiva e no pensamento sistêmico.

Agora, tanto tempo depois, percebe-se que o processo continua sob outras formas e com outros nomes. Ao longo do tempo, as situações de transgressão de regras formais que não funcionam na prática continuam a ocorrer. Em outros termos, a auto-organização para a produção de diferença sempre existiu e continuará a existir.

Portanto, pode-se concluir que é essencial identificar e analisar os métodos e técnicas formatadores e produtores de repetição. Mas não necessariamente para descartá-los, e sim para recolocá-los em âmbitos em que eles podem – como a experiência já comprovou – produzir resultados: as áreas operacionais e rotineiras, que requerem procedimentos sequenciais, mecânicos e previsíveis.

Stacey e colaboradores argumentam em favor da produção a mesmo tempo de identidade e transformação (teleologia transformativa) em lugar da produção de repetição (teleologia formativa) nas organizações. Assim, procuram explicar o fenômeno *get things done anyway* (fazer o que pode ser feito como é possível fazê-lo). Com isso eles querem dizer que o excesso de regras é um entrave à criatividade e à inovação. Fazer o que pode ser feito – e não exatamente o que foi determinado – é criar e inovar apesar do excesso de normas. É o resultado de um certo grau de transgressão dessas regras excessivas. No fim das contas, é um produto da atividade do *shadow system*, que por sua vez é um dos modos de expressão da cultura organizacional latente ou inconsciente organizacional.

Stacey e associados também argumentam em favor da liberdade, seja concedida ou conquistada. Ela surge nos microrrelacionamentos entre as pessoas e é uma força de superação das limitações geradas pelas regras e proibições.

Concordo com eles, mas convém mais uma vez ressalvar que a superação daquilo que cria obstáculos à liberdade também deve levar em conta o medo dessa mesma liberdade, que conduz as pessoas a:

a) desejar comandos externos (desejo de obediência à autoridade);
b) sentir necessidade de figuras tutelares, em geral autoritárias;
c) alienar-se, o que inclui o auto e o heteroengano, a ignorância semiplanejada, a aversão ao risco e a infantilização. Tudo isso deve ser incluído entre os fatores que limitam a liberdade. Esta, como já vimos, é condicionada pela ambiguidade da natureza humana. Retomarei o tema ilusão de controle adiante.

4

O ERRO, A INCERTEZA E A ILUSÃO (I)

Todas as coisas são verdadeiras. O erro está apenas no homem.

GOETHE

O ERRO

Neste capítulo, a atenção será mais voltada para a o erro e a incerteza. O próximo será mais dedicado à ilusão, sem que, no entanto, em ambos os casos isso implique uma divisão rígida. Desenvolverei o tema em um contexto mais amplo, com o objetivo de mostrar que ele tem importância em termos de gestão da incerteza, principalmente em termos de estratégia.

Segundo Morin, não podemos ter nenhuma prova absoluta da verdade, porém devemos procurar, encontrar e provar o erro.[1] O mesmo Morin escreveu uma definição de estratégia, que agora modifico: estratégia é um conjunto de atitudes e ações destinadas a identificar o erro e a incerteza e eliminá-los até o ponto em que isso é possível. Tais atitudes devem funcionar em relação ao momento presente, ao curto e ao médio prazo e, em especial, no que se refere ao longo prazo. Por isso, identificar e procurar afastar o erro e a incerteza são medidas de grande valor estratégico.

[1] MORIN, Edgar. *Pour entrer dans le XXIe siècle*. Paris: Seuil, 2004, p. 207.

A identificação e tanto quanto possível a eliminação do erro são antes de mais nada uma atitude de abertura mental. No século 19, Montaigne já aconselhava a abertura da mente, não só para favorecer a autocrítica (e nesse sentido seus *Ensaios* são um grande painel autocrítico), mas também para acolher a crítica vinda dos outros. Vem dele uma atitude que adoto e sempre repito: é fundamental que prestemos sempre muita atenção a tudo aquilo que nos contraria, nos aborrece, nos desafia e nos questiona, pois essa é uma forma eficaz de aprender.

Eficaz, mas não fácil. Para praticá-la é preciso humildade, que leva à abertura mental, que leva à autocrítica, que reforça a humildade. Esta, por sua vez, leva à diminuição da resistência à mudança e facilita a aprendizagem. Portanto, é fácil concluir que a abertura mental é indispensável à identificação do erro, o que é indispensável à gestão da incerteza.

Como diz Morin, lutar contra o erro é a essência da luta pela verdade. Nada nos conduz à certeza positiva – mas é possível chegar a certezas negativas, isto é, certezas por exclusão.[2] Um dos propósitos deste capítulo é mostrar, ainda que brevemente, como a estratégia pode se beneficiar de aportes de muitas áreas diferentes do conhecimento. Em parte, esse exercício se baseia nos trabalhos de Morin, em muitos dos quais é seguida essa mesma orientação. Em vários outros pontos, acrescento ideias, comentários e posições pessoais.

É importante reconhecer a existência e a permanência do erro e da incerteza. De igual importância é admitir que é preciso aprender a lidar com eles. Esses são pontos essenciais para a mudança de hábitos de pensamento. Fazê-la implica abandonar a arrogância que quase sempre está por trás da atitude de fingir que se está sempre certo, de que é possível uma vida na qual tudo acontece segundo um *script*, e acreditar que não se tem ilusões.

A ilusão de que é possível estar sempre no controle implica a fantasia de que é possível deixar de encarar de frente a realidade sem que isso deixe sequelas. É preciso (ao menos até certo ponto, como veremos) abandonar as ilusões e encarar a realidade. Isso muitas vezes significa ter de ver o que não se quer ver, ouvir o que não se quer ouvir e pensar o que não se quer pensar. Enfim, implica abordar áreas e fatos desagradáveis, que ainda assim existem e é preciso conhecer.

---

[2] Id., ibid., p. 209.

Tudo isso deve ser feito em meio às atividades do cotidiano. Não requer, portanto, uma atitude de imobilismo ou contemplação. Deve ser feito no dia a dia, ao longo do processo natural da vida e sem excusas ou adiamentos.

A INCERTEZA

Quando falo em incerteza, refiro-me à que é inerente à condição dos seres vivos em geral e à dos humanos em particular. É o grau de incerteza que persiste após a aplicação de todos os métodos, técnicas e artifícios destinados a tentar eliminá-la ou, quando isso não é possível, "medi-la" ou "gerenciá-la" – como a gestão de riscos, a ciência atuarial, a teoria da probabilidade, a modelagem científica, as simulações em computador, as análises estatísticas e assim por diante.

É essencial levar em consideração a incerteza em todas as áreas da presença e atividade humana. Muitos acontecimentos recentes e de repercussão mundial têm apontado para essa necessidade. E agora, dadas as suas consequências, já não é possível fingir que se trata de eventos isolados, exceções. Tais acontecimentos nos ensinam que não é possível eliminar totalmente a complexidade do mundo. Eles resultam dessa mesma complexidade e mostram o equívoco de nossa propensão supersimplificadora, que tende a isolar as coisas e os fatos e, mais ainda, ignorar suas consequências para além do curto prazo.

De nada adianta tentar negar a realidade, porque depois de um certo tempo ela se reapresenta e, para o mal e para o bem, não nos deixa esquecê-la. Vejamos alguns exemplos, dois negativos e um positivo: o 11 de setembro de 2001, nos EUA, a crise financeira começada em 2008 nos EUA e a eleição de Barack Obama para a presidência daquele país. Esta última também é uma manifestação eloquente de que a diversidade e a diferença – que são manifestações essenciais da complexidade – sempre fizeram e continuarão a fazer parte do mundo real e das culturas humanas, por mais que resistamos a aceitá-las.

O erro e a incerteza se manifestam de múltiplas formas, daí a necessidade de múltiplas maneiras de trabalhar com eles. É preciso insistir na observação das relações entre as coisas, eventos e pessoas, e não tentar ver as coisas, eventos e pessoas como se fossem isolados. Daí também a necessidade de dar ênfase à dimensão social da vida.

O que faz um indivíduo mudar de modo de pensar não é somente o conjunto de suas reflexões, por mais brilhantes e profundas que sejam. Sempre que superestimamos a objetividade, o cálculo e a quantificação (que são medidas simplificadoras) com a pretensão de eliminar o erro e a incerteza, as possibilidades da ocorrência destes podem até aumentar. Simplificar até um determinado ponto diminui a possibilidade de erro, porque as coisas se tornam mais claras e portanto mais fáceis de entender e lidar. No entanto, quando lidamos com sistemas complexos adaptativos, há um limite além do qual a simplificação volta-se contra si mesma e leva a um aumento das possibilidades de erro.

Tentar ir além desse limite é uma atitude ilusória. A partir desse ponto crítico – sempre no caso dos sistemas complexos adaptativos –, quanto mais precisão buscarmos mais imprecisão conseguiremos. Quanto mais nos empenharmos em busca de controle, menos controle teremos.

A rejeição ao imprevisível (a negação da nossa incapacidade de prever) é uma manifestação da rejeição à incerteza e do anseio por certezas. É também uma manifestação de conservadorismo. É também uma evidência do medo da liberdade e de tudo o que ela traz consigo, em especial os riscos e a responsabilidade. Em termos de mercado financeiro, esse comportamento tem sido expresso por meio de um clichê: "aversão ao risco". Esse chavão, como muitos outros, não passa de um rótulo que usamos para disfarçar nossa incapacidade de prever o futuro.

Nossa arrogância nos fez acreditar que negar ou tentar subvalorizar o imprevisível e o improvável equivale à competência para trabalhar com eles. Contudo, lidar com o imprevisível e o improvável por meio da negação equivale a negar a própria vida. Voltamo-nos para o polo conservador, esquecidos de que se o risco pode levar à crise, a aversão ao risco pode levar à esclerose e à morte. O empenho de governos ditatoriais em eliminar as tentativas de contestação em geral tem como resultado uma falsa sensação de segurança que ilustra bem esse ponto.

Sabemos que uma das maneiras de negar a complexidade é chamá-la de complicação e fugir dela – buscar refúgio em um mundo de ficção. O risco, a incerteza e a aleatoriedade são fatores indispensáveis à geração do conhecimento, porque nos afastam da repetição e ampliam nossos horizontes mentais. Levam-nos a buscar novas perspectivas, sair da repetição e buscar soluções diferentes.

No trato com a incerteza, há duas estratégias básicas. A primeira consiste em reduzi-la a números – a via racionalista. A outra consiste em lidar com ela por meio de sortilégios e crendices como a astrologia (ainda assim comprada por algumas empresas como produto de consultoria) e outras artes adivinhatórias. Juntar e fazer interagir a razão e a intuição seria um caminho racional, já previsto por John Maynard Keynes, que afirmou que dificilmente conseguiremos desenvolver um método capaz de reconhecer certas probabilidades sem a ajuda da intuição ou julgamento.[3]

Permanecer numa situação de incessante vulnerabilidade é aproximar-se da morte. Permanecer numa situação de permanente invulnerabilidade é como já estar morto. Nenhum do dois estados permite elaborar narrativas orientadoras nem serve como fio condutor. A avidez pelo controle e previsibilidade nos torna crédulos em relação a previsões de especialistas (as econômicas são um bom exemplo, as astrológicas também), mesmo que a experiência nos mostre o tempo todo que elas não se cumprem. Na verdade, não confiamos nessas previsões: projetamos nelas o nosso desejo de controlar e quantificar o que não pode ser controlado e quantificado. Defendemo-nos contra a incerteza por meio do pensamento mágico.

É claro que há limites tanto para o conhecimento técnico quanto para o conhecimento humanista. Tanto de um lado quanto do outro, esses limites deveriam fundir-se numa zona comum – não uma terra de ninguém, mas sim uma terra de todos. Não é difícil imaginá-la, mas para transformá-la em realidade é preciso que mudemos de modo de pensar.

Segundo William Hudson, nossa reação diante do risco é automática e negativa. O risco é um conceito muito ligado à ideia de redução. A frase "reduzir riscos" é corriqueira em nossa linguagem. Eis algumas das "certezas" da mente mecanicista, apontadas por Hudson:[4]

a) a verdade sempre pode ser descoberta e conhecida;
b) os *experts* saberão quando a verdade for descoberta;
c) a humanidade deve colocar as descobertas desses *experts* a seu serviço.

---

[3] KEYNES, John M. *A treatise on probability.* Londres: Macmillan, 1921, p. 3-4.

[4] HUDSON, William J. *Intellectual capital*: how to build it, enhance it, use it. Nova York: John Wiley & Sons, 1993, p. 5.

À primeira vista, tudo isso parece bem razoável. Mas como distinguir o verdadeiro do falso, o certo do incerto? Como saber o que é verdadeiro e o que é falso, se as duas grandes vertentes do nosso conhecimento são por nós próprios mantidas afastadas e seus saberes não se fertilizam mutuamente? Para Hudson, no âmago dessa questão está a nossa crescente incapacidade de confiar em nosso próprio julgamento, de querer sempre que outros pensem por nós.

Mesmo diante das evidências em contrário, a ideia de progresso nos fez perder a noção de que há um *quantum* irremovível de incerteza em todos os sistemas complexos. Tentar eliminá-lo de maneira artificial resultou num mundo em que a incerteza assumiu um aspecto mais ameaçador do que na verdade tem. Nossa dificuldade de aceitar as incertezas da vida não vem delas em si, mas da nossa crença num universo de certezas que nunca existiram, crença que acabou se transformando em crendice e que só nos tornou ainda mais inseguros que o natural.

A incerteza como característica dos sistemas complexos adaptativos tem muito a ver com a homeostase de risco, conceito que sustenta que qualquer tipo de atividade em que estejam presentes seres humanos (ou seres vivos, em geral) não pode ser isenta de risco. As pessoas tendem sempre a assumir algum grau de risco – ou seja, gostam de viver perigosamente, como se costuma dizer. Essa tendência inconsciente é verdadeira, pode ser facilmente comprovada e explica entre outras coisas a grande demanda por filmes de aventura, esportes radicais e a especulação nas bolsas de valores. Por outro lado, essa inclinação pode ser vista como a necessidade que as pessoas têm de reconhecer que a incerteza não só existe como é parte de suas vidas. Seria uma espécie de aprendizado da convivência com o risco e a aleatoriedade.

O aumento exagerado da disposição para assumir riscos é um sinal de irresponsabilidade. No entanto, o empenho de eliminar radicalmente a aleatoriedade, a incerteza e a imprevisibilidade pode tornar as pessoas paranoicas e agressivas. Essas iniciativas em geral tendem a ignorar alguns pontos fundamentais:

a) a ciência não nos dá precisão, mas sim possibilidades;

b) a tão sonhada matematização do mundo nem sempre funciona na prática;

c) não há verdades únicas;

d) o comportamento dos sistemas complexos não pode ser previsto além de uma certa medida.

É bem conhecida a posição do filósofo Karl Popper, para quem a ciência se define essencialmente pela incerteza. A seu ver, a prova de que uma teoria é científica é o fato de ela ser falível e permitir questionamentos. Se assim não fosse, a ciência seria uma religião. Para Popper, essa circunstância atesta a racionalidade da ciência. Portanto, as teorias não são o reflexo da realidade e sim construções dela. São construções sociais da realidade, surgem de nossa interação com ela.

Objetividade, subjetividade e futuro

Morin costuma repetir que a atitude objetiva é real, mas o conhecimento somente objetivo resultante dela não o é, pois não existe conhecimento do qual não participem a subjetividade e a objetividade. A atitude objetiva é teórica: "Deve ser assim." O conhecimento dela resultante mescla teoria e prática: "A experiência mostra que é assim."

Os consensos que costumamos chamar de objetivos não existem. Todo consenso deriva de acordos que buscam o máximo possível de objetividade (o que é possível), mas não podem dispensar as subjetividades dos que dele participaram (o que seria impossível). Em outros termos, os consensos são em geral aceitos como objetivos, mas sua elaboração jamais deixa incluir a subjetividade dos que a eles chegaram.

A objetividade é buscada por meio de consensos. De acordo com Morin, para que tais consensos se estruturem, é preciso um processo sociológico, cultural, histórico e intelectual. Em outros termos, trata-se de uma das muitas estratégias de construção social da realidade.

Objetivo é aquilo que se convencionou chamar de objetivo. A objetividade é um construto social, cultural, histórico e intelectual e contém a subjetividade, por mais que se queira expurgá-la. Enfim, como diz Morin, a postura objetiva existe, mas não a objetividade em si. Tentar expurgar a subjetividade das construções sociais humanas equivale a tentar eliminar a humanidade dos seres humanos.

Tudo isso nos traz de volta a questão da incerteza. Se não é possível eliminar a humanidade dos seres humanos, também não é possível eliminar totalmente a incerteza da condição humana. Essa incerteza inclui, é claro, a impossibilidade de prever o futuro. Em tom irônico, o filósofo John Gray[5] diz que prever o futuro é fácil, o difícil é saber o que acontece no presente. Com essa frase ele repete Ortega y Gasset, que bem antes havia dito que "não sabemos o que nos acontece, e é precisamente isso que nos acontece".

A pressa, o imediatismo e a superficialidade estão entre as principais causas de não sabermos o que acontece em nosso presente, no do mundo em que vivemos e no das pessoas com quem convivemos. No entanto, desde sempre o grande fascínio é conhecer o futuro. Daí a multidão de *experts* que a cada instante nos assediam com previsões, de astrológioco-esotéricas a econômicas. Quase nada ou muito pouco dessas previsões se confirma, mas nem por isso esses candidatos a oráculo deixam de ter um público. Por outro lado, muito poucos observam e analisam o cotidiano e suas implicações para o futuro com a atenção e a profundidade necessárias. E é disso que mais precisamos, e não de adivinhos.

Mas assim são as coisas: seguimos nos iludindo e procurando iludir os outros com a cumplicidade destes. É espantoso ver e ouvir entrevistas dos chamados gurus empresariais e similares que vão à mídia para, por meio dos chavões de costume, dizer às pessoas o que elas querem ouvir. Dizem-lhes o que elas querem ouvir e mostram-lhes o que elas querem ver. É espantoso ouvir coisas como esta: "Fiz uma lavagem cerebral nos funcionários da empresa X e ensinei-lhes como adquirir inteligência emocional. Disse-lhes que é preciso trazer a espiritualidade para as organizações." E todos ou quase todos acreditam e até pagam por isso.

Seja como for, para o bem ou para o mal o futuro não pode ser previsto. O mundo de incertezas em que vivemos não pode ser transformado em um mundo de certezas só porque gostaríamos que isso ocorresse. A realidade nem sempre funciona segundo os nossos comandos. Como exemplo, vejamos o fenômeno da convecção e o que ele significa nos termos da teoria da complexidade.

---

[5] GRAY, John. Contagem regressiva. Entrevista à revista *Época*, nº 397, dez. 2005.

Os sistemas complexos e a auto-organização: um experimento

De modo geral, costuma-se dizer que há dois tipos de sistemas, os abertos e os fechados. Os sistemas fechados estão em estado de equilíbrio térmico, não trocam matéria, energia e informação com o ambiente e por isso sua energia interna tende a se extinguir. Esse fenômeno é chamado de entropia e seu resultado final é a desorganização do sistema. Os sistemas abertos são estáveis, mas estão longe do equilíbrio. Trocam energia, matéria e informação com o ambiente e por isso podem produzir espontaneamente novas estruturas (auto-organização). Os sistemas vivos são um bom exemplo, e também o são sistemas naturais não vivos, como os ciclones, as tempestades e os tornados.

Ao extrair energia do ambiente, os sistemas abertos produzem ordem e dissipam a entropia e assim se mantêm íntegros. Por isso Ilya Prigogine, ganhador do prêmio Nobel de química em 1977, denominou-os de estruturas dissipativas. Os sistemas fechados entram em entropia e se desorganizam, mas os abertos dissipam a entropia, adaptam-se ao ambiente e evoluem. Os sistemas complexos se adaptam e evoluem, porque são sistemas abertos e portanto antientrópicos.

A convecção é um modo de transmissão de calor que acontece nos fluidos, isto é, nos líquidos e gases. Está presente em fenômenos naturais, como as brisas, os ventos e as correntes oceânicas.

Lembremos um experimento básico de convecção, simples e importante para a compreensão do que Prigogine chamou de teoria das estruturas dissipativas.[6] Imaginemos um pouco de água em um recipiente de vidro. Nas condições normais de temperatura e pressão, a temperatura dessa massa líquida é uniforme e não se observam macromovimentos. Mas há micromovimentos nas moléculas, que acontecem ao acaso e não incluem a interdependência entre elas. Nessas condições diz-se que o líquido é homogêneo, isto é, suas moléculas estão em estado de simetria.

Imaginemos agora que um experimentador aplica uma fonte de calor à base da massa líquida. A partir daí desencadeiam-se vários fenômenos. As moléculas da base já não se movem ao acaso e começam a subir, e com isso as moléculas que estão na parte mais alta da massa são deslocadas para baixo. O conjunto dos

---

[6] PRIGOGINE, Ilya; NICOLIS, G. *Exploring complexity*. Nova York: Freeman, 1989.

movimentos assume uma forma aproximadamente cilíndrica, e assim quebra-se a homogeneidade da massa.

Quando a temperatura atinge um ponto crítico, surgem no líquido estruturas diferentes: as moléculas se auto-organizam e formam células hexagonais. Algumas delas giram no sentido horário e outras no sentido anti-horário. Isso significa que esse nível de temperatura pôs o sistema em crise, isto é, levou-o a uma situação caótica, da qual as estruturas hexagonais são padrões identificáveis.

Neste ponto, é crucial ter em mente que o papel do experimentador é sempre limitado. Ao aplicar e aumentar o calor imposto ao líquido ele o fez chegar a um ponto de crise, isto é, de caos. Mas sua interferência para aí. O que acontece com as moléculas não é determinado pela ação externa do experimentador, mas sim pela estrutura e pela dinâmica interna da massa líquida.

As células se movem no sentido horário ou no anti-horário independentemente do comando do experimentador. Movimentam-se de modo imprevisível e não determinado pela ação deste. Essa imprevisibilidade é inerente à complexidade natural da massa líquida. A ação do experimentador apenas deflagra o processo, mas não determina como ele ocorrerá.

Em termos organizacionais, é como se um gestor desse aos seus comandados apenas algumas "dicas" sobre o que fazer, e a partir daí estes se auto-organizassem e agissem por sua própria conta: "Eu explico brevemente o que fazer e vocês se encarregam do resto." É o que, em termos de pensamento complexo, se chama de miniespecificações.

Na experiência de convecção, o instante em que umas células começam a girar no sentido horário e outras no sentido anti-horário é o ponto que se poderia chamar de "escolhas" – o que Prigogine denomina de "bifurcações". O conjunto dessas bifurcações e seus resultados caracteriza a auto-organização. Os padrões que emergem desse processo são o que Prigogine chama de estruturas dissipativas.

A partir daí há dois desfechos possíveis: (a) a fonte de calor é retirada e a massa líquida volta ao estado de homogeneidade termodinâmica; (b) a temperatura se eleva a um ponto em que o caos do sistema se transforma em desordem e o líquido se evapora. Enquanto forem mantidas estáveis as condições que criaram o caos no sistema, é possível observar as células e seus giros horários e anti-horários. São padrões identificáveis, e por isso diz-se que o caos é determinístico. Quando o sistema entra em desordem, já não há o que identificar.

Resta acrescentar uma consideração importante. No caso da água o sistema é natural e complexo, mas sua reação era sempre a mesma ou com variações mínimas se mantidas as mesmas condições do experimento. Em outros termos, o sistema se auto-organiza mas o faz sempre em direção a resultados (futuros) previsíveis. No caso de um sistema que inclui seres vivos como os humanos, a auto-organização não se dá sempre na direção de resultados previsíveis: inclui sempre possibilidades de invenção e inovação.

Como observam Stacey e associados[7] referindo-se a esse experimento, o que aconteceu foi a passagem de um estado de ordem perfeita no macronível e simetria perfeita no micronível para um estado de ordem complexa. A aplicação do calor fez com que o sistema saísse de um atrator e passasse a outro. Ao ser desestabilizado, o sistema entrou em crise e se auto-organizou em um estado mais elevado de complexidade. O processo de desestabilização ocorreu nos pontos de bifurcação, que também podem ser chamados de pontos de alavancagem do sistema.

De tudo o que foi dito até agora, o que mais nos interessa é que o fenômeno que faz as células girarem no sentido horário ou anti-horário está determinado e é produzido pela dinâmica interna das moléculas do líquido e não pelo experimentador. Portanto, a direção dos movimentos de cada célula é imprevisível e incontrolável: depende de condições aleatórias que existiam antes da formação das células.

A imprevisibilidade é intrínseca à dinâmica da interação dessas moléculas, que reagem ao aumento da temperatura vindo de fora segundo condições já existentes em sua estrutura. De modo análogo e metafórico, a forma como as coisas funcionam em uma empresa nunca é totalmente determinada por seus gestores. Há sempre graus variáveis de auto-organização.

Mas aqui é preciso levar em conta uma diferença essencial. Como observam Stacey e colaboradores,[8] na experiência de laboratório, mesmo que independen-

[7] STACEY, Ralph; GRIFFIN, Douglas; SHAW, Patricia. *Complexity and management*: fad or radical challenge to systems thinking? Londres: Routledge, 2006, p. 93-94.

[8] Id., ibid., p. 25 e segs.

temente do experimentador, o sistema se auto-organiza na direção do um estado final previamente conhecido. É o que esses autores chamam de "teleologia formativa". Todas as vezes que o experimento for feito, o resultado será o mesmo. O sistema reproduz sempre o mesmo comportamento, ou se houver variações elas serão mínimas.

No entanto, quando há seres humanos no sistema (uma empresa, por exemplo), as coisas não são tão previsíveis. Nesses casos acontece outra forma de auto-organização, na qual coexistem fenômenos simultaneamente antagônicos e complementares: ao mesmo tempo que o sistema mantém a sua identidade ele produz diferença. Ao mesmo tempo em que conserva a continuidade, ele se transforma. Assim, não há apenas reprodução, mas também produção de fenômenos novos. O nível de incerteza é bem maior. Os futuros não são previsíveis. É o que Stacey e colaboradores chamam de "teleologia transformativa".

Erro e conhecimento

O erro e a ilusão são inseparáveis do conhecimento. Todo conhecimento os inclui. O conhecimento não é um reflexo fiel da realidade, e sim uma tradução ou interpretação que dela fazemos por meio de nossas estruturas de percepção. É o que nos revelam as pesquisas da ciência cognitiva. Já sabemos que cada observador percebe o mundo segundo a sua capacidade cognitiva, isto é, de acordo com o modo como está preparado para percebê-lo. Por sua vez, o mundo também "percebe" o observador e o faz segundo a sua própria estrutura.

A primeira atitude a tomar para reconhecer e, dentro do possível, diminuir nossos erros, ilusões e dificuldades de comunicação, é questionar sempre os nossos conhecimentos, o modo como os adquirimos e seus resultados. Para Morin, se todo conhecimento, por mais "exato" que seja, inclui graus variados de erro e ilusão, subestimar o erro é o maior dos erros. Na mesma linha, subestimar a ilusão é a maior das ilusões. Além disso, imaginar que as comunicações são percebidas exatamente como foram emitidas um erro de comunicação.

Tudo isso interfere de modo decisivo nas comunicações humanas, e por isso convém recordar aqui o teorema de Shannon: "Uma mensagem enviada por meio de um canal qualquer sofre interferências no decurso da transmissão, de modo que à sua chegada parte das informações que ela continha é perdida."[9]

Além do mais, é importante não esquecer que qualquer comunicação ou mensagem está sujeita a ruídos e interferências imprevistas e aleatórias. É também preciso levar em conta a nossa tendência a nos identificarmos com nossas ideias, teorias, convicções e conhecimentos – com nossas "certezas", enfim. Identificamo-nos a tal ponto com tais "certezas" que quando as vemos questionadas muitas vezes tomamos os questionamentos como ofensas pessoais.

Daí decorre um fenômeno muito conhecido: as pessoas que nos são mais próximas, que nos conhecem melhor e portanto mais poderiam nos ajudar muitas vezes, evitam questionar-nos, mesmo quando percebem que estamos errados ou iludidos. É óbvio que elas agem assim porque temem magoar-nos e abalar o relacionamento. Tudo isso junto pode alterar ou deturpar o conteúdo dos conhecimentos e comunicações, o que muitas vezes nos leva ao erro e à ilusão.

De nossa identificação com nossas "certezas" participa também a dimensão emocional. Basarab Nicolescu observa que a efetividade pode prejudicar a afetividade e, é claro, a recíproca é verdadeira.[10] Morin acrescenta que a afetividade pode fortalecer o conhecimento mas também pode ser-lhe um estorvo.

A propósito, lembro um exemplo ocorrido com dois cientistas ilustres, Albert Einstein e Niels Bohr.[11] Ao longo de muitas discussões sobre seus pontos de vista discordantes em relação à física quântica, os dois acabaram se afastando um do outro. Para tentar reaproximá-los, discípulos de ambos organizaram uma confraternização. O resultado foi oposto ao esperado: no local do evento Einstein e Bohr se mantiveram separados e, cercados por seus respectivos discípulos, formaram dois grupos incomunicáveis.

Outro exemplo não menos conhecido é o afastamento de Freud e Jung, causado por divergências em torno de suas respectivas teorias sobre a psique humana. Ambas as histórias ilustram a frase de Morin que diz que possuímos as ideias e

---

[9] SHANNON, Claude E.; WEAVER, Warren. *The mathematical theory of communication.* Urbana, Illinois: University of Illinois Press, 1949.

[10] NICOLESCU, Basarab. *O manifesto da transdisciplinaridade.* São Paulo: Triom, 1999, p. 86-87.

[11] BOHM, David. *On dialogue.* Londres: Routledge, 1998, p. 36-37.

somos possuídos por elas. O mesmo Morin, inspirado em Espinosa, também escreveu que nossa capacidade de ter emoções é indispensável para que tomemos atitudes racionais. Em outras palavras, para que haja racionalidade é necessária a participação das emoções.

Já falei sobre racionalidade e racionalização em páginas anteriores. Porém, dada a importância de ambos os conceitos e de como diferenciá-los, retomo-os agora. A razão que imagina poder descartar as emoções não produz racionalidade, mas sim racionalismo. É a racionalidade que nos permite o grau de clareza possível em certas circunstâncias. A racionalização – que é consequência do racionalismo – nos dá apenas uma ilusão de controle, ao tentar afastar completamente a subjetividade, os sentimentos e as emoções. Ou seja: tenta eliminar o humano das ações humanas, ao mesmo tempo em que se propõe a buscar benefícios para esse mesmo ser humano.

A racionalidade reconhece que a subjetividade, os sentimentos e as emoções fazem parte da condição humana e dela não podem ser separados. Esse reconhecimento implica aprender a trabalhar as emoções, os sentimentos e a subjetividade – e fazer isso de tal maneira que eles não interfiram de modo perturbador em nossos pensamentos e ações. A racionalidade reconhece as emoções e sabe da sua importância, mas não se deixa determinar exclusivamente por elas.

A racionalização é fechada, não aceita o diálogo nem os questionamentos. Tenta suprimir a afetividade em nome da efetividade. A racionalidade é aberta, aceita o diálogo e os questionamentos. Busca a efetividade sem descartar a afetividade. Procura usar a afetividade como fator de inspiração e motivação, não de anestesiamento e alienação. Como veremos adiante, a racionalização é um dos mecanismos de defesa do ego.

A dificuldade de aprender e o autoengano

Para aprender a lidar com o erro e a ilusão é necessário saber algo sobre o autoengano. Todos nós temos, em grau maior ou menor, propensão a nos autoenganar. O autoengano pode se manifestar sob várias formas: pela autoindulgência e autojustificação; por nossa inclinação a esquecer o que nos irrita, desafia ou questiona (esquecimentos seletivos ou de conveniência); por nossa tendência a projetar nos outros o que não queremos ver em nós mesmos (o que nos leva a atribuir grande parte de nossos problemas a causas externas); por nossa tendência a só ouvir o que queremos ouvir e a só ver o que queremos ver.

Neste último caso – e como no exemplo há pouco citado –, com frequência as pessoas que nos são próximas também tendem, pelas mesmas razões já mencionadas, a nos dizer o que queremos ouvir e a nos mostrar o que queremos ver. Como se sabe, esse procedimento é amplamente utilizado por áulicos e bajuladores em relação a líderes ou outras pessoas em posições de poder. Essa é uma das formas pelas quais muitos líderes se deixam manipular.

Somos seres locais. Mesmo quando moramos em cidades imensas, nosso dia a dia em geral se desenrola em um entorno restrito. Não fomos feitos para os grandes horizontes. Eles nos atemorizam. Para nós é muito difícil pensar além de contextos restritos de espaço e tempo e de causalidade imediata: acreditamos que a causa é sempre imediatamente anterior ao efeito ou está muito próxima dele. Esse é um de nossos maiores problemas. A crise econômica mundial de 2008 mais uma vez nos mostrou isso – apesar de seus prenúncios estarem bem à vista nos últimos tempos e, mais claramente ainda, nos últimos meses.

Como notou a mídia, o maior erro do governo dos EUA foi manter taxas de juros muito baixas com o propósito de estimular o crescimento da economia, abalado pela crise financeira em 2001. No entanto, os resultados obtidos mostram que pouco ou nada foi aprendido com essa experiência negativa de sete anos antes, como de resto pouco ou nada se aprendeu com as anteriores. Não houve supervisão do Estado em relação ao sistema econômico vigente, até então visto como algo incontestável – até que surgiu a necessidade de transformá-lo subitamente em "Estado máximo".

Em suma, prevaleceu o modo de pensar de sempre: ou uma coisa ou outra; ou oito ou oitenta; nada de observar as nuanças, os pontos intermediários, as alternativas criativas. Em nossa cultura, essas coisas são vistas como manifestações de excesso de prudência. Nada que mudasse os fundamentos de nossos hábitos mentais foi aprendido, nem pela experiência nem pela reflexão. Repetimos o de sempre: tentamos resolver os problemas por meio dos mesmos modos de pensar que os criaram. As agências de classificação e gestão de riscos também falharam. Os indicadores utilizados para permitir intervenções sobre os pontos de alavancagem do sistema financeiro e corrigir distorções foram os de sempre: criados pelo mesmo modo de pensar que levou à crise.

A melhor maneira de evitar que nos enganem é deixar de enganar-nos a nós mesmos. Os mecanismos do autoengano já foram bem estudados por vários autores[12, 13] e, em termos psicanalíticos, sob a denominação conjunta de mecanismos de defesa do ego. Os psicoterapeutas estão bem familiarizados com eles, em especial depois dos estudos de Anna Freud e Otto Fenichel.[14]

Mas não custa mencioná-los aqui:

- Repressão. Busca afastar da consciência certos aspectos da realidade.
- Negação. Visa a fugir de determinados fatos ou sentimentos ignorando-os ou distorcendo-os.
- Racionalização. Procura explicar e recriar a realidade segundo a lógica linear e, por meio dela, criar argumentos de autojustificação.
- Formação reativa. Tenta redefinir a realidade invertendo-a.
- Projeção. Tenta atribuir a outros – humanos ou não – nossas emoções, sentimentos e intenções.
- Isolamento. Pretende fragmentar a realidade para diminuir-lhe o impacto.
- Regressão. Procura voltar a estágios de desenvolvimento anteriores, supostamente mais simples e menos exigentes.

Vários autores com frequência se referem a uma descoberta crucial da ciência cognitiva: não existe, em nosso cérebro, nenhuma estrutura ou função que nos permita fazer a distinção entre alucinação e percepção do real, sonho e realidade, imaginário e concreto. Sabemos que aquilo que é considerado real em determinada cultura pode ser visto como imaginário em outra. Do mesmo modo, o

---

[12] FINGARETTE, Herbert. *Self deception (with a new chapter).* Berkeley: University of California Press, 2000.

[13] DEMOS, Raphael. Lying to oneself, *Journal of Philosophy*, 57, p. 588-595, 1960.

[14] Para uma exposição sucinta porém didática dos mecanismos de defesa do ego, ver: FADIMAN, James; FRAGER, Robert. *Teorias da personalidade.* São Paulo: Harbra, 1986, p. 19 e segs.

que é considerado real e imaginário em uma cultura pode variar de acordo com circunstâncias políticas e/ou históricas dessa cultura. Vamos a alguns exemplos.

- Stalin conseguiu convencer grande parte da população do império soviético de que era um governante justo e bondoso, sempre preocupado com o bem-estar de seus governados. A realidade só veio à tona bem depois – em especial após a sua morte –, quando se soube dos milhões de pessoas assassinadas de várias formas (confinamentos e execuções em campos de concentração, por exemplo) durante o governo do dito "Grande Pai" da União Soviética.

Mesmo assim, stalinistas da Rússia, dos países da antiga URSS e de muitos outros países continuam até hoje agarrados às ilusões do stalinismo e do marxismo "científico". É o que observa, em outro contexto, o já citado Nicolescu: "Um simples fato experimental pode arruinar a mais bela teoria científica. Infelizmente, no mundo dos seres humanos, uma teoria sociológica, econômica ou política continua a existir apesar de múltiplos fatos que a contradizem."[15]

- Nessa mesma ordem de ideias, sabe-se que ainda hoje há quem tente negar o Holocausto, meio pelo qual o nazismo assassinou milhões de judeus, ciganos e membros de outras minorias durante a Segunda Guerra Mundial.

Em outro livro,[16] examinei estudos que mostram que as teorias e ideologias se organizam em torno de um centro – o "núcleo duro" – e assim formam um "cinto de proteção" que o protege contra contestações e questionamentos. Quanto mais os contestadores se aproximam desse centro mais os seguidores do sistema de ideias o defendem. Para tanto, usam argumentos cuja base é a suposta invulnerabilidade do próprio núcleo.

[15] NICOLESCU, op. cit., p. 25.

[16] MARIOTTI, Humberto. *As paixões do ego*: complexidade, política e solidariedade. São Paulo: Palas Athena, 2000, p. 126.

O ERRO, A ESTRATÉGIA E A ECOLOGIA DA AÇÃO

A ecologia da ação é um conceito desenvolvido por Morin e pode ser assim enunciado: "As ações frequentemente escapam ao controle de seus autores e produzem efeitos inesperados e às vezes até opostos aos esperados."

O conceito de ecologia da ação se refere a fenômenos do dia a dia. Baseia-se na constatação de que o curso dos acontecimentos não é linear e, portanto, inclui inevitavelmente riscos e imprevistos. Seu enunciado e estudo podem a princípio parecer óbvios e desnecessários, mas a experiência mostra que não é assim. Quando colocado em contextos específicos, ele revela a sua utilidade.

Morin propôs dois princípios para a ecologia da ação, que depois Lise Laférière ampliou para três. Vejamos cada um deles.

1. O nível de maior eficácia de uma ação se verifica logo no início de seu desenvolvimento.
2. Uma ação não depende apenas da intenção ou intenções de seu autor: ela também depende das condições do ambiente em que se desenrola.
3. A longo prazo, os efeitos de uma determinada ação são imprevisíveis.

Ainda segundo Morin, a ecologia da ação pode ser compreendida em termos de três circuitos:

- O circuito risco-precaução. Pode também ser chamado de circuito audácia-prudência. Em termos estratégicos, antes de qualquer ação é preciso avaliar cuidadosamente os fatores que nos levam a ser audaciosos e os que nos levam a ser prudentes. São grupos de fatores antagônicos, mas nem por isso devemos deixar de considerá-los juntos e em interação. Morin lembra as palavras de Péricles, citado por Tucídides em sua obra *A guerra do Peloponeso*: "Todos sabemos ao mesmo tempo demonstrar extrema audácia e nada empreender sem madura reflexão."[17]

Estamos, portanto, diante de um dos princípios essenciais do pensamento complexo, que estabelece que em determinados casos é necessária a convivência de

---

[17] Id., ibid., p. 97.

opostos simultaneamente antagônicos e complementares. Imaginemos uma balança. No prato da audácia, colocamos as intenções de ação. No prato da prudência, depositamos as intenções de reflexão. A tomada de decisões e sua implementação requer que o fiel dessa balança penda um pouco para o lado da audácia. Quanto mais o fiel se afastar do centro na direção da audácia, mais ousadas serão as decisões e as ações dela decorrentes – e, portanto, maior o risco. Ou seja, é importante não deixar de correr riscos e buscar o que é novo.

O prato da prudência se contrapõe ao da audácia. É ele que avalia os riscos, mas é o lado da audácia que leva às ações. Do jogo entre a prudência e a audácia emerge o ânimo estratégico que leva à tomada de decisões e ações ponderadas.

- O circuito fins-meios. Como os meios e os fins estão em constante interação, é quase inevitável que, em muitos casos, meios condenáveis a serviço de fins meritórios pervertam estes e acabem por tomar-lhes o lugar. Por outro lado, como acentua Morin, é possível que ações perversas levem a resultados felizes, justamente pelas reações que suscitam. Além disso, sabemos que efeitos perversos inesperados podem ser mais intensos do que os efeitos benéficos esperados. Em muitas regiões do mundo, por exemplo, a poluição industrial superou os benefícios econômicos da industrialização. Como diz a sabedoria popular, há casos em que a emenda é pior do que o soneto.
- O circuito ação-contexto. Já o conhecemos: a partir de um determinado momento e de um dado contexto de espaço, a ação já não mais está sob o controle de seu autor. Nesses momentos e contextos ela cai em um *environment*, no qual interage com outras ações, interações e retroações. Estas podem fazer com que ela se desvie do seu sentido inicial e, como também já sabemos, até mesmo voltar-se contra o seu autor. A esse propósito Morin cita um exemplo histórico bem conhecido: a revolução russa de 1917 provocou não a ditadura do proletariado, como inicialmente se proclamou, mas a ditadura sobre o proletariado.

Dessa forma, quando pensamos em ecologia da ação é de boa estratégia considerar três círculos. O primeiro é o contexto espaço-temporal imediato, no qual o autor da ação ainda exerce controle sobre ela. Podemos chamá-lo de círculo do controle.

O segundo círculo é aquele em que a ação entra no *environment* mencionado. Nesse meio ambiente, como já vimos, ela interage com outras ações de múltiplas origens, espécies e orientações. Podemos chamá-lo de círculo das interações.

O terceiro círculo ilustra o terceiro princípio da ecologia da ação: a longo prazo, as consequências de uma ação são imprevisíveis. Podemos chamá-lo de círculo da imprevisibilidade.

Conclui-se, assim, que quanto mais uma ação se distancia de seu autor mais aumentam os riscos por ela gerados e enfrentados. Na mesma medida, quanto mais ela se afasta do círculo do controle mais diminui a eficácia das providências tomadas para diminuir esses riscos. Esse efeito pode ser atenuado de várias maneiras. Entre elas é importante um maior aporte possível de informações confiáveis.

Vejamos alguns exemplos da ecologia da ação e seus princípios.

- O exemplo clássico é a história do cavalo de Troia. Como se sabe, a decisão dos troianos de trazer para dentro das muralhas da cidade o grande cavalo de madeira deixado fora dela pelos gregos – e cheio de soldados – resultou na queda da cidade.[18]
- Muitas vezes, a correção dos resultados indesejáveis de uma ação pode ser influenciada negativamente pelo excesso de otimismo, voluntarismo e onipotência de seu autor. Essas características podem dificultar – ou mesmo impedir – que ele perceba que sua ação já se modificou e que essas modificações, por sua vez, estão sujeitas a influências de numerosas variáveis. Para exemplificá-las, retomemos um exemplo citado há pouco: os líderes são com frequência influenciados por seus assessores e por outras pessoas, grupos e instituições – o que acaba distorcendo algumas de suas percepções, posturas e ações.
- Outro exemplo é a definição de economia segundo Morin: "É a ciência social mais avançada matematicamente. É também a ciência social mais atrasada humanamente, porque se afastou das condições sociais, políticas, psicológicas e ecológicas inseparáveis das atividades econômicas. Por isso, seus peritos são cada vez mais incapazes de interpretar as causas

---

[18] TUCHMAN, Barbara. *The march of folly*: from Troy to Vietnam. Londres: Abacus, 1999, p. 42 e segs.

> e consequências das perturbações monetárias e das bolsas e de prever os rumos econômicos, mesmo a curto prazo. Por isso, o erro econômico tornou-se a primeira consequência da ciência econômica."[19] Em outras palavras, de um modo geral a ciência econômica tem ignorado a complexidade e tem pago o preço de sua atitude.

Tudo visto, é possível chegar às seguintes conclusões: (a) conhecer a ecologia da ação ajuda a tomar decisões; (b) uma ação, por mais simples e breve que seja, não deve ser deixada à sua própria sorte. Dado o fato de que ela cedo ou tarde se vê às voltas com inúmeros encontros, desencontros, acidentes, imprevistos e muitas outras variáveis, precisamos estar preparados para corrigi-los ou ao menos atenuá-los.

Para tanto, o autor da ação deve aprender a reconhecer e acompanhar esses fatores e estar alerta em relação a tudo o que possa interferir nesse reconhecimento e acompanhamento. Essa é uma posição estratégica. A estratégia ajuda a construir cenários que podem resultar em novas ações. Essa construção é antecedida pela avaliação das informações confiáveis disponíveis e do grau de incerteza do contexto e das circunstâncias.

Ao longo do tempo sempre surgem fatos novos, mais informações são conseguidas, e também aparecem novas ameaças e oportunidades. Por isso as ações, sua evolução e seus desdobramentos precisam ser reexaminados e reavaliados a intervalos regulares. Estes, segundo o caso, podem ser traduzidos em minutos ou segundos, dias, meses e anos. Vejamos alguns exemplos de como isso pode ser feito:

- Ao acompanhar segundo a segundo a trajetória dos foguetes que lança, a NASA pode agir imediatamente se for verificado que um deles saiu da trajetória planejada. Quando isso acontece, e na impossibilidade de corrigir o curso, os engenheiros abortam o lançamento por meio de outro foguete, cuja função é destruir o que foi lançado.[20]
- Em 1982, nos EUA, o laboratório farmacêutico Johnson & Johnson foi avisado de que uma quantidade indeterminada de um dos medica-

[19] MORIN, Edgar. *Les sept savoirs nécessaires à l'éducation du futur*. Paris: Seuil, 2000, p. 43.

[20] MORIN, Edgar. *Introdução ao pensamento complexo*. Porto Alegre: Sulina, 2005, p. 81.

mentos de sua fabricação – o Tylenol em cápsulas – continha cianureto. Na área de Chicago, sete pessoas haviam morrido após a ingestão dessas cápsulas.

A decisão da empresa foi realizar de imediato um gigantesco *recall*: em todo o país foram recolhidos 31 milhões de frascos de Tylenol, no valor de 100 milhões de dólares. Além disso, o laboratório utilizou a mídia para divulgar informações que alertassem o público sobre o acontecido, o que incluiu a oferta de troca de todos os frascos já comercializados e a colocação no mercado de embalagens à prova de adulteração. Todas essas medidas foram realizadas por executivos da empresa em todo o território dos EUA, sem que houvesse necessidade de interconsultas nem de orientação centralizada.[21] Como se vê, esses executivos fizeram suas intervenções enquanto os resultados da ação criminosa de adulteração do Tylenol ainda estavam até certo ponto dentro do círculo de controle.

- Muitas empresas costumam fazer pré-lançamentos ou lançamentos localizados de novos produtos e/ou serviços, que podem ser rapidamente descontinuados caso a reação inicial do público não seja promissora. O mesmo ocorre com lançamentos tentativos de candidaturas políticas. Esses "balões de ensaio" são igualmente utilizados com muitas outras finalidades e podem ser imediatamente suprimidos, caso não haja receptividade por parte do público-alvo. O mesmo é válido para os planos-piloto de várias naturezas.

Examinemos agora a ecologia da ação por meio de dois mitos: o de Prometeu e o de Frankenstein, este também prometeico.

A história de Prometeu

Prometeu era um semideus da mitologia grega (era um dos Titãs) que, segundo o mito, roubou o fogo dos deuses e o deu aos homens. Esse feito foi punido

---

[21] GIBSON, John M.; IVANCEVICH, James H.; DONNELY JR., James H.; KONOPASKE, Robert. *Organizações*: comportamento, estrutura e processos. São Paulo: McGraw-Hill, 2006, p. 353.

por Zeus, que fez com que ele fosse amarrado a um rochedo e o condenou a ter o fígado devorado por um abutre pela eternidade afora.

Para Herbert Marcuse, ao se rebelar contra os deuses Prometeu criou cultura e pagou o preço do eterno sofrimento. Sua produtividade é ao mesmo tempo abençoada e maldita, composta simultaneamente de progresso e trabalho sofrido.[22]

Como acontece com todos os mitos, este também tem diversas versões e não menos variadas interpretações. Mas em geral pode-se dizer que o mito prometeico pretende mostrar que os humanos devem ser cuidadosos com as tecnologias que criam e usam, pois elas podem produzir consequências indesejadas para eles mesmos. A poluição do mundo natural e as alterações climáticas ligadas às emissões de CO_2 são dois exemplos entre muitos outros.

Mas é evidente que o mito de Prometeu não tem o propósito de condenar a tecnologia. É apenas um alerta – até o momento negligenciado por muitos – para que os homens não se deixem alienar por ela. O que mais uma vez mostra que a linguagem dos mitos deveria ser valorizada tanto quanto costumamos valorizar a linguagem da técnica. Se fôssemos capazes de fazer isso, um discurso poderia atenuar ou equilibrar os possíveis excessos do outro. Mas a experiência tem mostrado que nesse caso, como em inúmeros outros, tendemos sempre a pender para um lado só, mesmo em nosso próprio prejuízo.

A julgar pelo que se tem observado nos últimos anos, a linguagem dos mitos e das metáforas parece estar cada vez mais unilateralizada. As mitologias da ciência, da técnica, da economia e da política predominam e, como se isso não bastasse, não são consideradas mitologias: as pessoas acreditam que esses âmbitos constituem o reino das coisas "verdadeiras", "sólidas", "tangíveis" e "mensuráveis".

Essa ilusão levou ao desenvolvimento de uma imensa rede de erros. Há muito se sabe que sem mitos e metáforas não é possível fazer ciência. Mas não é assim que o mundo é visto pela sabedoria convencional, para a qual a mitologia não inclui a ciência, a política e a economia. A mitologia seria mais um domínio de conhecimentos "subjetivos" e "teóricos", que inclui a filosofia, a literatura e as demais artes, que são costumeiramente vistas como conhecimentos de "segunda

[22] MARCUSE, Herbert. *Eros e civilização*: uma interpretação filosófica ao pensamento de Freud. Rio de Janeiro: Zahar, 1968, p. 147.

linha", quando não totalmente ignorados. Essa é a estratégia clássica do autoengano: recortam-se algumas partes de mundo e do conhecimento, finge-se que o resto é irrelevante ou não existe, e a partir daí passa-se a acreditar que o recorte é suficiente para lidar com a realidade "concreta" e "tangível".

A história de Frankenstein

O mito de Frankenstein também é do tipo prometeico, condição que está no título do livro de sua autora, Mary Shelley, *Frankenstein ou o Prometeu moderno.*[23] Esta é a história. No século 19 o Dr. Victor Frankenstein, profundamente inserido no cientificismo de sua época, descobriu o segredo da vida e de posse dele decidiu construir um ser humano a partir de partes de cadáveres. Seu ponto de partida era a crença de que o organismo era apenas um conjunto de órgãos. E assim criou um monstro sem nome.

Imerso no espírito de seu tempo, o Dr. Frankenstein não podia imaginar que os organismos vivos têm autonomia e interagem com o ambiente em que vivem, em vez de limitar-se a obedecer a comandos externos. Ao contrário, ele acreditava que o monstro que havia criado era um organismo que podia ser comandado "objetivamente".

Mas a sequência dos acontecimentos (a ecologia da ação) mostrou o contrário: o monstro revelou-se ambíguo: ora era dócil, ora violento. Em paralelo à sua busca da felicidade, ele também era capaz de momentos de grande crueldade. Queria vingar-se de seu criador por ter sido por ele desprezado e partiu em sua perseguição. Quando finalmente o encontrou, este já estava à morte. E o monstro, no fim da história, chora a perda de seu criador.

Há várias lições a tirar desse mito da modernidade:

- O equívoco do Dr. Frankenstein continua a ser cometido nas empresas de hoje, que na maioria dos casos ainda são consideradas sistemas que podem ser comandados e controlados de fora, e não vistas como processos em interação com o ambiente e constante mutação.

---

[23] SHELLEY, Mary. *Frankenstein*: or the modern Prometheus. Nova York: Pearson Longman, 2007.

- O Dr. Frankenstein arrependeu-se de ter criado o monstro e ter-lhe dado vida. Nesse sentido, foi castigado por sua arrogância e por sua ciência mecanicista e sem valores humanos. Esse, aliás, é um dos maiores problemas da visão de mundo iluminista: o mecanicismo sem alma.
- Como o de Prometeu, o mito de Frankenstein mostra que o desenvolvimento da ciência e da técnica tem um preço, que com frequência se mostra alto demais para os humanos e suas sociedades.
- Quando construiu o monstro, o Dr. Frankenstein juntou partes de cadáveres e imaginou que o todo daí resultante seria igual à soma dessas partes. Além disso, acreditou que poderia, pelo exame das partes, prever o comportamento do todo. O monstro seria portanto uma máquina, um sistema complicado e manipulável: "Se eu o fiz, posso controlá-lo." Isto é, se o fiz posso fazer com que ele funcione como eu quiser.

  Mas, como vimos, o monstro revelou-se autônomo, ambíguo e portador de sentimentos e emoções. O futuro desse todo se revelou incerto, como ocorre nos sistemas complexos adaptativos. Seu comportamento mostrou-se imprevisível.
- O mito de Frankenstein é uma crítica a um dos conceitos mais conhecidos do Iluminismo, depois consolidado pela física de Newton: o todo pode ser previsto a partir das propriedades das partes que o compõem. Esse é um dos princípios fundamentais da medicina mecanicista e ainda hoje prevalece. Uma vez tida como certa a ideia de que o todo é igual à soma de suas partes, o raciocínio seguinte é de que ele é sempre previsível: é o resultado de um passo a passo, do qual se podem esperar os resultados planejados. Nos dias atuais, essa ideia predomina na gestão de empresas no mundo inteiro.
- No caso do monstro de Victor Frankenstein, as partes que o compunham foram tiradas de cadáveres diferentes, como ainda se faz quando se canibalizam algumas máquinas, inclusive computadores e aviões. Fez-se o projeto e partiu-se para a construção. Portanto, seria lógico esperar que o todo resultante pudesse ser comandado a partir de fora, porque deveria refletir as intenções do seu planejador, criador e executor. Mas nada disso aconteceu.

- Tudo parecia indicar que o Dr. Frankenstein havia realizado um dos ideais do Iluminismo: controlar a natureza. Descobrira a origem da vida e como replicá-la: depois de ligadas as partes componentes, fez com que o corpo do monstro adquirisse vida.
- Portanto, o Dr. Frankenstein primeiro construiu um corpo e depois deu-lhe vida. Pensou ter posto em prática o postulado cartesiano da separação corpo-mente. Fabricou uma máquina e depois introduziu nela um fantasma.[24]

Entre as "certezas" prometidas pelo avanço tecnológico não equilibrado pela ética uma é muito frequente: o uso da tecnologia a favor da economia e contra as comunidades humanas. Quando deveria voltar-se para interesses *mais* valores, ela se volta apenas para interesses. Contudo, se estivesse voltada apenas para valores a alienação seria a mesma com sinal trocado. Nunca é demais lembrar que a vida humana tem um lado pragmático (de interesses), que pode e deve harmonizar-se com o seu lado não pragmático (de valores).

Edward Tenner[25] acredita que a capacidade humana de visualizar coisas novas – boas ou más – sempre foi e continua limitada. Não há dúvida quanto a isso: a incapacidade (ou pouca capacidade) de sair da repetição e produzir diferença (ou percebê-la) é a característica mais marcante do raciocínio binário.

Talvez seja essa a nossa principal limitação: a pouca habilidade para perceber o novo, a diferença e a diversidade, aceitá-los e incorporá-los ao nosso cotidiano. A pequena capacidade de perceber as ligações entre as coisas, pessoas e eventos está por trás de tudo isso. Por isso, a não aceitação da incerteza nos tornou cada vez mais à sua mercê. A redução de praticamente todas as dimensões do mundo (inclusive a humana) à economia é por si só uma atitude prejudicial a todas essas dimensões – inclusive à própria economia.

---

[24] A expressão "fantasma da máquina" é uma crítica ao conceito de separação corpo-alma de Descartes. Foi usada pelo filósofo inglês Gilbert Ryle em seu livro *The concept of mind* (Chicago, Chicago University Press, 1949). Ryle quis mostrar o absurdo de dividir o ser humano em duas partes diferentes sem dar nenhuma explicação de como elas interagiam.

[25] TENNER, Edward. *A vingança da tecnologia*: as irônicas consequências das inovações mecânicas, químicas, biológicas e médicas. Rio de Janeiro: Campus, 1997, p. 38.

Tenner[26] assinala que em termos mundiais o máximo de entusiasmo em relação à tecnologia vista como ideologia aconteceu entre 1860 e 1960. Foi o período da "luta contra a natureza" e do empenho em subjugá-la. A ideia de homem *versus* natureza é a base do bandeirantismo extrativista e da visão de mundo monocultural.

A monocultura é a expressão fundamental do apego à repetição e do medo da diferença. Nessa condição ela é multifacetada: a monocultura vegetal esteriliza a terra; a monocultura das ideias esteriliza a mente; a monocultura política esteriliza a democracia; a monocultura das imagens esteriliza a palavra; a monocultura da razão esteriliza a emoção e no limite a própria razão; a monocultura dos sentimentos e emoções esteriliza a razão e no limite os próprios sentimentos e emoções; a monocultura da competição predatória esteriliza a competitividade e com ela todos os competidores.

A ciência irônica

A capacidade de conviver com a incerteza e a dúvida foi abordada pelo poeta John Keats, que a chamava de "capacidade negativa".[27] "Ciência irônica" é outro conceito, criado por Horgan.[28] Consiste em um modo de explorar a ciência do ponto de vista não mecânico, isto é, fora do ponto de vista repetitivo, o que acaba revelando vários dos equívocos e deficiências que costumam permear as "certezas" científicas. Seria algo como um lado "humanista" da ciência, que ao desafiar o mecânico o complementaria.

Questões básicas (como o universo foi – se é que foi – criado? Como começa a vida? e outras) não podem ser respondidas pela ciência clássica. A ciência irônica tenta respondê-las. Segundo Horgan, o papel da ciência irônica é ser a "capacidade negativa" da humanidade. Em seu modo de entender, por mais longe que vá a ciência empírica, nossa imaginação sempre poderá ultrapassá-la.

---

[26] Id., ibid., p. 591.

[27] HORGAN, John. *O fim da ciência*: uma discussão sobre os limites do conhecimento científico. São Paulo: Companhia das Letras, 1998, p. 46.

[28] Id., ibid., p.18.

A ciência irônica teria um papel como que socrático, pois nos mostraria que não sabemos o que imaginamos saber. Mostra-nos que mesmo sabendo de nossas limitações é preciso diminuí-las. Assim, a proposta da ciência irônica é ser uma espécie de anticiência, que complementaria a ciência mecanicista.

Entretanto, não ocorreu a Horgan nem a vários outros que seria mais adequado se essa complementação fosse feita pela vertente humana do conhecimento. Substituir uma ciência por outra não seria uma forma adequada de resolver o impasse, pois, como já sabemos, cairíamos na binariedade de sempre: ou ciência ou anticiência. O próprio Horgan acaba reconhecendo esse fato, ao dizer que a ciência irônica não contribui de modo significativo para o próprio conhecimento, e por isso tem mais afinidade com a vertente humanista do conhecimento do que com a ciência tradicional.

Aposta, risco e política

Morin foi, confessadamente, muito influenciado por Pascal. Desse filósofo francês ele tirou a ideia de aposta. Já falei sobre ela em um ensaio e em um livro,[29] de modo que no momento é suficiente lembrar alguns pontos essenciais:

a) pensar e agir são fenômenos simultâneos, embora muitos ainda acreditem que sejam sequenciais;
b) de todo modo, como não podemos prever o futuro, as decisões e as ações na realidade são apostas;
c) toda aposta se baseia em algum tipo de fé, crença ou expectativa.

No fundo a estratégia é uma aposta, o que no entanto não nos autoriza a assumir riscos de maneira irresponsável e ignorar os cenários. Ela deve permear sempre as nossas programações, por mais detalhadas e fundamentadas que sejam. A estratégia é, por excelência, uma atitude ligada ao pensamento complexo. Procura

[29] MARIOTTI, Humberto. A razão do coração e o coração da razão: Blaise Pascal e o pensamento complexo. Disponível em: <www.humberto.mariotti.com>.

——. *Pensamento complexo*: suas aplicações à liderança, à aprendizagem e ao desenvolvimento sustentado. São Paulo: Atlas, 2007, p. 103.

aprender com o jogo entre a prudência e a audácia, que por meio dela deixam de ser opostos mutuamente excludentes e passam a ser opostos simultaneamente antagônicos e complementares.

A estratégia é uma forma de conhecimento. O conhecimento diminui o risco? Sim, mas nesse mesmo movimento pode criar novos riscos. Está no Eclesiastes: quem aumenta o seu conhecimento aumenta a sua dor. De um modo geral porém, pode-se dizer que o conhecimento deve ser utilizado não exatamente para diminuir o risco, mas para permitir que tomemos atitudes estratégicas diante do risco. Sabemos que quanto maior o risco maiores serão as possibilidades de ganho. Dessa maneira, o conhecimento que limita o risco limita o ganho. Mas daí não se segue linearmente que mais riscos correspondem a mais ganhos. A conclusão, portanto, é clara: quanto mais pensamento estratégico, mais ganhos.

Mas não apenas ganhos quantitativos. O pensamento estratégico não se alcança pela via quantitativa. Mais conhecimento não implica mais habilidade para pensar de modo estratégico. Mais capacidade para pensar de modo estratégico se obtém ampliando e tornando mais claro o nosso horizonte mental. Vamos a um exemplo.

Quando Barack Obama se negou a destacar a sua condição de negro em sua campanha eleitoral nos EUA, logo foi acusado de ser um "negro inautêntico". Essa é uma das muitas formas pelas quais os estereótipos limitam nosso horizonte mental.

Um homem que se reduz a uma condição, seja qual for, reduz-se também aos estereótipos e constrangimentos a ela associados. Ao não se apresentar como "candidato negro", Obama revelou ter compreendido que uma pessoa não pode ser reduzida a nenhuma de suas características, por mais evidentes que elas sejam. E bem sabemos que reduzir qualquer ser vivo a uma ou algumas de suas facetas é tentar negar a sua complexidade e com ela sua capacidade de adaptar-se, transformar-se a si mesmo e participar da transformação de outros sistemas do meio em que vive.

Uma pessoa é um sistema complexo adaptativo, que por definição está em constante mudança, e só pode mudar quando se nega a ser simplificada e estereotipada. Não busca ser reconhecida e tratada apenas por uma de suas características – busca a totalidade da condição humana. Nesse sentido o *slogan* de campanha de Obama "yes, we can" foi mais do que uma simples exortação. Há muito sabemos que na maioria dos casos as exortações nem sempre funcionam para convencer as pessoas, ou só o fazem em relação às que preferem permanecer passivas e submissas. Em geral, as exortações não passam de palavras de ordem que induzem à supersimplificação, aos unilateralismos e ao clássico modelo "ou nós ou eles".

Quando um líder se coloca como uma pessoa total ele se aproxima da proposta de Gandhi: devemos ser a mudança que queremos ver no mundo. Ser a mudança não significa apenas exortar uma massa de indivíduos passivos a seguir essa ou aquela direção. Fazer isso seria mais uma das infinitas manifestações da postura comando e controle. Ser a mudança significa corporificá-la. Por exemplo, quando Winston Churchill, durante a Segunda Guerra Mundial, formava com o segundo e o terceiro dedos da mão o famoso "V" da vitória, não queria apenas conclamar os ingleses – e por extensão os aliados – ao triunfo. A metáfora era muito mais forte: os ingleses não deveriam apenas vencer. Eles deveriam *ser* a vitória.

A redução dos humanos a uma característica única, por mais atrativa que seja, visa muitas vezes a desqualificá-los. Gandhi não era um homem branco, era um cule, nome pelo qual se designavam os trabalhadores de origem indiana ou chinesa. Ao transcender essa característica étnica e apresentar-se como uma pessoa total, ele saiu do estereótipo e fez muito pela melhoria das condições de minorias étnicas (indianos, em especial) na África do Sul.[30] De lá partiu para as campanhas que levaram à independência da Índia – sempre com base no mesmo princípio: corporificar a mudança que queremos ver no mundo. Somos a mudança – eis uma metáfora poderosa.

Seja verbal, gestual ou comportamental, a metáfora sempre amplia e aprofunda o significado de uma palavra, gesto ou conduta. Daí a sua força de iniciadora de transformações cuja amplitude e profundidade vão sempre muito além dela. Esse, aliás, é um dos princípios mais importantes da teoria da complexidade: a causalidade não linear, que mostra que pequenos eventos podem ser o ponto de partida para grandes transformações.

Já mencionei as três descobertas fundamentais da neurociência: a mente é parte inerente do corpo; o pensamento é em sua maior parte não inconsciente; os conceitos abstratos são amplamente metafóricos. Elas – em especial a segunda

---

[30] GANDHI, Mohandas K. *Minha vida e minhas experiências com a verdade*. São Paulo: Palas Athena, 1999.

– nos levam a reconsiderar os conselhos "práticos" e voluntaristas de autores de orientação mecanicista e simplificadora: métodos e técnicas simplistas (não confundir com simples) estão longe de ser suficientes para lidar com a complexidade do mundo real. Nunca é demais lembrar Morin: "Os conhecimentos especializados são insuficientes porque são especializados."[31]

Howard Gardner[32] é um autor cuja abordagem é simples e não simplista, em especial porque se preocupa em mostrar exemplos do contexto político, no qual é nítida a predominância do raciocínio binário justo nos contextos em que ele menos deveria prevalecer.

As observações de Gardner concordam com as de Morin e nos convidam a refletir com mais profundidade. Mas essas reflexões ainda estão longe de nos deixar otimistas. Se não há dúvida de que é por meio da política que lidamos com a vida, com o destino e com a felicidade humana, também não há dúvida de que é nela que menos existe reflexão, aprofundamento e em especial abertura e amplitude da mente. Onde deveria haver abertura, profundidade e maturidade a prática cotidiana mostra que quase invariavelmente há estreiteza, superficialidade e infantilidade. Como mostram os registros históricos, a política muitas vezes embrutece, primitiviza e infantiliza os líderes, e isso os leva a embrutecer, primitivizar e infantilizar a maioria dos que os seguem.

Daí o que tantas vezes se tem verificado: em boa parte dos casos, as mudanças de modo de pensar da sociedade esbarram na impermeabilidade dos seus representantes políticos. É evidente que isso de modo algum significa que a sociedade seja boa e os políticos sejam maus, pois estes obviamente vêm da sociedade, seja pela via eleitoral seja tomando o poder mediante expedientes que os transformam em ditadores ou algo semelhante.

Ao que tudo indica, a busca e a consecução do poder de algum modo transformam os homens e, com as exceções de praxe, leva-os a modos de pensar simplistas, infantis e rudimentares. Esse tema tem sido examinado por muitos autores e não faz parte dos objetivos deste livro detalhá-lo. De todo modo, fica a

---

31 MORIN, Edgar. *Pour entrer dans le XXIe siècle*, op. cit., p. 10.

32 GARDNER, Howard. *Changing minds*: the art and science of changing our own and other people's minds. Boston, Massachusetts: Harvard Business School Press, 2006.

observação de Morin: a riqueza das ilusões políticas se alia sempre à pobreza do pensamento político na tarefa de produzir tragédias e desastres – um após o outro em monótona sucessão.[33]

Erros, métricas e "achismos"

Dee Hock, criador e CEO emérito do sistema Visa de cartões bancários, é uma pessoa sobre quem se pode dizer tudo, menos que não é pragmático e realista. É também o autor da seguinte frase: "Se quiséssemos criar um sistema eficaz para a destruição metódica da comunidade, nada que criássemos seria melhor do que o atual esforço para monetizar valor e para reduzir a vida à tirania da medida."[34]

Por outro lado, no universo das empresas é comum a subvalorização de opiniões e conclusões não baseadas na colheita e avaliação prévia de dados, em geral quantitativos. A condenação dos "achismos" – essa é a expressão usual – com muita frequência é considerada consolidada e definitiva, algo sobre o qual não há mais nada a discutir. Trata-se de um engano, porém. Como todas as posições supostamente bem estabelecidas, esta também pode ser exagerada e seus resultados nem sempre traduzem a realidade.

Analisemos um pouco mais esse aspecto. Quando alguém diz que acha isso ou aquilo dá a sua opinião, seja baseada em leituras, interpretações de dados quantitativos, seja em sua experiência de vida. Nesses três âmbitos – que evidentemente não excluem outros – há aspectos que se não forem bem analisados podem levar a conclusões equivocadas, para não dizer ingênuas, como as de achar (é essa a palavra certa) que só vale a pena levar em conta aquilo que se baseia em pesquisas e dados numéricos.

É claro que essa atitude é nada mais nada menos do que um "achismo". Sob o pretexto (ou opinião) de que só os dados quantitativos podem expressar de modo confiável a realidade, caímos mais uma vez na *mathesis universalis*, isto é, na matematização do mundo. Ou seja, caímos no Iluminismo requentado, que

---

[33] MORIN, *Pour entrer dans le XXIe siècle,* op. cit., p. 11.

[34] HOCK, Dee. *Nascimento da era caórdica.* São Paulo: Cultrix, 2000, p. 12.

é uma forma de supersimplificar a realidade que, como mostra a história, já nos trouxe mais problemas do que desejaríamos.

Basear-se em pesquisas é uma forma tradicional de reduzir as variáveis e a incerteza. Ela tem funcionado bem em muitos casos, é claro, mas pouco se fala das ocasiões em que novos produtos lançados com base nas pesquisas mais prestigiadas têm falhado. Uma breve busca na Internet mostra centenas de fracassos assim. Alguns exemplos: a New Coke da Coca-Cola, o videocassete Betamax da Sony, o carro Edsel da Ford, o sanduíche Arch Deluxe da McDonald's, A Web TV da Microsoft, o Newton da Apple, a Pepsi AM e a Crystal Pepsi, a linha de roupas íntimas da BIC (BIC Underwear) e o perfume da Harley Davidson, entre muitos outros.

É óbvio que os lançamentos desses produtos foram baseados nas pesquisas mais sofisticadas. É o que costumam fazer as grandes empresas. Também é óbvio que o fato de eles terem falhado é uma demonstração clara de que por maiores que sejam os esforços para eliminar o erro e a incerteza, resta o fato inescapável de que nos sistemas complexos adaptativos há sempre um nível de erro e incerteza que não pode ser eliminado. É neste ponto que é preciso insistir: o fato de as pesquisas serem necessárias e úteis não devem nos levar à ilusão de que elas sempre proporcionam resultados "objetivos".

Muitas pessoas imaginam (isto é, acham) que por serem "objetivos" os resultados das pesquisas garantem resultados em todos os casos. Essa é uma das pseudocertezas mais fortes em nossa cultura. Esse fenômeno leva à seguinte sequência, tão comum nas empresas e nos mercados: (a) se não foram feitas pesquisas e a decisão tomada (lançar um produto, por exemplo) não deu certo, o culpado é o decisor, por não as ter feito; (b) se foram feitas pesquisas e a decisão tomada levou a bons resultados, o mérito é primeiro das pesquisas e depois do decisor.

Essa ordem meritocrática é fundamental para manter a "objetividade" dos números em primeiro lugar e a subjetividade do decisor em plano secundário. Nas hipóteses (a) e (b), a pessoa é sempre secundária em relação à tecnologia.

A reflexão seguida de discussão aprofundada dos resultados é também um meio legítimo de proporcionar dados para a tomada de decisões. Além disso, a experiência mostra que resultados de pesquisas, sejam eles quantitativos ou qualitativos, nada dizem por si próprios: devem ser interpretados. E é claro que toda interpretação inclui a subjetividade de quem a faz.

Vamos a um exemplo. Houve uma passeata de protesto contra o governo. Os jornais de oposição dizem que nela estavam 100.000 pessoas. Já os jornais da situação dizem que havia no máximo 40.000. Não há quem não conheça exemplos como esse. Existe um terceiro modo de aferição, que consiste em mensurar o tamanho das multidões por meio de fotos tiradas por satélites. Teórica e racionalmente, esse método deveria resolver a questão, porque apresenta dados numéricos. Teórica e racionalmente. Na prática o método funciona, mas seus resultados continuam a ter de passar por interpretações subjetivas orientadas por interesses vários, em especial políticos e econômicos.

No exemplo em pauta, as coisas costumam acontecer de acordo com o seguinte padrão: digamos que a contagem do satélite em nosso exemplo revelou que o número de participantes da passeata era 80.000, ou seja, tanto a oposição quanto o governo estavam errados. Esse fato logo gera um fenômeno muito conhecido: ambos os lados recorrem à negação pura e simples da realidade e ignoram os resultados da contagem. Quando o governo é autoritário, tais resultados além de ignorados são expurgados: a imprensa é censurada e o dito se transforma em não dito.

Não há quem não conheça esse fenômeno em suas diferentes versões: resultados financeiros fraudados em corporações (o caso da Enron é hoje um clássico); fraudes eleitorais; contagem tendenciosa de baixas em guerras; contagem de óbitos em epidemias e assim por diante. É comum encontrar pessoas que conhecem esse fenômeno em suas diferentes versões e fazem de conta de que ele não existe. Ou que argumentem que se trata de "casos isolados", "exceções à regra" e racionalizações do gênero.

Embora facilitem a apresentação de resultados, os números estão longe de ser uma garantia de objetividade. A objetividade absoluta é uma idealização de nossa cultura. Está ligada ao realismo ingênuo, teoria do conhecimento hoje obsoleta, que propunha que somos capazes de ver a realidade exatamente como ela é. Nas pesquisas de mercado, por exemplo, os números vêm de opiniões – de subjetividades, portanto – e a elas retornam quando são interpretados. Oitenta e cinco por cento de faturamento podem ser um percentual baixo para o CEO e alto para o diretor de vendas.

As pesquisas de opinião são, portanto, opiniões transformadas em estatísticas: 30% dos entrevistados acham isso e 70% acham aquilo. São "achismos" quantificados – o que não significa que não tenham utilidade. Significa apenas que não se deve transformá-los em garantias de objetividade total. Confiar em números é lícito, mas é diferente da ingenuidade de atribuir-lhes um valor que eles não têm.

Portanto, nem tudo que é opinativo deve ser classificado como "achismo". Além do mais, acreditar piamente em números e estatísticas fornecidos por terceiros pode ser um sinal de dificuldade de formar opinião própria. Dito de outro modo, achar que fatos ou ideias só têm valor quando transformados em números frequentemente é um sinal de dificuldade para pensar de modo autônomo. Não nos esqueçamos de que números manipulados são uma forma frequente de tentar manipular os outros. Todos sabem disso, é claro, mas há quem finja que não sabe.

É importante que respeitemos as opiniões dos outros. Essa é uma postura fundamental de liderança. Também é importante que respeitemos nossas próprias opiniões. Essa é uma postura fundamental de autoliderança. Os números são necessários mas não suficientes. As opiniões e intuições são necessárias mas não suficientes. Já sabemos que construímos o mundo em que vivemos por meio da linguagem. Com efeito, como observa Warren Shibles, para Wittgenstein, a estrutura da linguagem é a estrutura do mundo.[35] A linguagem dos números é parte essencial dessa construção, mas não a única. Ter opiniões próprias, pô-las à prova por meio de discussões, publicá-las e depois avaliar as repercussões – tudo isso está longe de poder ser incluído no rol dos "achismos".

Achismo é formar opiniões – inclusive as baseadas em pesquisas quantitativas ou qualitativas – e confiar cegamente nelas sem submetê-las ao teste da discussão e da reflexão. Não existe objetividade pura nem subjetividade exclusiva. A percepção é o resultado da interação do sujeito com o objeto. É uma relação circular, com produção de fenômenos emergentes, e não uma relação linear com produção de um único resultado.

A seguir, transcrevo um diálogo que certa vez tive com um executivo em terapia. Já não era tão jovem na época (beirava os 45 anos), e tudo indicava que logo entraria no grupo dos que até o fim se recusam a reconhecer a importância

[35] SHIBLES, Warren. *Wittgenstein, linguagem e filosofia*. São Paulo: Cultrix, 1974.

da experiência e da subjetividade. Como é natural, algumas partes do diálogo estão modificadas para preservar a confidencialidade.

Falávamos sobre um determinado assunto, quando ele pediu:

EXECUTIVO. Descreva objetivamente a sua experiência em relação a essa questão.

TERAPEUTA. É possível fazer isso, mas não objetivamente. Tudo o que posso é fazer uma descrição de como me sinto a esse respeito. É algo subjetivo. Posso falar sobre minha experiência, mas isso no máximo lhe dirá que já passei por uma situação assim. Mesmo que você passe ou venha a passar pelas mesmas coisas, não necessariamente aprenderá ou deixará de aprender o mesmo que aprendi ou deixei de aprender.

EXECUTIVO. Mas posso fazer uma ideia do que foi a sua experiência.

TERAPEUTA. Pode, sim, mas ter uma ideia a respeito de uma experiência está muito longe do que significa vivê-la.

EXECUTIVO. Eu sei. Por exemplo, você sempre fala sobre minha experiência com os números e as métricas e a confiança que tenho nessas coisas. Mas eu continuo a confiar neles.

TERAPEUTA. Minha intenção não é abalar a sua confiança. Os números e as métricas foram feitos para que confiemos neles. Ainda assim, resta saber até que ponto eles expressam o mundo real. Como você sabe os números são convenções, são uma linguagem como qualquer outra. O que se aprende ou não com eles depende de quem os interpreta e dos interesses envolvidos. Nesse sentido, pode-se dizer que as métricas são dados objetivos, embora isso seja em boa medida questionável. Mas admitindo que o sejam, sua interpretação inevitavelmente inclui a subjetividade de quem a faz. Por isso, as decisões tomadas e as ações daí resultantes incluem essa subjetividade.

EXECUTIVO. É difícil acreditar nisso.

TERAPEUTA. Claro. É difícil acreditar no mundo real, principalmente quando ele não se apresenta e evolui como planejamos, isto é, como desejamos. Vejamos o seu caso. Você é uma pessoa experiente. Já deve ter percebido que é impossível separar a subjetividade de objetividade, como quem desliga uma lâmpada e liga outra. Além disso, as ações resultantes de uma interpretação dependem de quanto poder tem quem as executa e as impõe a seus subordinados. Nas condições de liderança hoje predominantes, o poder inclui a prerrogativa do líder impor sua subjetividade aos seus comandados. Até certo ponto, podemos influir nos acontecimentos, isto é, em certa medida podemos fazer com que nossa subjetividade e vontade influenciem o contexto. Mas só até certo ponto. A partir daí o mundo real continua a seguir o seu curso, indiferente às nossas opiniões e tentativas de quantificá-lo.

EXECUTIVO. Quer dizer então que os números e as medidas são inúteis?

TERAPEUTA. Você sabe que eles não são inúteis. E também sabe que é inútil pensar que os números resolvem tudo. Ou pensar que eles não resolvem nada.

EXECUTIVO. Quer dizer que quem não aprende com suas experiências está perdido e entregue aos números?

TERAPEUTA. Eu não diria perdido. Talvez fosse melhor dizer "ancorado". Mas o problema é que as âncoras são sempre temporárias. Albert Nimeth escreveu que os navios estão em segurança nos portos, mas não foram feitos para ficar neles. É uma bela metáfora para este ponto da nossa conversa. Se a ancoragem limita seu horizonte mental e sua criatividade, e se você acha que não consegue se libertar, peça ajuda. Pedir ajuda não é tornar-se dependente. Significa participar do mundo real e para tanto é preciso pôr-se à prova, expor suas ideias, discuti-las. Para isso é preciso saber ouvir e ter humildade. São coisas fáceis de dizer, mas difíceis de praticar.

EXECUTIVO. É difícil acreditar que elas estejam ao alcance de todos.

TERAPEUTA. Só a experiência pode dizer. Há gestores que com o tempo aprendem a relativizar os números e não querer tirar deles mais do que podem dar – e sabemos já nos dão muito. E há gestores que até o fim da vida permanecem ancorados. É uma questão de escolha – e do preço a pagar por ela.

5

O ERRO, A INCERTEZA E A ILUSÃO (II)

É evidente que não existe destino; também é evidente que, na ausência de qualquer destino, existem o ardil, a ilusão e o engodo.

CLÉMENT ROSSET

A ILUSÃO

No capítulo anterior, vimos que existe em nossa cultura uma crença arraigada de que qualquer método que inclua mensurações tem "credibilidade", é "convincente" e "mais fácil de vender". Essa e outras crenças vêm de um conjunto de características humanas, do qual convém destacar:

a) a credulidade, em especial a dos que se proclamam céticos, pois o ceticismo é uma forma de credulidade;
b) a servidão voluntária e todas as suas variantes;
c) a tendência a se ver como exceção.

No que se refere à servidão voluntária, convém destacar uma observação de Galbraith: "Poucas pessoas se submetem tão espontânea e completamente ao poder da organização e têm tão pouca consciência dessa submissão quanto os executivos modernos. Não sendo um ato consciente, não é humilhante ou doloroso."[1] Essas palavras foram escritas há mais de 20 anos, mas obviamente o fenômeno a que elas se referem não mudou.

A essas características acrescentemos nossa propensão ao autoengano que segundo parece vem do fato, há muito tempo reconhecido, de que encarar sempre a realidade como ela é pode ser perturbador. O excesso de luz pode levar à cegueira. O excesso de som pode levar à surdez. Porém, apesar de tudo isso ser verdadeiro, já sabemos que é ilusão imaginar que haja regras "exatas", tipo passo a passo, que se seguidas podem nos dizer até onde o autoengano protege a saúde mental e até onde ele a prejudica.

De todo modo, a posição de T. S. Eliot continua válida: o ser humano não suporta muita realidade. Mas o quanto é "muita"? Nossa cultura nos condicionou à necessidade de quantificar tudo – e esse é o problema. Um problema shakespeariano, aliás: suportar ou não suportar a realidade, e até que ponto? Não se pode lidar com esse problema por meio do raciocínio de tudo ou nada. Se encarar o tempo todo a realidade tal como ela é pode nos trazer problemas, isso não quer dizer que devemos continuar a nos autoenganar indefinidamente.

Entre a alienação total e a ameaça de perturbações mentais deve haver um meio-termo que evidentemente não é o mesmo para todo mundo. Cada um deve determinar o seu *quantum*. Porém – e aí é que está a grande dificuldade –, para fazer isso é preciso pensar, refletir, compartilhar o que foi pensado. É preciso pôr-se à prova.

Uma das formas de perpetuar a autoilusão é a ânsia de explicar tudo em termos supostamente "racionais" e "exatos". Essa é a razão pela qual a ciência é tão idolatrada: ela explica. Apesar de suas inegáveis virtudes e utilidades, em muitos casos a confiança irrestrita na ciência acaba sendo uma forma de iludir-se.

Há coisas que podem e devem ser explicadas. Mas há coisas que são indiferentes às nossas tentativas de explicação. Diante delas, apelar para a racionalização não é mais do que uma atitude ingênua. Por outro lado, se adotássemos o hábito de explicar o que pode ser explicado e compreender o que pode ser compreendido o autoengano diminuiria a níveis razoáveis.

---

[1] GALBRAITH, John K. *Anatomia do poder*. São Paulo: Pioneira, 1984, p. 63.

Essa mudança de modo de pensar pode nos ajudar a ver a realidade sem tantos riscos e nos conduzir a uma vida menos alienada. Nem pretensões à total objetividade (que é uma das características da racionalização), nem ambições de total subjetividade (que é uma das características da falsa espiritualidade) –, ambas são indutoras e perpetuadoras da alienação. Para parafrasear a metáfora de Morin, proponho que, sem deixar de lado o que somos, busquemos alguns arquipélagos de diferença em meio ao oceano de repetição em que vivemos.

Apesar de todas as dificuldades que isso implica, proponho que tentemos entender um pouco mais uma das essências da condição humana – o paradoxo. Somos ambíguos, paradoxais, e todas as tentativas de unilateralização nos afastam de nós mesmos. Concordo que talvez essa mudança não esteja ao alcance de todos, mas também sustento que está ao alcance de muito mais pessoas do que se imagina.

Assim, o tanto de enfrentamento do mundo real (ou o tanto de renúncia ao autoengano) que nos permite viver melhor é o ponto no qual podemos perceber, explicar e compreender nossa natureza paradoxal. A meu ver, o pouco conhecimento dessa ambiguidade talvez seja a principal causa das grandes dificuldades que temos de saber ao menos em parte o que acontece no presente.

Taleb lembra que há mais de um século os cientistas sociais estavam (e muitos ainda hoje estão) convencidos de que seus métodos podiam "medir" a incerteza. Demorou muito para que essa ilusão começasse a ser questionada. Nossa dificuldade de aceitar a incerteza vem de nossa condição ancestral de seres locais, limitados em termos de espaço e tempo. Em nossa concepção, o presente e o futuro muito próximo (minutos, horas, dias) são mais fáceis de prever e controlar. Já além do curto prazo e de contextos próximos de espaço as coisas começam a se tornar problemáticas.

Há mesmo uma tendência a negar o futuro remoto: "Ainda está longe", costumamos dizer, "falta muito para chegarmos lá". Esse é um poderoso mecanismo de autoengano e suas consequências podem ser graves. Tendemos a não perceber o que costumo chamar de "entropia" das previsões. Como diz Morin, à medida que nos afastamos do presente, as previsões e as consequências de nossas ações tendem a se tornar cada vez menos confiáveis.

E aqui surge o efeito "analgésico" ou "terapêutico" da ilusão, que além de um certo ponto se transforma em efeito anestésico, isto é, alienante. Vejamos um exemplo. Vários autores já observaram que as previsões dos tecnoburocratas muitas vezes são meios de tentar diminuir a ansiedade do que uma fonte confiável de dados para tomar decisões e traçar políticas. Também tenho observado que o súbito aumento do número e duração de reuniões que ocorre quando uma empresa entra em crise desempenha o mesmo papel. Nesses encontros, há frequentes manifestações de pensamento mágico. Fala-se muito em "melhores práticas", e as palavras "sólido", "objetivo", "concreto" e "tangível" são muito usadas, como se pronunciá-las pudesse tornar reais os desejos das pessoas.

O excesso de reuniões como indicador de crises em uma cultura organizacional tem outras características que devem ser examinadas. As convocações muito frequentes de reuniões dão a quem as faz a impressão de que alguma coisa está sendo feita: a ilusão de que o gestor que convoca está de fato no comando e, mais do que isso, no controle.

Esse é um dos mecanismos clássicos da ilusão de controle: transmitir a impressão de que estamos resolvendo um ou vários problemas, quando na verdade se trata de uma estratégia de autoengano. Com efeito, as pessoas convocadas para reuniões muito frequentes e demoradas sabem intuitivamente que pouco ou nada está sendo feito em termos práticos.

Em geral, os líderes que se comportam assim não percebem que estão se autoiludindo – e com a cumplicidade de seus liderados. Muitas vezes observei esse comportamento, presencialmente ou por meio de relatos de executivos em terapia. Quando lhes mostro o que realmente acontece muitos deles ficam chocados. Logo de saída procuram negar o fenômeno, mas depois acabam por reconhecer sua existência e consequências.

O mecanismo de tentar negar a realidade matematizando-a foi estudado por vários autores, entre eles Danny Kahneman e Amos Tversky.[2] Seu propósito imediato é atenuar a ansiedade causada pela incerteza. Consiste em reduzir uma determinada questão a um ou vários números ou a fatores – e em seguida apegar-se a eles. Esse é o fenômeno ao qual já me referi com o nome de ancoragem.

A ancoragem é uma manifestação clássica de redutivismo. Consiste em transformar o real em símbolos estáticos, na esperança de que estes de algum modo

[2] Cit. por TALEB, p. 208.

possam substituir a realidade em vez de representá-la. Na condição de símbolos, são facilmente manipuláveis e "dóceis". Nessa ilusão, o controle e a manipulação dos números seriam um pretenso equivalente do controle e manipulação da realidade. Um exemplo claro de projeção, portanto.

Em termos psicanalíticos, o fenômeno da ancoragem tem seu equivalente no conceito de objeto transicional, criado em 1951 pelo psicanalista inglês Donald Winnicott.[3] Para ele, a formação da identidade da criança começa nas primeiras semanas da vida. Nesse período, o bebê tem a ilusão de ser onipotente: tem à sua disposição tudo aquilo de que necessita, em especial o seio e a atenção de sua mãe. Esta funciona como uma espécie de ego auxiliar na integração da criança ao mundo.

Com o passar do tempo, o bebê percebe que a mãe e o seu seio não são parte dele. Estão separados de seu corpo, têm existência independente e portanto não estão sob seu controle. Por isso ele se sente frustrado e torna-se necessário que o seio materno seja substituído por um objeto que o simbolize. Em geral esse objeto é algo macio, como um pedaço de pano, um brinquedo de pelúcia ou parte dele.

O objeto transicional representa o seio da mãe, mas agora a criança tem consciência de que ele não faz parte de seu corpo. Winnicott assinala que o que importa não é a natureza do objeto em si, mas a função que ele desempenha no desenvolvimento da identidade de criança. É um objeto de passagem, cuja função é mediar as relações da criança com o mundo.

O fenômeno transicional e com ele a necessidade dos objetos transicionais continua na idade adulta. Os adultos utilizam vários objetos transicionais para intermediar seus contatos com a realidade. A ciência, a religião, a arte, a cultura e as atividades profissionais estão nesse rol. Os fenômenos transicionais são, portanto, uma manifestação do que chamo de ilusões necessárias.

O fenômeno transicional e os objetos transicionais têm muito a ver com a capacidade de lidar com a complexidade do mundo real, o que inclui a criatividade e a inovação. Na vida adulta, quando as pessoas exageram no uso de objetos transicionais, eles perdem sua função normal de ilusões necessárias, "analgésicas", e passam a exercer funções anestésicas e alienantes.

---

[3] WINNICOTT, Donald W. *Playing and reality*. Londres: Routledge, 1971.

No limite e em situações de crise e grande estresse podem surgir distorções. Minha experiência de psicoterapeuta tem mostrado que nesses casos podem aparecer comportamentos infantis e o fenômeno transicional se aproxima do fetichismo. Nesses momentos, o fenômeno da ancoragem se distorce e o fenômeno transicional se aproxima do patológico.

A ancoragem e outras formas de negar ou suavizar a realidade fazem parte das chamadas terapias sociais espontâneas. Em termos de diminuição do estresse organizacional, esses comportamentos proporcionam um certo grau de benefício inicial. No entanto, se os problemas persistem, esses e outros comportamentos ritualizados acabam por se transformar em instrumentos de poder e controle, o que pode piorar ainda mais a situação. Nesses momentos as pessoas se isolam, falam o menos possível para não se comprometer e, como se sabe, não pode haver nada pior do que um bloqueio de comunicações para o clima organizacional e, por fim, para o próprio desempenho da organização.

Quanto mais os gestores assumirem uma atitude "objetiva", isto é, quanto mais eles imaginarem que podem fazer gestão como se estivessem de fora da empresa, mais seus subordinados se isolarão e assim a distância entre eles e os líderes aumentará ainda mais. O nível de impessoalização se elevará até que a desconfiança se transformará em confronto. Essa é uma das consequências da passagem das ilusões "analgésicas" às ilusões "anestésicas".

Em capítulos anteriores, falei do realismo, a teoria do conhecimento que propõe que o mundo externo existe independentemente de nossa presença e percepção. Portanto, ele poderia ser observado de modo objetivo e a mente o refletiria tal como ele é. Hoje se sabe que essa é uma visão equivocada. Uma das vantagens de tomarmos plena consciência da incerteza e da ilusão (o que é um modo de tomar consciência da complexidade do mundo) é que isso nos protege do realismo ingênuo, isto é, do engano de imaginar que nossas representações da realidade são a própria realidade.

Por exemplo, a consciência da complexidade do mundo evita que transportemos diretamente para a vida real os números de uma planilha (que são representações úteis, mas representações) antes de criticá-los e relativizá-los, isto, é, antes de ter consciência de que o mapa não é o território mas sim uma representação deste. O mesmo ocorre com os demais tipos de representação: planos, diagramas e outros tipos de modelo.

Admitir realisticamente a presença e a significação da incerteza e da ilusão – o que não significa resignar-se a aceitá-las passivamente – implica estar mais próximo das certezas e iludir-se menos. Admiti-las é ver o mundo como um contexto do qual somos parte e não como um inimigo a ser conquistado e dominado. Nessa ordem de ideias, esperar que a utilização de modelos da realidade (modelos computacionais, por exemplo) proporcione sempre os resultados projetados é cair na armadilha do realismo ingênuo.

As ilusões necessárias

Retomemos a questão formulada no começo deste capítulo: até que ponto podemos suportar ou não a realidade? Ou, dito de outra maneira: em que nível de ilusão as pessoas devem viver? Existe um nível "normal" de ilusão?

Neste ponto, o leitor talvez proteste e diga que estou filosófico demais ou coisa assim. Mas se fizer isso estará enganado: apenas trago para este texto algumas das conclusões da neurociência. John Medina, pesquisador da Universidade de Washington, em Seattle, EUA, afirma que o cérebro não está interessado na realidade: está interessado em sobrevivência – e muitas vezes sobreviver implica não se deixar impactar demais. Em outras palavras, poupar-se de situações traumáticas e de grandes estresses pode ser um requisito de sobrevivência. Por isso, afirma Medina, nosso conhecimento da realidade é filtrado, e na melhor das hipóteses aproximado.[4]

Bem antes dele, o psicanalista Otto Rank já afirmara que a verdade é dura demais para vivermos o tempo todo com ela. Precisamos de algum grau de ilusão para atenuar essa dureza. Precisamos não só de ilusões externas, como as vindas da arte, da filosofia, da religião, da ciência e do amor, mas também de ilusões internas que condicionem as externas. Ou seja, que nos deem a sensação de ter poderes ativos e poder contar com os poderes de terceiros.

---

[4] MEDINA, John. The science of thinking smarter: a conversation with brain expert John J. Medina. *Harvard Business Review*, p. 1-5, May 2008.

Para Rank, a capacidade de aceitar a realidade como verdade é um indicador de saúde, ajustamento e felicidade. Mas esse resultado só se consegue por meio de estratégias de autoilusão. Segundo ele "esse processo [...] de autoengano, fingimento e equívocos não é nenhum mecanismo psicopatológico".[5]

A constatação de que o ser humano não suporta muita realidade é antiga e já foi descrita por muito autores: Santo Agostinho, Montaigne, Freud (em especial em seus últimos anos de vida), Otto Rank, Rudolf Otto, Erich Fromm, Ernest Becker, Soren Kierkegaard, Paul Tillich, Ortega y Gasset e o já mencionado T. S. Eliot, entre vários outros. Destaquemos três: Montaigne, Ortega e Eliot.

Montaigne é um pensador francês do século 16 que se notabilizou por seus *Ensaios*. Ortega é um dos mais ilustres filósofos da Espanha. Eliot é americano, radicou-se na Inglaterra e em 1948 recebeu o Prêmio Nobel de Literatura. Três épocas e três autores de origens diferentes. Agora, já no século 21, muita coisa mudou, mas nós, humanos, continuamos a temer a realidade e isso inclui a que nós mesmos criamos.

Retomemos a questão: até que ponto precisamos nos proteger contra a crueza da realidade? Qual o nível de ilusão adequado para tanto? Qual é a medida certa? É muito difícil responder com exatidão, mas uma coisa é certa: não há regras. Não há passo a passo. Não há "resumos executivos". Também não há as costumeiras desculpas de não ter tempo para pensar. A vida segue o seu curso, indiferente ao fato de pensarmos ou não sobre ela.

Determinar se devemos usar a reflexão para não ter de viver com tanto medo não é um problema da vida, é um problema nosso. Nós é que temos de encontrar a "medida certa". Ninguém pode nos fornecer a medida de cada indivíduo ou comunidade. Gostemos ou não, concordemos ou não, o mundo real é assim. De nada adianta culpar os outros por nossa negligência ou incapacidade de lidar com ele.

Ao dizer que o ser humano não suporta muita realidade, Eliot e todos os que o precederam e sucederam apenas repetiram o que já estava no Eclesiastes: quem aumenta o seu conhecimento aumenta a sua dor. Trata-se, portanto, de avaliar o quanto de conhecimento e o quanto de dor é razoável para cada um ou para cada comunidade.

---

[5] RANK, Otto. *Will therapy and truth and reality*. Nova York: Knopf, 1945, p. 251-252.

Se assim é, aumentar demais o grau de conhecimento equivale a aumentar demais a dor. É o caso das neuroses e, no limite, das psicoses. Mas a recíproca não é verdadeira: diminuir demais o conhecimento não necessariamente diminui muito as nossas dores. Muitas das maiores dores registradas na história humana estão associadas a pequenos graus de conhecimento. Se considerarmos que a vida é um processo de conhecimento, recusar-se a conhecer o mundo real pode ser uma defesa, mas também uma das maiores limitações que podemos impor a nós mesmos.

Para Becker[6] é justificável dizer, com base em Otto Rank, que no fundo a medida da normalidade é nosso sucesso em proteger-nos da realidade sem fugir excessivamente dela. Algumas pessoas têm mais dificuldade de mentir para si mesmas. Outras têm essa dificuldade em um grau menor. As primeiras são os chamados neuróticos, aqueles que tentam livrar-se ao máximo de suas ilusões ou autoenganos, e dessa forma defrontam-se mais intensamente com a crueza do real. Para Becker, neurose é "o fracasso das mentiras precárias que usamos para encobrir a realidade".[7]

O ser humano não suporta muita realidade e por isso precisa se autoiludir. Voltar tantas vezes a este ponto dá uma boa medida de sua importância. Na verdade, sob certos aspectos ele é o cerne deste livro. Lembremos aqui um trecho do filósofo espanhol José Ortega y Gasset,[8] que faz a seguinte observação: se olharmos para as pessoas ao nosso redor, veremos que elas seguem desorientadas pela vida. Como se fossem sonâmbulos, não entendem o que lhes acontece. Ainda assim, são assertivas em relação a si mesmas e ao mundo que as rodeia, e isso parece indicar que têm ideias próprias sobre esses pontos. Tais ideias, porém, não resistem a uma análise. Quando aprofundamos o seu exame, descobrimos que não procuram explicar a realidade nem adaptar-se a ela. O objetivo é o oposto: fugir ao real, tentar escapar ao caos da vida, para usar a expressão de Ortega.

Os humanos têm medo da realidade e por isso tentam negá-la e fazem isso por meio de ideias simplistas e redutivistas. Porém, como adverte o filósofo francês Clément Rosset – que nos últimos 30 anos escreveu ensaios importantes sobre a

---

[6] BECKER, Ernest. *The denial of death*. Nova York: Free Press, 1997, p. 178.

[7] Id., ibid., p. 178.

[8] ORTEGA Y GASSET, José. *A rebelião das massas*. São Paulo: Martins Fontes, 1987, p. 165.

ilusão e a crueldade do real –, a realidade se mostra sempre, apesar de todas as nossas proteções e defesas.[9] Rosset é uma voz discordante. A maioria dos autores que trata desse aspecto não compartilha todos os seus pontos de vista e me incluo nesse grupo. Ainda assim, é importante mencioná-lo e conhecer um pouco de seu pensamento.

É possível mencionar ao menos três formas de entender nossas tentativas de escapar da realidade:

a) aproximar-se demais do real pode levar à neurose e, em casos extremos, à psicose;
b) o distanciamento excessivo do real também pode levar à psicose;
c) adotar proteções "razoáveis" contra o real (o que Becker chama de "terapias naturais") é um terceiro modo e aparentemente o mais adequado – o que não significa que seja sempre fácil de adotar.

Em qualquer dos casos, é preciso ter sempre em mente que a realidade é complexa. Já sabemos que para compreendê-la, ou ao menos chegar perto de algum tipo de compreensão, precisamos em primeiro lugar simplificá-la temporariamente. Essa atitude permite que possamos explicá-la em termos que costumamos chamar de "objetivos". Essa é a tarefa da ciência – um empreendimento legítimo e válido.

Mas há um limite para essa validade, que é a fronteira entre a explicação necessária e a autoilusão. Ela corresponde ao meio-termo entre ter um grau significativo de clareza e estar alienado da realidade. É uma fronteira muito difícil de estabelecer porque, como tudo o mais com que lidamos, é incerta.

Nada disso, porém, significa que não devamos nos esforçar para identificar esse limite – e nisso consiste a diferença entre conseguir a clareza possível sobre o mundo real e montar estratégias para tentar fugir dele. Em outras palavras, é a diferença entre o grau possível de clareza e a autoilusão, entre assumir a responsabilidade diante de si mesmo, dos outros e do mundo, e a automistificação de imaginar que "os problemas estão resolvidos" e de que "está tudo sob controle".

O cientista americano John Medina, há pouco citado, afirma que o cérebro não está interessado na realidade e sim em sobrevivência: ele procura registrar o

[9] ROSSET, Clément. *L'école du reel.* Paris: Minuit, 2008, p. 78.

menos possível daquilo que pode estressá-lo. Desse modo, o nosso conhecimento da realidade é filtrado e aproximativo. Com base nessa afirmativa, fica fácil entender que um certo grau de ilusão é importante para a sobrevivência. Seria, por assim dizer, um nível necessário.

É compreensível que algumas pessoas se sintam surpresas e até mesmo chocadas ao saber disso. Mas essa perplexidade é diretamente proporcional ao grau de raciocínio binário de quem toma conhecimento da conclusão de Medina. São pessoas muito condicionadas pelo raciocínio preto ou branco, pão, pão, queijo, queijo, e costumam argumentar que não têm ilusões, que são muito realistas e coisas do gênero. Tais afirmativas na verdade são ilusórias. São manifestação de nossa necessidade de conceitos absolutos. Fazem parte do discurso da sabedoria convencional. Como acabamos de ver, apesar de afirmarmos que não se deve ter ilusões, a neurociência diz que precisamos de um mínimo delas para atenuar nossos contatos com a crueza do mundo. Essa crueza inclui nossa própria crueldade, que compartilhamos com os demais humanos e muitas vezes nos leva a ser cruéis com os outros, conosco próprios e com o mundo natural.

Nossa natureza de seres locais, em termos de espaço e tempo, é uma manifestação do medo que temos de nos aventurar no mundo. Porém, como somos também paradoxais, aventuramo-nos mesmo assim. Mas os que se aventuram (os empreendedores e os inovadores, por exemplo) são uma minoria e por isso são tão admirados – mas não imitados com a frequência desejável.

Em geral, nossa necessidade de proteção contra o mundo real (em termos de espaço) e contra as incertezas do futuro (em termos de tempo) tende a nos reduzir a seres locais e imediatistas. O homem local é restrito, repetitivo e previsível. Comportamentos repetitivos supostamente nos protegem contra as surpresas, as não linearidades e os acidentes. Até um certo ponto (e um ponto muito limitado) isso é verdadeiro, mas de modo algum nos proporciona certas garantias. Entretanto, o comportamento repetitivo levado a extremos robotiza, aliena e leva à mediocridade. E, ironicamente, pouco ou nada nos protege contra as surpresas. Há um artigo de Reuben McDaniel e colaboradores que trata desse assunto com detalhes.[10]

---

[10] McDANIEL JR., Reuben; JORDAN, Michelle E.; FLEEMAN, Brigitte F. Surprise, surprise, surprise! A complexity science view of the unexpected. *Health Care Manage Rev*, 28 (3), p. 266-278, 2003.

Há um grau razoável e necessário de ilusão, que varia muito segundo as pessoas e as culturas. Mas também existe um nível extremo de ilusão que, como mostram a história e a experiência do dia a dia, pode levar a fundamentalismos de várias naturezas, alguns dos quais têm produzido desvios sociopáticos, entre eles o terrorismo. Nesses casos, o excesso de ilusão é tão patológico quanto a sua falta total. Pode-se, portanto, dizer que existe um *continuum* de ilusões e que o excesso delas pode levar tanto à destrutividade quanto à pieguice. Tudo depende da intensidade e do contexto.

Surge então a pergunta: do que nós, humanos, procuramos nos proteger por meio de nossas ilusões? De nós mesmos, ou da realidade externa? Em seu livro *A negação da morte*, Ernest Becker explica com detalhes esse aspecto da psique humana. De acordo com ele, há um certo nível de ilusão que é essencial para esse propósito. Tentar escapar totalmente da realidade (ou seja, iludir-se em excesso) leva à alienação. Como já vimos, não acreditar em nada, adotar a postura de não ter nenhuma ilusão leva à neurose.

Sabemos que os humanos são sistemas nos quais o erro, incerteza e ilusão podem ser diminuídos além de um certo nível. Não podemos alcançar a precisão dos sistemas mecânicos. Esse nível residual sempre existirá, apesar de todos os esforços feitos para eliminá-lo.

Se considerarmos que a natureza é teleológica (busca finalidades, embora elas nem sempre tenham a forma de futuros previsíveis), deve haver uma finalidade para esse fenômeno. No caso da incerteza, talvez o propósito seja fazer com que tenhamos sempre consciência de que o fluxo das coisas é incerto e levar-nos a aprender continuamente – afinal, a vida em si é um processo de aprendizado. No caso do erro, esse resíduo talvez se destine a nos manter sempre conscientes da possibilidade de errar e, assim, capacitar-nos a aprender com os erros. Aqui se incluem o cuidado, a preocupação e o estímulo ao aperfeiçoamento contínuo. De tudo isso resulta a qualidade.

No que se refere à ilusão, esse resíduo talvez sirva para, como já foi dito, proteger-nos da crueza da realidade. Em suma: se tudo isso é correto, ao declarar guerra total ao erro, à incerteza e à ilusão jogamos fora algumas oportunidades. Primeiro, a de introduzir em nossas vidas a ideia e a prática da qualidade. Segundo, a de aprender a pensar além do curto prazo, a ser menos imediatistas. E, em terceiro lugar, a oportunidade de ser menos mecanicistas e com isso suavizar algumas das manifestações da crueldade do real.

Por fim, é possível aprender algo com a ilusão – em especial a não nos iludirmos em excesso. Ao contrário do que nos sugerem nossos sonhos de poder, certezas e grandeza, somos limitados, vulneráveis, falíveis e imprevisíveis. Queiramos ou não, temos um corpo perecível e frágil, que tem algumas funções fisiológicas que não podemos chamar de agradáveis. Um corpo que pode ser ferido, adoecer, perder uma ou várias de suas funções, e que além disso está fadado à decadência e à morte. Ele pode nos proporcionar momentos de prazer, mas muito provavelmente cedo ou tarde nos fará passar por sofrimentos de intensidade imprevisível.

Ao longo de toda a vida tentamos nos defender contra tudo isso, em especial por meio de nossa dimensão simbólica, que inclui a filosofia e as artes. De fato, como dizem Stacey e associados,[11] referindo-se a Mead, Vygotsky e Bhaktin, entre outros, os processos sociais humanos são permeados por símbolos e comportamentos simbólicos: o poder, a arte, a cultura, o dinheiro, os rituais, o trabalho, o esporte e assim por diante. Somos seres simbólicos, isto é, produtores, manipuladores e cultores de símbolos.

Entre os vários significados da palavra "ilusão", estão "sonho", "devaneio", "quimera" e "percepções deslocadas". É nesses sentidos que me refiro à ilusão como instrumento de atenuação de nosso contato excessivo com a crueza do real, em especial o de nossa condição humana concreta, não simbólica. Essa é a "muita realidade" que o poeta T. S. Eliot, entre vários outros, disse que não podemos suportar. É o conjunto de circunstâncias das quais precisamos nos proteger por meio de um nível razoável – e legítimo – de ilusões. Os símbolos desempenham um papel essencial nessa defesa.

Nessa linha de raciocínio, é possível dizer que realidade demais é algo tão nocivo quanto ilusões demais. Ilusões e otimismo, realismo e pessimismo, estão sempre em relação de proporcionalidade inversa. As histórias, os mitos e as metáforas fazem parte do colchão de ilusões "úteis" e "analgésicas", que nos protegem da crueza do mundo. Porém, como já foi dito, podem facilmente passar de analgésicas a anestésicas e alienar-nos.

---

[11] STACEY, Ralph D.; GRIFFIN, Douglas; SHAW, Patricia. *Complexity and management*: fad or radical challenge to systems thinking? Londres: Routledge, 2006, p. 171.

Em um certo sentido, contar uma história é dizer as coisas como gostaríamos que elas tivessem acontecido. É uma forma de analgesia, mas também pode ser uma forma de causar dor, manipular ou exercer controle. Quando escrevemos uma história, por exemplo, podemos submeter o comportamento e o destino dos personagens à nossa vontade. Esse é um tipo de ilusão necessária e analgésica. No entanto, quando a ficção deixa o mundo da arte e entra no mundo real – no universo dos negócios, por exemplo – o efeito analgésico pode se transformar em anestésico. Situações assim são muito mais comuns do que se pensa, e nelas a alienação pode ser tão grande que as pessoas envolvidas não têm consciência do quanto estão afastadas da realidade.

Taleb assinala que quando tentamos eliminar as ilusões que usamos para aliviar a dureza da realidade sentimo-nos desconfortáveis. Ao insistirmos em buscar as causas de tudo e explicações para tudo, o que na realidade fazemos é a busca dessa analgesia. Mas fazemos isso de um modo que só pioram as coisas, porque nesse empenho estamos à procura da causalidade simples e das explicações redutoras não seguidas de reampliação. Essa atitude nos aliena do mundo real, que é um domínio complexo e incerto, no qual os eventos têm múltiplas causas.

Por isso a realidade precisa ser abordada de múltiplos ângulos. Taleb[12] conta que em 1690, Pierre-Daniel Huet, membro da Academia Francesa, escreveu o *Tratado filosófico sobre as fraquezas da mente humana.* Nessa obra ele questiona a ideia de causalidade simples e argumenta que qualquer evento pode ter múltiplas causas.

No século 19, o geólogo americano Thomas C. Chamberlin publicou um artigo que se tornou famoso, no qual abordava o mesmo assunto e desenvolvia o método das múltiplas hipóteses de trabalho.[13] Milênios antes, o jainismo, uma das tradições mais antigas da Índia e baseado na razão, já havia adotado a *anekantavada.* Trata-se de uma de suas doutrinas fundamentais, e fala da necessidade da multiplicidade de ângulos e pontos de vista para a abordagem e percepção da realidade: "a teoria dos múltiplos lados da verdade".

---

[12] TALEB, Nicholas N. *The black swan*: the impact of the highly improbable. Nova York: Random House, 2007, p. 48.

[13] CHAMBERLIN, T. C. The method of multiple working hypotheses. *Science* (old series) v. 15, p. 92-96, 1890, reimpresso em 1965, v. 148, p. 754-759.

A necessidade de abordar os eventos e as coisas a partir de múltiplos ângulos gera a necessidade das microinterações sociais, que funcionam por meio das redes informais de conversação – o *shadow network* ou *shadow system*. São os grupos que trocam impressões e informações em momentos de folga, seja nos "espaços de descompressão" que algumas empresas costumam oferecer a seus funcionários, seja nas pausas para o café e momentos e locais semelhantes.

Nessas oportunidades, quebra-se a rigidez da cultura instituída e seus regulamentos, processos, regras passo a passo, *maxi specifications*. Abre-se espaço para a dimensão latente da cultura organizacional – o inconsciente organizacional – onde estão os conflitos, mas também as fontes de criatividade e inovação.

Nessa área informal o clima é permissivo, pode-se errar sem medo de críticas excessivas e sem o temor de sanções. Pode-se também falar de maneira menos defensiva. É a chamada *shadow talk*, que em nosso meio chamamos coloquialmente de "rádio peão". A aceitação da diversidade se torna mais fácil. A cultura instituída, com seus pressupostos e regras, cede lugar a esses hiatos de criatividade, diversidade e multiplicidade, por meio dos quais se manifesta a cultura instituinte. Tudo isso junto favorece a coexistência da competição e da cooperação, a liberdade de expressão. Abre-se, portanto, o caminho para a inovação. Essa zona tem sido chamada de margem do caos ou zona da complexidade.

Como já mostraram muitos estudos, o discurso do *shadow system* – a *shadow talk* – sempre existiu e sempre existirá em qualquer grupo, organização e instituição. A questão é saber se existem líderes suficientemente sensíveis e capacitados para ouvi-lo e aprender com ele. Esse não é certamente o caso de líderes e gestores que só acreditam em comando e controle.

E assim voltamos ao ponto inicial. A voz e o discurso do *shadow system* – as microinterações que ocorrem nos contextos humanos – são uma fonte de criatividade e inovação. É uma fonte de mudança, portanto. Percebê-la, ouvi-la e saber fazer a triagem do que ela pode trazer de útil é tarefa para líderes. Vale a pena insistir nesse ponto. A questão é saber se no atual estado de coisas temos esses líderes em número suficiente. Tudo parece indicar que não, e é por isso que as culturas instituídas têm tanta dificuldade para mudar.

Em vez de ouvir a voz do *shadow system*, a maioria dos gestores prefere desqualificá-la, o que é feito classificando-a como um conjunto de boatos, fofocas, "achismos" e conversas sem fundamento. É claro que muitas delas podem ser isso mesmo – mas certamente não todas. Ouvir, entender e valorizar a voz do *shadow system* requer uma mudança importante de modo de pensar. Exige que os líderes e gestores vejam as coisas pela lente da complexidade – o que não é possível enquanto o mecanicismo dos pensamentos linear e sistêmico continue a ser a base do discurso dominante da gestão nas organizações.

Esse discurso reforça as nossas tentativas de reduzir tudo a explicações lineares e à causalidade simples. Estas por sua vez refletem e reforçam nossa condição de seres locais, limitados em termos de espaço e tempo. São também tentativas de aliviar a insegurança existencial gerada por nossa natureza ambígua. O ambiente do atual universo das organizações favorece a perpetuação desse modo de pensar e agir. Voltarei a esse tema adiante.

As ilusões desnecessárias

A ilusão de controle

Vivemos imersos em nossas ilusões, tanto as necessárias quanto as desnecessárias. Não importa o quanto queiramos, jamais conseguiremos nos livrar totalmente delas, principalmente das desnecessárias.

A ilusão de controle talvez seja o exemplo mais destacado de ilusão desnecessária. É muito mais frequente do que imaginamos ou queremos admitir. Tem sido bem estudada – inclusive experimentalmente –, em especial a partir do artigo fundamental de Ellen Langer,[14] logo seguido de outro, em colaboração com Jane Roth.[15] A estes se seguiram outros estudos. Alguns estão mencionados abaixo[16, 17, 18] e esse conjunto,

---

[14] LANGER, E. J. The illusion of control. *Journal of Personality and Social Psychology* 32 (2), p. 311-328, 1975.

[15] LANGER, E. J.; ROTH, J. Heads I win, tails it's chance: the illusion of control as a function of the sequence of outcomes in a purely chance task. *Journal of Personality and Social Psychology* 32 (6), p. 951-955, 1975.

[16] LANGER, E. J. The illusion of control. In: KAHNEMAN, D.; SLOVIC, P.; TVERSKY, A. (Ed.). *Judgment under uncertainty*: heuristics and biases. New York: Cambridge University Press, 1982.

[17] TAYLOR, S. E.; BROWN, J. D. Illusion and well-being – a social psychological perspective on mental-health. *Psychological Bulletin* 103 (2), p. 193-210, 1988.

[18] VYSE, Stuart A. *Believing in magic*: the psychology of superstition. Oxford: Oxford University Press, 1997.

somado à minha experiência com psicoterapia de executivos, servirá de base para as considerações que se seguem.

A ilusão de controle tem sido definida como a propensão que algumas pessoas têm para imaginar que podem controlar ou de alguma maneira influenciar resultados sobre os quais não têm nenhum poder de interferência. Não se trata de um conceito teórico, mas de uma realidade comportamental observável e, como já foi dito, comprovada por meio de estudos experimentais. A ilusão de controle está presente em especial em contextos nos quais as relações de poder são importantes, o que obviamente inclui o universo da política e o mundo corporativo.

Ellen Langer descobriu que as pessoas têm mais frequentemente essa ilusão quando julgam ser detentoras de poderes e habilidades que favorecem sua capacidade decisória. Nesses casos há muito de pensamento mágico. Um exemplo é o comportamento dos jogadores nos cassinos. Ao atirar os dados, eles costumam fazê-lo com mais força quando imaginam que assim poderão obter números altos. Inversamente, jogam-nos com menos força quando em sua fantasia pretendem obter números mais baixos. Dessa forma acreditam poder "controlar" o modo como cairão os dados.

Há autores que acreditam que existem ilusões de controle positivas, que poderiam favorecer a adaptabilidade dos indivíduos ao aumentar sua motivação. Com isso fazem com que elas não desistam com facilidade de seus planos. Assim, para o psicólogo Albert Bandura,[19] é positivo que as pessoas valorizem suas capacidades e habilidades, desde que estas não sejam inconsistentes com a realidade. Exemplos de situações assim seriam casos em que o nível de ilusão e incerteza fosse baixo: circunstâncias simples ou no máximo complicadas segundo os critérios de Snowden. Mas dificilmente se aplicariam à maioria das situações do mundo real, que é complexo, isto é, inclui um nível alto de incerteza e ilusão – inclusive a de controle.

Com muita frequência o excesso de confiança está associado à ilusão de controle, que por sua vez é um bom indicador de como as pessoas conseguem lidar com seus egos. Há evidências de que os indivíduos que lidam melhor com sua dimensão egoica têm mais facilidade de abandonar posturas de confiança excessiva

---

[19] BANDURA, A. Human agency in social cognitive theory. *American Psychologist* 44 (9), p. 1175-1184, 1989.

(como estar sempre cheios de certezas) e assumir a atitude de mente aberta que, como se sabe, é fundamental para o aprendizado.

As pessoas com ilusão de controle em geral não são boas ouvintes. Não aceitam bem *feedbacks* nem estão dispostas a colocar-se à prova. Essa aliás é uma atitude contraditória, já que a ilusão de controle as expõe mais à crítica.

A ilusão de controle embota o raciocínio analítico, que como se sabe é parte importante do processo de tomada de decisões. Ela tende a levar as pessoas a pensar em termos de certezas, problemas resolvidos e assuntos encerrados. Impede-as de trabalhar de modo adequado com situações complexas, isto é, com o mundo real.

Mais ainda, a ilusão de controle alimenta outra: a de que o pensamento invariavelmente deve preceder a ação e por isso tudo deve ser sempre precedido de planos. Esses equívocos impedem que se perceba que diagnosticar já é agir, falar também é agir, e a ação em si mesma é uma forma de aprendizado. Dito de outro modo: entre o pensamento e a ação a relação de causalidade é circular e não linear, o que pode ser expresso pelo seguinte diagrama: pensamento ⇄ ação. De modo análogo, planejar ⇄ executar; fazer ⇄ aprender; falar ⇄ agir.

A ilusão de controle causa danos particularmente graves ao pensamento estratégico, porque seus portadores tendem a imaginar que controlam também o futuro: "Isso não acontecerá"; ou "isso acontecerá e então vocês vão ver como eu tinha razão". É como se num passe de mágica o futuro deixasse de ser imprevisível. Hitler, por exemplo, estava convicto de que o Terceiro Reich duraria mais de mil anos.

Há um estreito paralelismo entre as ilusões de controle e de poder, e há mesmo muitos casos em que elas se confundem. Para Ellen Langer, a ilusão de controle cria expectativas subjetivas em relação a probabilidades de sucesso não contidas na realidade observável. Trata-se de uma manifestação de excesso de autoconfiança e confiança no mundo externo. As pessoas acham que apenas por meio de sua vontade podem manipular os outros e influenciar os eventos. Trata-se de uma visão alienada do real, que contém muito de superficialidade e supersimplificação.

Niro Sivanathan, professor de comportamento organizacional da London Business School, participou de um estudo[20] que o levou a algumas conclusões que

[20] FAST, Nathanael; GRUENFELD, Deborah; GALINSKY, Adam; SIVANATHAN, Niro.

desenvolve em outro texto.[21] Esses e outros estudos confirmaram o que já se sabia há muito tempo: o poder pode subir à cabeça das pessoas. Embriaga-as a ponto de fazê-las perder a capacidade de interagir com o mundo real e adaptar-se a ele. Vejamos alguns dos principais pontos desse estudo, aos quais faço comentários e acréscimos.

- Alguns indivíduos tendem a reagir de modo desproporcionalmente intenso quando são investidos de poder (uma promoção no trabalho, por exemplo). A partir daí, convencem-se de que têm mais poder do que na verdade têm e passam a comportar-se segundo essa ilusão. É como se essa investidura os transformasse de maneira súbita.
- A experiência do poder frequentemente inclui uma suposta capacidade de influência sobre eventos futuros e, portanto, a ilusão de que é possível prevê-los. Ao longo da história humana, o sonho de prever o futuro quase sempre acompanha a ânsia pelo poder.
- A ilusão de poder explica muitos fenômenos, entre eles o conhecido "já sei tudo". Muitas das decisões tomadas nessas circunstâncias levam a maus resultados, por causa do estado de ilusão dos que as tomaram. Tal condição os faz supor que conhecem todas as variáveis e que esse conhecimento os capacita a controlá-las. Não apenas isso não é verdadeiro, como esse estado ilusório os leva a perceber de modo limitado a realidade emergente e, em consequência, limita sua capacidade de lidar com ela.
- Já sabemos que a embriaguez do poder limita a capacidade de raciocínio indispensável à tomada de decisões. É comum acreditarmos que de reuniões de grandes empresários, executivos ou líderes políticos deveriam sempre surgir atitudes e decisões sensatas, mas todos sabem que frequentemente acontece o oposto. Assim, como já indicaram vários autores, a ilusão de poder explica por que presidentes, primeiros-ministros e outros dignitários de países poderosos se envolvem em guerras com a certeza de que as vencerão. A história, porém, mostra que com muita frequência ocorre o contrário. Mais ainda, pesquisas históricas confiá-

[21] SIVANATHAN, Niro. The good, the bad and the powerful. Disponível em: <www.london.edu/newsandevents/news/2009/04>.

veis já demonstraram que, por incrível que pareça, os países tendem a agir contra seus próprios interesses.[22]

- A ilusão do poder é também uma forma de autoengano e pode levar a posições voluntaristas: "Vai dar certo porque estou no controle." Mas a experiência cotidiana mostra que tais atitudes frequentemente resultam em problemas, que podem incluir a perda de cargos importantes.
- A ilusão do poder tem muito a ver com a húbris. Esse termo é originário da Grécia antiga e alguns psicoterapeutas, em especial os junguianos, tendem a identificá-lo com o conceito de ego inflado. A húbris leva as pessoas ao excesso de autoconfiança, à arrogância, à tendência a desprezar a opinião dos outros e a agir por impulso.

  Tudo isso faz com que elas se tornem limitadas para interagir com o mundo real, ou seja, perdem a noção de pertencer a um contexto, e com isso tornam-se pouco adaptáveis. Passam então a subvalorizar ou mesmo ignorar os riscos e as variáveis da realidade emergente. Perdem a noção de proporções e deixam de perceber o óbvio: que o poder e a autoconfiança podem levar – e frequentemente levam – a boas decisões e bons resultados, mas tudo depende de como lidamos com nossos egos.
- Por fim, o fato de o poder e o controle serem muitas vezes ilusórios – quando não inexistentes – de modo algum impede que eles produzam as consequências mencionadas nos itens anteriores.

A ilusão de controle tem relação com a idade das pessoas. Os gestores mais jovens tendem a se apoiar muito em métricas. Trata-se de um fenômeno bem conhecido, que em certos casos está relacionado à pouca capacidade de manter relações interpessoais.

A confiança nos números se deve a que eles proporcionam uma sensação de segurança. Esse é um fenômeno compreensível e justificável – mas só até um limite, a partir do qual pode se transformar em ilusão de controle. Em geral, com o passar do tempo a experiência leva os gestores a ver as métricas como elas são e

---

22 A esse respeito, ver TUCHMAN, Barbara. *The march of folly*: from Troy to Vietnam. Londres: Abacus, 1999. Cito sempre esse livro, porque estou convencido de que ele jamais será citado com a frequência necessária, dada a sua importância.

a esperar delas apenas o que podem dar. Passam então a utilizá-las nos contextos em que são realmente úteis. Como sempre, essas mudanças de postura vêm da aprendizagem de que o mundo pode ser visto de várias maneiras. Tudo depende de nossa abertura mental. Vamos a um exemplo.

A história de Alice

Na psicoterapia de executivos, tenho conhecido muitas pessoas que chegaram a esse tipo de conclusão e mudaram de comportamento. Mas também tenho verificado que a vida real quase sempre surpreende os que se deixam levar pela ilusão de controle: costuma mostrar-lhes, em geral de modo súbito e implacável, que eles não controlam tanto quanto imaginam. Sivanathan vê no livro *Alice no país das maravilhas*, de Lewis Carroll, um estudo metafórico do poder e do controle nas organizações. Essa obra é de 1865. Em 1876 foi publicado *Através do espelho*, também de Carroll.

Hoje, os dois livros costumam ser publicados juntos e na verdade podem ser lidos como se fossem um só. O quadro de referências de Carroll deve ser entendido levando em conta seus interesses científicos e no campo das investigações lógicas, isto é, na área do pensamento e dos modos de pensar.

Para os nossos propósitos, basta falar sobre a primeira obra. Ela conta a história de uma menina – Alice –, que está em um jardim e vê passar o Coelho Branco, que a todo instante consulta o relógio. Intrigada, segue-o até a sua toca. Lá chegando ela cai no buraco e vai parar num lugar fantástico: uma realidade totalmente diferente da sua, habitada por criaturas esquisitas mas com características humanas, entre elas a Rainha e o Rei de Copas e seus criados, que têm a forma de cartas de baralho.

A Rainha é irascível, autoritária e tem mais influência do que o Rei. O tempo todo ela ordena a seus criados que cortem a cabeça dos que a visitam. Há uma passagem em que ela, em um acesso de raiva, ordena que Alice seja degolada. Esta reage com firmeza e diz que a ordem é absurda. A Rainha se cala, perplexa: não está acostumada a ser questionada, muito menos a ter suas ordens contrariadas. Já Alice, por ser oriunda do mundo "normal", sente-se à vontade para questionar algo que lhe parece não fazer sentido.

Essa súbita ruptura deixa a Rainha sem ter o que dizer. Sivanathan observa que é isso que acontece quando os que se julgam detentores de poder inquestionável são confrontados com a realidade: muitas vezes não são capazes de perceber o que lhes acontece. O livro *No bunker de Hitler*, de Joachim Fest,[23] depois transformado em filme, é um exemplo importante. Mostra como Hitler se autoenganou a respeito de seu próprio poder e do poderio do exército alemão quando, em seus últimos dias de vida, estava confinado ao *bunker* da Chancelaria e os russos já haviam entrado em Berlim. Ao finalmente se dar conta da realidade, nem assim ele a aceitou: passou a acusar seus generais de incompetência e traição e assim foi, até o dia em que se suicidou.

Mas não é só isso que o livro de Carroll pode ensinar às organizações e seus gestores. A maioria dos críticos literários concorda que *Alice no país das maravilhas* é muito mais do que um livro para crianças. Na verdade é uma grande metáfora da condição humana, e deveria ser estudado também por suas potencialidades educacionais.

Todos conhecemos o caráter ambíguo dos humanos, que o compartilham com os demais seres vivos. A questão dos paradoxos está no centro dos comentários que o filósofo Gilles Deleuze faz ao livro de Carroll.[24] Deleuze chegou à conclusão de que essa obra é uma mistura de caos e cosmos.

Não devemos nos esquecer que aprender a lidar com paradoxos é um dos pontos fundamentais das estratégias da gestão da complexidade. Há evidências suficientes para afirmar que os comentadores da lógica de Carroll chegaram ao consenso de que sua principal contribuição se faz por meio dos paradoxos. Sebastião Uchoa Leite, por exemplo, afirma que "Carroll não propõe soluções, propõe paradoxos".[25]

Assim, na obra de Carroll predomina o gosto pela transgressão da lógica linear, a abertura para os paradoxos e o inconcebível. Não por acaso essas são algumas das principais características das ciências da complexidade e seus modos

---

[23] FEST, Joachim. *No bunker de Hitler*: os últimos dias do Terceiro Reich. Rio de Janeiro: Objetiva, 2005.

[24] DELEUZE, Gilles. *Logique du sens*. Paris: Minuit, 1971, p. 30.

[25] LEITE, Sebastião U. Introdução ao livro de Carroll, p. 27.

de aplicação, que configuram o pensamento complexo. Carroll toma o mundo instituído, com suas regras, pressupostos e "certezas" e o examina sob uma nova ótica. Ele o vê com outros olhos e o repensa de outra maneira. Percebe que para lidar com os paradoxos é preciso suspender as "certezas" que limitam nosso modo habitual de pensar. Dá-se conta de que os questionamentos e a dúvida permitem que percebamos relações entre causas e efeitos que de outro modo não seriam perceptíveis.

A queda na toca do Coelho Branco e a chegada a um mundo radicalmente diverso do que acreditava ser o único concebível retira Alice da área da complexidade – a margem do caos –, e a faz entrar no próprio caos. Lá, ela passa a buscar padrões e significados que façam sentido. Ao longo das páginas de seu livro, Carroll faz Alice passar por vários contextos: do simples ao complicado, daí ao complexo e por fim ao caótico.

No fim da história ela desperta e conclui que tudo fora um sonho. Mas percebe que o sonho lhe mostrara que o mundo é complexo e frequentemente caótico, e que os contextos simples e complicados existem como criações necessárias das culturas humanas.

O mergulho de Alice é também uma metáfora de sua passagem para o contexto do caos, onde as relações de causa e efeito são múltiplas, não lineares e nem sempre perceptíveis e repetitivas. É um mundo onde é necessário aprender que há paradoxos que não podem nem devem ser resolvidos e com os quais precisamos aprender a conviver. A própria condição humana, em sua ambiguidade e imprevisibilidade, é um desses paradoxos.

A queda de Alice é também uma metáfora antecipadora da psicanálise de Freud, que muitos anos depois proporia a descida ao inconsciente para lá encontrar um reino de símbolos, paradoxos, mitos, multicausalidade, não linearidade – enfim, toda uma gama de situações difíceis de conceber pela mente racionalista.

O despertar de Alice é uma metáfora da tomada de consciência da complexidade do real, na qual práticas simples não podem ser aplicadas a situações complexas mas onde, inversamente, as práticas complexas são desnecessárias nos contextos simples. A descoberta da complexidade é a passagem do mundo de ilusões em que habitualmente vivemos e a entrada no mundo real, em que as coisas são como são e não como gostaríamos que elas fossem.

A contestação de Alice à ordem da Rainha – e a perplexidade desta – mostra que o autoritarismo e sua unilateralidade não podem ser deixados à solta. Não há líderes *ou* liderados. Há líderes *e* liderados sempre em relação de *feedback* mútuo. É uma relação de adaptação mútua. Não é uma relação *top-down* – e isso vem sendo aprendido de modo muito lento e a duras penas (e mesmo assim nem sempre) no universo corporativo.

A ilusão de controle faz com que nas empresas seja tabu demonstrar fraqueza, seja de que modo for. Esse tipo de ilusão obriga os que estão no topo a falar o mínimo necessário a respeito de si próprios, pois tudo o que for dito tem o potencial de revelar fragilidade e portanto diminuir o poder. Por isso eles pouco falam de si. Preferem ser vistos de longe, pois acreditam que o afastamento produz lendas e a proximidade gera o desprezo. Daí a conhecida solidão dos presidentes, ela própria uma evidência de sua inabilidade para lidar com a realidade e, portanto, uma manifestação do medo de perder o poder, que afinal de contas nem sempre é tão grande assim.

Tive como cliente em terapia um diretor financeiro que durante todo o seu quadro depressivo – que durou um longo tempo – foi obrigado a fingir, quando estava na empresa, que tudo corria bem. Por fim ele se recuperou, mas testemunhei a sua coragem durante aquele período difícil. Estou certo de que se tivesse encontrado quem o apoiasse e o compreendesse em seu trabalho a recuperação teria sido bem mais rápida. Mas essa não é a regra em nossa cultura e ele, com razão, achou melhor esconder a sua condição.

Um número de gestores maior do que se pensa tem a noção intuitiva de que deve-se controlar o que pode ser controlado e deixar à auto-organização o que não se pode controlar. Nesse particular, suas competências consistem em saber até onde é possível ir com o comando e em que ponto deixar que a auto-organização funcione. Gerenciar o que pode ser gerenciado e antecipar o que pode ser antecipado. Saber lidar com o erro, a incerteza e, em especial, com a ilusão de imaginar que está sempre no controle e de posse de certezas.

O gestor competente logo aprende que pensar o aproxima da liberdade, da imaginação e da esfera sem limites do simbolismo. Por outro lado, aprende que o corpo implica contingência, determinismo e confinamento. Como a criança, que aos poucos percebe que sua liberdade é limitada pelo corpo, que dita o que ela pode ou não fazer, o gestor pouco a pouco aprende que seu poder e controle são limitados pela complexidade do mundo real, que dita os limites de sua gestão. Sua competência reside em reconhecer esses limites, que também são o ponto de partida de sua capacidade de criar e inovar.

Mas há quem tenha dificuldade de aprender isso, e insista em andar na contramão do mundo real – como no exemplo abaixo.

A história do *super crunching*

Um dos enganos que muito se aproxima da ilusão do controle é o *super crunching*. Essa expressão designa, em termos gerais, a utilização da análise estatística de grandes bases de dados. É um processo diferente (por sua amplitude muito maior) da aplicação da análise estatística tradicional a bases de dados bem menores.

O *super crunching* tornou-se popular depois de algumas publicações (livros e artigos) do advogado e professor de direito americano Ian Ayres.[26] Para esse autor, a aplicação da análise estatística a grandes bases de dados permite substituir totalmente a intuição. Dessa maneira, os métodos quantitativos tenderiam a substituir os pareceres de especialistas. Dessa maneira a econometria, as regressões lineares e as análises estatísticas tenderiam a se tornar mais importantes do que outros tipos de inteligência.

Se por um lado os livros de Ayres logo se tornaram populares, de outra parte suscitaram muitas críticas, em especial por parte de *experts*.[27] Essas críticas se referem a vários aspectos, inclusive no que diz respeito à alegada inexperiência de Ayres com análise estatística de grandes bases de dados. Para Bruce McCullough, por exemplo, Ayres confunde a estatística aplicada tradicional com o *super crunching*.

Há também críticas a outros aspectos do trabalho de Ayres, mas não tratarei delas aqui. De modo geral, porém, pode-se dizer que várias delas também se aplicam a tentativas de prever o futuro, com ou sem a análise de bases de dados.

---

[26] AYRES, Ian. *Super crunches*: why thinking-by-numbers is the new way to be smart. Nova York: Bantam Books, 2008.

[27] McCULLOUGH, Bruce D. "Ian Ayres" super crunching is not about super crunching. Disponível em: <www.sigkdd.org/explorations/issues/10-1.../V1N1.pdf>.

Em essência, essa metodologia consiste em alimentar computadores com grandes quantidades de dados e, depois dos procedimentos pertinentes, obter resultados que podem facilitar as tomadas de decisão. Esse procedimento tem sido aplicado a várias áreas da atividade, inclusive a medicina. Nesse domínio, a aplicação tem sido feita à chamada *evidence-based medicine*. Trata-se de práticas médicas baseadas em evidências ditas "objetivas", que delegam aos computadores boa parte dos diagnósticos e orientações de tratamento, tanto na área clínica quanto na auditoria em gestão de saúde.

Tudo isso tem sido apresentado ao estilo "problema resolvido" e "transparência assegurada", que aliás são duas das características fundamentais da ilusão de controle. Não se levam em conta a subjetividade, as emoções e as intuições das pessoas que selecionam os dados inseridos nos computadores.

Também não são levados em consideração os interesses – inclusive políticos e econômicos – envolvidos nessas ações. É como se nada disso existisse, como se não houvesse seres humanos envolvidos. Confia-se quase exclusivamente em ferramentas como os testes de significância estatística que, como mostra a experiência, em certos casos podem levar a interpretações equivocadas. O mundo real e a vida real são reduzidos a números e assim robotizam-se os tomadores de decisão.

É claro que tudo isso é mais uma das muitas formas de negar a complexidade do real ou tentar fugir dela. Nessa linha de raciocínio, costuma-se dizer que pessoas espertas (*smart people*) são as que tomam decisões com base em evidências "objetivas" (leia-se: números), como se isso devesse ser entendido como uma regra geral e imutável.

Mas na vida real muitas vezes é preciso recorrer a outros critérios. Por exemplo, examinar a partir de muitos ângulos o que se deve chamar de pessoa inteligente e de que tipo de inteligência se trata (e, como se sabe, o QI não é um critério adequado para isso). É também necessário definir o que se consideram fatos, o que se deve entender por objetividade, identificar as relações entre as coisas e as ideias e conseguir o grau mais amplo possível de clareza sobre o contexto em que tudo isso acontece.

Para que definições como essas fossem suficientemente claras para ser traduzidas em números seria preciso eliminar totalmente o erro, a incerteza e a ilusão.

E isso, como também já sabemos, implicaria descartar os humanos e deixar tudo entregue às máquinas. Ou seja, entrar no âmbito da ficção científica.

Quando Ayres afirma que "qualquer coisa pode ser prevista" (esse é o subtítulo de um de seus livros), também se aproxima muito da ilusão de controle. Dizer que tudo pode ser previsto é o mesmo que dizer que nada pode ser previsto. São absolutos. Dizer que não existem imprevistos equivale a afirmar que não existe incerteza, o que por sua vez implica sustentar que não existem a vida e os seres vivos. Estamos, portanto, diante de uma afirmativa que tende a nos alienar do mundo real. E não levar em conta as limitações dos humanos e suas criações – como os números e estatísticas – é uma das limitações mais sérias.

O *super crunching* se baseia em um dos grandes equívocos da modernidade: a crença de que é possível prever o futuro com base em conhecimentos do passado, em especial os quantitativos. Vários autores têm chamado atenção para esse engano. Taleb e colaboradores, por exemplo, inserem-no na lista dos seis erros mais frequentemente cometidos pelos executivos ao gerenciar riscos.[28]

Com efeito, eventos passados não têm relação com efeitos futuros com a regularidade e a linearidade que se imagina. Quando se faz *data mining*, o que se consegue é coletar eventos passados que não têm a propriedade "mágica" de ajudar em previsões futuras. Na verdade não podemos prever o futuro, tudo o que podemos fazer é preparar-nos para o inesperado.

Taleb menciona uma obra do físico Richard Feynman, para quem que duas formulações matematicamente equivalentes podem não ser iguais, porque são percebidas de modos diferentes por mentes diferentes. Para quem tem experiência com psicoterapia essa observação parece óbvia, mas para quem não a tem pode não sê-lo.

Toda análise, estatística ou não, é feita depois da escolha do que deve ser analisado. No caso da estatística, fala-se em amostra. É bem sabido que para que as estatísticas possam produzir resultados utilizáveis é necessária a triagem dos dados – e esta é feita com base em escolhas baseadas na experiência, processo que evidentemente inclui a intuição. Essa seleção obviamente direciona os resultados esperados.

[28] TALEB, Nassim N.; GOLDSTEIN, Daniel G.; SPITZNAGEL, Mark W. The six mistakes executives make in risk management. *Harvard Business Review 87* (10), p. 78-81, 2009.

É também claro que quem seleciona esses dados não "desliga" sua intuição, como quem apaga uma lâmpada. Essas pessoas podem até imaginar que é possível fazer isso – mas essa é uma das ilusões mais frequentes da mente racionalista. Daí a ingenuidade da advertência, tantas vezes feita, de que não devemos confiar em nossa intuição.

Entretanto, não confiar na intuição é uma coisa; não confiar *somente nela* é algo muito diferente. Como foi dito há pouco, as análises estatísticas de grandes massas de dados são amplamente utilizadas por profissionais de muitas áreas, inclusive de marketing, e com bons resultados. Mas daí a afirmar que tais análises permitem prever o futuro vai uma enorme distância.

É óbvio que não há nada de errado com o procedimento de usar grandes bases de dados para aferir tendências. Aumentar o número de dados a examinar é uma atitude que tem tudo a ver com a ideia, já mencionada neste capítulo, das *multiple working hypothesis,* de Chamberlin, ou a multimilenar ideia de *anenkantavada*, a teoria dos múltiplos lados da verdade. Também se relaciona com um dos fundamentos do pensamento complexo: incluir o máximo de variáveis e a partir daí buscar as mais importantes. Os profissionais de marketing, por exemplo, valem-se dessas técnicas para ter uma ideia de como pensam e se comportam os consumidores.

É aqui que começam os problemas de Ayres e seus seguidores entusiastas. Ao dizer que "tudo pode ser previsto", ele passa a ideia de que o nível de incerteza, erro e ilusão pode ser reduzido a zero, o que é incompatível com a essência dos seres vivos. É possível argumentar que quando Ayres faz essa afirmativa está usando o que se costuma chamar de força de expressão. Pode ser. Porém, como mostra a experiência, essa atitude tende a induzir as pessoas crédulas (que não são poucas) ao engano. Esse é o ponto fundamental.

A maneira triunfalista como vêm sendo apresentados o *super crunching* e modismos congêneres é uma forte razão para que eles sejam incluídos no rol das ilusões destinadas a anestesiar a consciência de quem insiste em não entender que a razão e a emoção são indissociáveis da condição humana. Baruch de Espinosa, o filósofo dos filósofos e uma das grandes inteligências da história, já havia deixado isso bem claro no século 17. Não foi o único nem o primeiro. Como se sabe, suas ideias influenciaram decisivamente a psicoterapia, a neurociência e as ciências da complexidade.

Tudo visto, é espantoso constatar que ainda hoje existem pessoas (e não poucas) que propõem deixar de lado a intuição e as emoções e passar a confiar apenas em números e estatísticas. Isso de modo algum implica demérito às iniciativas de quantificação, cuja utilidade tem sido comprovada nos momentos e contextos apropriados. Mais espantoso ainda é que também existem pessoas (e não poucas) que se deixem iludir por essas propostas.

Sobre este último aspecto cabem várias considerações, mas fiquemos apenas com uma ou duas. Sabemos que há pessoas que se comprazem em ser enganadas. Também sabemos que há pessoas (e, mais uma vez, não poucas) que gostam de se autoenganar. Se examinarmos em conjunto esses dois fenômenos, logo se torna claro que o enganador serve ao enganado e vice-versa. Deixar-se enganar por outros é uma boa desculpa para atribuir-lhes a responsabilidade caso os resultados do engano não sejam os desejados.

Uma coisa é certa: uns mais, outros menos, todos nós amamos os números e as mensurações. Já vimos que esse fenômeno tem uma raiz ancestral, apontada pelo cientista Edward O. Wilson: nós, humanos, estamos condicionados a ver o mundo de maneira local, tanto em termos de espaço quanto de tempo. Esse condicionamento nos leva a pensar de maneira limitada: tudo o que é mais amplo, que esteja de algum modo fora do nosso entorno imediato, parece-nos ameaçador. Por isso precisamos reduzir tudo aos limites de nossos horizontes, e para tanto os números são o instrumento ideal. Porém, como já foi dito em outra parte deste livro, a redução é útil e necessária, desde que não permaneçamos ancorados nela, caso em que nossas visões de mundo seriam unilaterais e portanto enganosas. Por outro lado, há situações em que a redução é mantida com o propósito de enganar os outros, como se verá no exemplo a seguir.

A história das aldeias Potemkin

Fazer um recorte e tomá-lo sempre pelo todo (reduzir sem depois reampliar) é um modo de iludir que tem sido muito usado ao longo da história humana. Um exemplo clássico é o das chamadas aldeias Potemkin, ocorrido no século 17. Essa expressão refere-se ao marechal de campo e príncipe russo Grigori Aleksandrovich Potemkin, que serviu sob Catarina II, A Grande, de quem também foi amante. Potemkin anexou a Crimeia ao império russo e fundou várias cidades nesse território. Segundo a lenda, ele teria construído ao longo do rio Dnieper várias aldeias falsas (só fachadas) iluminadas por fogueiras durante a noite, para com elas dar a Catarina – que, com sua comitiva, fazia uma viagem de navegação cerimonial pelo rio – a impressão de prosperidade.

Os historiadores não chegaram a uma conclusão sobre a veracidade ou não dessa história, mas o fato é que o fenômeno das aldeias Potemkin se tornou proverbial. De fato, ele é assim definido pelo Random House Unabridged Dictionary: "Fachada pretensiosa e pomposa destinada a mascarar ou desviar a atenção de fatos embaraçosos ou condições miseráveis."

A história das aldeias Potemkin se tornou uma metáfora de encenação, maquiagem de produtos ou serviços, construções feitas às pressas para impressionar eleitores ou visitantes externos, obras inauguradas antes de seu término, embelezamento de partes de uma cidade para fazer crer aos visitantes que são representativas da totalidade e assim por diante.

Como se sabe, embelezar as ruas e avenidas por onde passarão carreatas de dignitários estrangeiros é um procedimento-padrão, em especial em países pobres. Governantes que constroem obras de fachada em locais bem visíveis são fatos corriqueiros nas paisagens urbanas. Sabe-se também que muitas pessoas acabam se convencendo – ou fazendo de conta – de que as melhores partes de uma cidade (os cartões postais) sejam de fato representativas do conjunto.

A metáfora das aldeias Potemkin se estende também à maquiagem de resultados financeiros. O caso da falência da Enron, exemplo típico da prática do chamado esquema Ponzi (o golpe da pirâmide: tomar emprestado de um para pagar a outro), é mundialmente conhecido. Outro exemplo é o da fraude da WorldCom. Os exemplos são múltiplos. A título de exercício, deixo ao leitor a tarefa de recordar outros casos da área da economia, finanças e da administração, que vão da maquiagem de produtos e serviços a grandes fraudes financeiras. Certamente não será difícil.

Outras ilusões desnecessárias

A ilusão tecnológica. O Iluminismo criou vários tipos de ilusão. Uma das mais evidentes é a do progresso ininterrupto e sempre benéfico, estreitamente ligada à ilusão da incontestabilidade da ciência e seus produtos tecnológicos. Daí surgiu o culto à tecnologia que se produziu um personagem mágico que hoje parece estar em toda parte: o Sistema. Fala-se nele a todo momento. O Sistema é utilizado para várias finalidades. Incluir ou excluir pessoas, por exemplo: "Seu nome está no Sistema"; "seu nome não faz parte do Sistema".

Em qualquer dos casos, fazer ou não parte do Sistema pode ser bom ou ruim. Como nunca se pode ter clareza do que realmente significa estar dentro ou fora dele, o Sistema torna as pessoas dependentes e temerosas. As frases "o Sistema está lento" ou, pior ainda, "o Sistema caiu" podem ser preocupantes, assustadoras ou até servir como desculpas para promessas não cumpridas, atrasos e assim por diante.

Por outro lado, são bem conhecidas as circunstâncias em que o Sistema serve de bode expiatório: é muito fácil projetar nele nossas deficiências e incompetências. Não é pequeno o número de pessoas que se dizem convencidas de que são as redes de computadores e não os humanos que constroem a realidade social e usam essa postura como estratégia de autoilusão.

A ilusão da solidez e do "concreto". Essa variante da ilusão de controle também está muito presente em nossas sociedades. As palavras "sólido" e "concreto" figuram entre as mais usadas no universo da economia e dos negócios, em especial em épocas de incerteza e crise. Um exemplo são as manifestações de júbilo que se seguem à notícia de que a descoberta de um neurotransmissor em um determinado local do cérebro permite esclarecer uma disfunção ou doença. Dizem as manchetes: "Enfim foi descoberto o 'mecanismo' e a 'localização concreta' da doença X ou Y."

Essa linguagem cria a ilusão de que algo intangível e fugidio tornou-se concreto, objetivo e portanto controlável. Porém, como mostra a prática, a grande maioria dessas notícias cedo ou tarde são esfriadas por outras, que dão conta da necessidade de mais pesquisas e longos períodos de espera até que finalmente surja – ou não – uma nem sempre garantida aplicação prática.

Mas nada disso importa, porque as pessoas continuarão a acreditar. Precisam acreditar, mesmo quando se torna óbvio que se trata de puro marketing, notícias orquestradas por empresas cujo interesse é aumentar a cotação de suas ações nas bolsas. E estas, como todos sabem, apesar do discurso também "sólido" e "concreto", são influenciáveis por boatos, expectativas e medos. Enfim, estão sujeitas à influência de variáveis nada "sólidas" e "concretas".

Mas nessa área também há notícias que levam a aplicações que não podem ser chamadas de "sólidas" ou "concretas" mas que nem por isso deixam de ser importantes. Descobertas da neurociência dão conta de que tudo o que consideramos racional começa com as emoções, isto é, principia com aquilo que se costuma chamar de "irracional" e "intangível" – como se o que classificamos como racional não fosse igualmente abstrato. Esse é o tema de três livros do neurocientista António Damásio.[29]

Como acabamos de ver, as bolsas de valores nem sempre funcionam com base em acontecimentos reais. Frequentemente, elas funcionam ao sabor de intuições, emoções e sentimentos associados aos processos econômicos, como de resto a muitos outros processos da vida: medos, paranoia, fantasias, delírios, boa ou má-fé. Tudo isso também acontece nos cassinos, para lembrar o óbvio.

Não há nada de novo nesses fatos. Dizemos que uma empresa ou uma economia é "sólida" quando a simbologia dos números nos leva a acreditar ou querer acreditar nisso em dado momento – embora saibamos que essa suposta solidez pode se volatilizar da noite para o dia. Não nos esqueçamos do que escreveram Marx e Engels no *Manifesto comunista*: "Tudo que é sólido desmancha no ar, tudo o que é sagrado é profanado, e os homens são finalmente forçados a enfrentar com serenidade suas reais condições de vida e suas relações com os outros homens."[30]

O trecho do *Manifesto* imediatamente anterior à frase "tudo que é sólido desmancha no ar" critica a "época burguesa" e o capitalismo por romper "todas as relações fixas, imobilizadas, com sua aura de ideias e opiniões veneráveis". Nesse sentido, o capitalismo levaria as pessoas a buscar deliberadamente a mudança: tudo o que as sociedades burguesas constroem (tudo o que é sólido) é feito para ser destruído, para ser reconstruído e gerar cada vez mais lucros.[31]

---

[29] DAMÁSIO, António. *Descartes' error*: emotion, reason and the human brain. Nova York: Avon Books, 1994. DAMÁSIO, António. *The feeling of what happens*: body and emotion in the making of consciousness. Nova York: Harcourt Brace & Company, 1999. DAMÁSIO, António. *Em busca de Espinosa*: prazer e dor na ciência dos sentimentos. São Paulo: Companhia das Letras, 2004.

[30] Manifesto of the Communist Party. In: TUCKER, Robert C. *The Marx-Engels Reader*. Nova York: W. W. Norton, 1978, p. 469-500.

[31] BERMAN, Marshall. *Tudo que é sólido desmancha no ar*: a aventura da modernidade. São Paulo: Companhia das Letras, 2000, p. 97.

Mas a passagem do tempo, com sua proverbial ironia, não tardou a demonstrar que todas essas advertências também se aplicavam ao próprio comunismo, em especial às suas aplicações práticas. Foi o que aconteceu com o fracasso do chamado "socialismo real", que teve como marcos simbólicos a dissolução da União Soviética e a queda do Muro de Berlim em 1989.

Todas essas lições precisam ser aprendidas, porque se aplicam às constantes mudanças do mundo real, em que pesem os nossos anseios de controlá-lo e vê-lo como um processo linear e repetitivo. É o que sugerem nossas constantes referências à solidez e à tangibilidade, em geral expressas por meio de metáforas mecanicistas.

A ilusão da aversão ao risco. Muitas pessoas, talvez a maioria, evitam tratar de assuntos como a vida e a morte, o sentido da vida e similares. Costumam chamá-los de "muito teóricos" ou "muito filosóficos", como se não fizessem parte do cotidiano e, mais ainda, como se não pudessem acontecer a qualquer momento e a qualquer um.

São temas dos quais se costuma dizer que "não têm utilidade prática". Fingimos que eles não se aplicam às nossas vidas. Preferimos, como diz Becker, verificar o que a sociedade espera de nós e nos prendemos às pequenas tarefas e rotinas do cotidiano. Agarramo-nos às *maxi specifications* (instruções claras e detalhadas) e ao *micro management*.

Para usar a expressão de Kierkegaard, são os "homens imediatos", que tiram sua tranquilidade do prosaico, do trivial, enfim, do que chamam de "vida normal". Entre as coisas que mais os perturbam estão os riscos. Eles tentam negá-los de muitas formas – é o que se costuma chamar de "aversão ao risco". Os "homens imediatos" são pessoas práticas. Não gostam de surpresas, e por isso alimentam a ilusão de que é possível viver apenas em meio aos chamados afazeres práticos, previsíveis e repetitivos. Como sempre acontece, essa ilusão tende a se estender a praticamente todas as áreas da vida.

De todo modo, é o caso de perguntarmos o que realmente significa ser prático, imediatista, objetivo, realista e racional – adjetivos tão usados em nossa cultura. Uma possível resposta relaciona-se à fantasia de que para agir racionalmente basta desligar os sentimentos, as emoções e a intuição – como quem aperta um botão.

Nessa medida, pode-se deduzir que ser cada vez mais prático equivale a ser cada vez menos humano. Significa ser cada vez mais esquemático, mecânico e artificial. Nesse sentido da expressão, ser prático é acreditar que é possível estabelecer diferenças "claras e tangíveis" entre teoria e prática. E, é claro, acusar os "teóricos" de atrapalhar a "vida prática", esquecendo-se ou ignorando que as práticas vêm das teorias e a elas retornam num ciclo constante de alimentação mútua. Já vimos tudo isso logo no início deste livro quando falamos sobre a escada do conhecimento.

Mais ainda, a concepção de prática dos "homens imediatos" (que aliás não é nada prática) inclui imaginar que os relacionamentos humanos podem ser sempre confinados ao plano impessoal e operacional, isto é, ao plano das máquinas. Portanto, e sempre nessa ordem de ideias, ser prático é criar um mundo ilusório, que cedo ou tarde se mostra insalubre por causa do alto nível de estresse que produz.

É neste ponto que surge uma providencial "oportunidade de negócio" e se cria um mercado: o das pessoas que se deixam enganar por charlatães de toda espécie, que as convencem a acreditar que existem métodos mágicos para livrá-las do estresse e das patologias a ele associadas. As pessoas são persuadidas a adotar um nível de individualismo tão alto e antinatural que ele possibilita a existência de fantasias como a chamada "autoajuda". Lembremos mais uma vez a frase de Rosset: "É evidente que não existe destino. Também é evidente que, na ausência de qualquer destino, existem ardil, ilusão e engodo."[32]

Esse é o conceito ficcional do que significa ser prático. No mundo real, porém, um homem verdadeiramente prático sabe que ser artificial demais é algo limitante. Sabe que é essencial manter a mente aberta para o novo, o inesperado e a surpresa. Também tem consciência de que nada é fácil, superficial e imediato como prometem os gurus – precisa ser alcançado com esforço, persistência e atenção à qualidade. E, principalmente, o homem realmente prático não cai na ilusão das chamadas "melhores práticas".

Já sabemos que com a expressão "melhores práticas" costuma-se designar os procedimentos que supostamente poderiam produzir bons resultados em qualquer contexto. O bom-senso mostra que as coisas não funcionam assim, pois só os contextos em que o nível de erro, ilusão e incerteza é muito baixo admitem práticas com resultados razoavelmente garantidos.

---

[32] ROSSET, *L'école du réel*, op. cit., p. 22.

É típico desse modo de pensar reduzir os contextos aos modos de ação, ou simplesmente agir ignorando os contextos e suas peculiaridades. Quem adota essa atitude parece ignorar que as práticas dependem do contexto e do momento em que são aplicadas, entre outras variáveis. Esperar que existam práticas que funcionam bem em qualquer circunstância – e, mais ainda, chamá-las de "melhores práticas" – é uma atitude simplista. Entre os problemas da supersimplificação está confundir superficialidade com clareza.

A ilusão das "coisas muito claras". Uma das muitas manifestações da necessidade de controlar o incerto, o que não é sabido. Nesse sentido, a expressão "muito claras" é um sinônimo de "supersimplificadas": "Explique tudo de modo que eu possa entender." Já vimos que, ao fazer esse pedido, quem pede na verdade quer que o interlocutor reduza os conhecimentos dele à sua ignorância. Se o interlocutor concorda, ambos se acomodam em uma cumplicidade que cria e mantém a ilusão do "saber mínimo necessário".

De nada adianta o fato, extensamente comprovado no dia a dia, de que as coisas não funcionam assim, seja nas empresas, seja em qualquer outro lugar: as pessoas continuam a acreditar nesses falsos pressupostos. Continuam a iludir-se e deixar-se iludir. Em consequência disso:

- Os gestores continuarão a achar que suas ordens (por eles quase sempre qualificadas de "claras" e "objetivas") serão entendidas e praticadas por seus funcionários exatamente como foram transmitidas. Continuarão a acreditar que daí virão resultados uniformes, tal como foram inseridos nas planilhas.
- O habitual exército de adivinhos e profetas continuará a fazer as mesmas previsões, a grande maioria das quais não se confirmarão. O que de modo algum impedirá que o habitual exército de indivíduos crédulos continue a acreditar nessas e em outras previsões.
- De modo semelhante, a atitude imediatista que promete resultados a curto prazo e com um mínimo de investimentos e esforços continuará a não entregá-los. Mas as pessoas continuarão a acreditar que essa é a única forma correta de agir, pois é o que todos fazem – e se o fazem é porque está certo.

6

PENSAR DIFERENTE

Nenhuma grande melhora na sorte da humanidade será possível até que uma grande modificação ocorra em seu modo de pensar.

JOHN STUART MILL

Mudar a maneira habitual de pensar é um processo que depende muito de nossa capacidade de acolher e adotar novas ideias. A experiência mostra que isso quase sempre é muito difícil, mesmo quando sabemos que a mudança é necessária e até mesmo vital.

Em última análise, resistir à mudança é uma manifestação do medo do desconhecido e, bem no fundo do inconsciente, do medo da morte. Para o inconsciente, a perspectiva de uma guinada importante tem o mesmo peso de uma ameaça mortal. Sua dinâmica segue as mesmas fases que acontecem quando alguém é informado de que tem uma doença terminal. Nesses casos, são percorridos os estágios apresentados por Elizabeth Kübler-Ross em seu livro já clássico *Sobre morte e o morrer*:[1] negação, raiva, barganha (negociação), depressão e, por fim, aceitação.

O estágio de negação é uma expressão de rejeição, de resistência total: "Não, isso não pode estar acontecendo comigo!" Fora do contexto médico, esse estágio provoca atitudes drásticas. Foi o que aconteceu no século 17, com a comunida-

---

1 KÜBLER-ROSS, Elizabeth. *On death and dying*. Nova York: Touchstone, 1997.

de em que vivia Giordano Bruno quando ele apresentou suas ideias. Entre elas, estavam as seguintes: a realidade é uma; Deus e a realidade são uma coisa só; o propósito da filosofia é perceber a unidade existente na realidade e buscar a síntese dos opostos. Em resposta, Bruno foi queimado em praça pública em uma das fogueiras da Inquisição.

Uma reação semelhante, embora não tão drástica, aconteceu com a comunidade judaica de Amsterdam, também no século 17. Naquela época, o filósofo Baruch de Espinosa apresentou, entre outras, a ideia de que Deus e a natureza são a mesma coisa. Por causa disso ele foi excomungado.[2]

A lista de exemplos atravessa os séculos e é imensa. Todos eles têm um ponto em comum: na reação inicial à mudança a manifestação básica é o medo: medo de perder o *status* conquistado a duras penas; de perder clientes; de perder um mercado; e, por último porém mais importante, o medo de ter de repensar hábitos e adaptar-se. O que mais uma vez ilustra uma das principais características da natureza humana, a ambiguidade: "Sei que é vital para mim aceitar essa ideia nova, mas resisto assim mesmo."

O segundo estágio de Kübler-Ross é a raiva: "Por que isso está acontecendo comigo? Fiz tudo certo, lutei para chegar onde estou, meus pontos de vista estão consolidados e eu me sinto confortável com eles. Mas agora vem essa notícia de que há algo novo, a ideia de que terei de mudar." O choque se transforma em medo e este se transforma em raiva.

O terceiro estágio é o da negociação: "E se eu prometer me comportar bem, ser de agora em diante um bom moço? Será que assim a mudança me atingirá menos?" A posição de negociar e o pedido de clemência nela incluído muitas vezes esconde uma tentativa de burla: finjo que mudo, mas no íntimo continuo resistente. Ou mudo parcialmente para tentar comover o outro lado. No mundo das empresas, é comum a postura de fingir aceitar a mudança por medo de ser prejudicado, mas no fundo continuar com a resistência.

O quarto estágio é o da depressão: "Não há nada mais a fazer e portanto não moverei uma palha sequer." Em termos médicos, quando esse estágio se prolonga

---

[2] MARIOTTI, Humberto. O conhecimento do conhecimento: a filosofia de Espinosa e o pensamento complexo. Disponível em: <www.humbertomariotti.com>.

muito os pacientes se tornam bem mais difíceis de tratar. Esse é o grupo no qual o tratamento proporciona os piores resultados. Em termos organizacionais, esses são os funcionários passivos que aparentemente tudo aceitam sem questionar.

O quinto e último estágio é o da aceitação: "Muito bem. Se é assim, estou pronto para o que der e vier."

É claro que na prática esses estágios não são tão esquemáticos. Não são tão nitidamente individualizáveis. Há idas e vindas, imbricações, superposições e misturas, como em tudo o que ocorre na psique humana. De um modo geral, porém, pode-se aceitá-los como válidos. Os médicos os conhecem. Quem já acompanhou amigos ou familiares com doenças graves também.

No âmbito das teorias, científicas ou não, é bem conhecida a obra hoje clássica de Thomas Kuhn sobre paradigmas científicos.[3] Kuhn sustenta que os modos de pensar das comunidades científicas que se consolidam em paradigmas mudam de maneira drástica, por meio de verdadeiras revoluções. Ao longo do tempo suas ideias têm sido muito questionadas, mas muitas das que falam sobre paradigmas e resistência à mudança continuam válidas. Vamos a um exemplo.

A história da fotografia diferente

Ao começar sua apresentação em um congresso internacional de distúrbios da fala,[4] o especialista americano John C. Harrison contou a seguinte história: no fim da década de 1940, nos EUA, um homem entrou no laboratório de um grande fabricante de produtos fotográficos. Seu objetivo era demonstrar um novo processo de fotografia. Trazia uma caixa vermelha, na qual havia uma pequena placa de aço, uma lâmpada e outros artefatos. As fotografas obtidas por meio dessa engenhoca eram pouco nítidas, porém reais.

Os interlocutores do demonstrador reagiram com espanto: "Onde está o filme? E o revelador? E a câmara escura? Ora, isso não é fotografia!" E assim, conta Harrison, essa grande empresa perdeu a oportunidade de comprar – possivelmente por

---

[3] KUHN, Thomas. *The structure of scientific revolutions*. Chicago: University of Chicago Press, 1996.

[4] HARRISON, John C. *First World Congress on Fluency Disorders*. Munich, Germany, 1-5, Aug. 1994.

pouco dinheiro – o processo de fotografia eletrostática ou xerografia, que depois se transformou em uma indústria de muitos bilhões de dólares.

Na mente daqueles interlocutores, para que um processo fosse considerado fotográfico teria de incluir filmes, câmeras convencionais, reveladores, câmaras escuras, enfim, tudo aquilo que o paradigma vigente na época definia como fotografia e processos fotográficos. O que estivesse fora desse modelo era sumariamente ignorado e descartado. É o que acontece com frequência nas empresas. Justificam-se os gestores: "Eliminei todas as variáveis que pude. Sei que restaram várias, mas vou fazer de conta que elas não existem."

A propósito, houve novas e radicais transformações na indústria da fotografia: hoje as fotos são digitais. Mudou tudo, portanto – até que venha a próxima modificação. Esse apego a um determinado hábito mental tem sido chamado de paralisia paradigmática. Na prática ela se manifesta pela recusa, falta de motivação ou incapacidade de mudar de modo de pensar. Sem medo de errar, é possível dizer que esse é um dos maiores problemas humanos, ilustrado por uma frase de Sartre: "Adotar uma atitude mental é fechar-se numa prisão sem grades."[5]

A suspensão de pressupostos: ideia e realidade

Dada a sua importância, esse é um tema recorrente neste livro. Pressupostos são as nossas crenças, nossas teorias sobre como o mundo deve ser, nossas "certezas". Aqui se incluem os preconceitos. São hábitos de pensamento a que nos apegamos de tal modo que acabam se transformando em uma segunda natureza. O conjunto de nossos pressupostos forma aquilo que se denomina de "atitude natural" ou "atitude habitual". É exatamente por isso que eles são tão difíceis de suspender.

Montaigne já falava sobre isso no século 16, quando se referia à "suspensão do juízo". A seu ver, suspender não quer dizer eliminar definitivamente: significa apenas deixar de julgar por algum tempo, até que se tenha uma percepção melhor da pessoa, conceito ou situação. Deixar para fazer os julgamentos mais tarde, quando for o caso. Enfim, manter a mente aberta. Para Montaigne, a suspensão permite que aprendamos ao dar atenção a tudo aquilo com que menos concordamos: tudo

[5] SARTRE, Jean-Paul. *Saint Genet, ator e mártir*. Petrópolis: Vozes, 2002, p. 79.

o que nos desafia e nos deixa desconfortáveis. Assim, discordar de uma pessoa ou situação inclui aprender com elas.

Infelizmente, a suspensão de pressupostos tem sido vista como uma solução idealizada – uma idealização que está distante do que mostra a prática. Por outro lado, não é o caso de descartá-la, porque há casos em que ela pode ser útil. Trata-se de examiná-la de modo crítico e descobrir o que ela pode efetivamente proporcionar.

Há quem argumente que a suspensão de pressupostos e julgamentos é impossível, porque estes fazem parte de nossa natureza. Não podemos nos livrar de nossos microjulgamentos, porque isso demandaria um esforço de autovigilância incompatível com a vida cotidiana. Portanto, a parcialização e a tendenciosidade são condições irremovíveis.

No entanto, não me parece ser esse sempre o caso. Muitas vezes, o que se chama de tendência a parcializar é o que denomino de redução inicial, que é necessária mas deve ser sempre seguida de reampliação. Em outros termos, os pressupostos e as propensões existem, mas nada impede que os analisemos e critiquemos. A tendência a recorrer a pressupostos (isto é, reduções) e prejulgamentos é natural. Só se torna problemática se não for acompanhada de exame, de crítica, o que se faz por meio de uma reampliação que os ponha à prova.

O processo de reampliação começa com a abertura mental: a iniciativa de suspender, ainda que momentaneamente, julgamentos, ideias arraigadas e preconceitos. Não quero dar a impressão de que se trata de algo fácil, mas é certo que depende muito do tamanho do ego de quem o pratica.

Quanto menor for o ego mais fácil o autoquestionamento, o pôr-se à prova, o autoexame. Bertrand Russell (citado por Taleb, p. 258) escreveu que existe uma disciplina destinada ao aprendizado de cada virtude. No caso da suspensão de pressupostos, a melhor disciplina é a filosofia. Como queria Montaigne. Mas para que a filosofia seja um meio eficaz para a suspensão de julgamentos, é necessário que não seja usada como instrumento de arrogância.

Na prática, a suspensão pode acontecer quando questionamos nossos pressupostos, teorias e ideias prévias. Já sabemos que esse é o primeiro passo. O segundo é buscar experiências que possam produzir ideias novas, e para tanto, é fundamental procurar ligações. Espinosa dizia que uma ideia por si só não significa muito. Ela só faz sentido quando se identificam suas relações com outras e se constrói um sistema. É o que propõe o pensamento complexo: nada faz sentido sem que se identifiquem as relações e o contexto. Assim, quando não é possível suspender nossos pressupostos – o que é bem mais comum do que se imagina –, convém questioná-los, desafiá-los, o que equivale a questionar o ego.

Se nos habituarmos a suspender a atitude habitual, podem ser removidas ao menos em parte as defesas que entravam o aprendizado. Ao agir defensivamente, imaginamos que nos protegemos, quando na verdade perdemos eficácia de percepção e estreitamos a nossa compreensão. Há pouco, vimos que suspender pressupostos para perceber o que emerge da experiência do mundo real é uma proposta antiga. Nos anos 1930 ela foi sistematizada pela fenomenologia de Edmund Husserl, o introdutor da filosofia moderna na Europa.

Não há técnica mágica para mudar de hábitos de pensamento, mas a suspensão de pressupostos (ou atitude fenomenológica) pode ajudar como ponto inicial. Eis alguns dos fatores que a facilitam:

- Atenção aos fenômenos quando e como eles se mostram. Significa observar os fenômenos tal como eles se apresentam à nossa experiência no aqui-e-agora.
- Descrever e não tentar explicar os fenômenos. À medida que a descrição evolui, surgem novos aspectos não percebidos na observação inicial.
- Acolher e respeitar as diferenças. Esse ponto inclui conhecer e respeitar a descrição de outros que observam os mesmos fenômenos.
- Pôr todos os fenômenos em pé de igualdade.
- Não delimitar prematuramente o campo de observação. Quer dizer: não se fixar logo de saída em um foco único, pois essa atitude impede que se observem as partes sem perder de vista o todo e vice-versa.
- Considerar-se participante da experiência. Ter sempre em mente que o observador influencia e é influenciado pelo que observa.

Vejamos agora alguns dos fatores que dificultam a atitude fenomenológica:

- Imaginar que o mundo é exatamente como o vemos. Em consequência, convencemo-nos de que nossas crenças espelham a realidade.
- Como corolário do item anterior, tendemos a imaginar que a verdade é óbvia para quem a observa e, portanto, que nossas crenças se baseiam em fatos reais.
- Em consequência passamos a acreditar na objetividade pura, e portanto achamos que os dados que escolhemos são recortes representativos da realidade. Daí a imaginar que nossas percepções e crenças são as únicas válidas é apenas um passo.

Na prática as coisas não são tão esquemáticas assim, embora colocá-las desse modo possa ajudar um pouco. Porém, por mais bem intencionados que sejamos, não basta dizer: "Vamos nos sentar em círculo, suspender os pressupostos e ver o que acontece." Essa frase implica uma técnica: fazer isso ou aquilo e observar o resultado. No mundo real, porém, as ideias novas também surgem (e mais frequentemente) espontaneamente das microinterações entre as pessoas.

Uma condição essencial para essa espontaneidade é a informalidade que facilita a auto-organização: sem programação, sem técnicas, sem receitas, sem planejamento. Já sabemos que é isso que acontece quando em qualquer grupo, instituição ou organização se manifesta o inconsciente organizacional (ou cultura latente, ou *shadow system*). Ele o faz por meio das redes informais de conversação, a *shadow talk*. Tenho consciência de que para os gestores convencionais essa afirmação pode soar estranha, mas a história da inovação e da criatividade está cheia de exemplos de que ela corresponde a fatos observáveis.

O *shadow system* e as práticas dele derivadas ou nele inspiradas não devem ser confundidos com malandragem, improvisação irresponsável ou coisas do gênero. O culto à malandragem é especialmente intenso em algumas regiões do Brasil, e se manifesta principalmente por meio da literatura e da música. Esse sistema espontâneo também não deve ser confundido com o chamado "jeitinho brasileiro", cuja função é justificar trabalhos precários e mal acabados e produtos ou serviços de má qualidade, que passam como aceitáveis em uma cultura caracterizada pela complacência e pela impunidade.

O *shadow system* é uma manifestação da criatividade instituinte que emerge entre frestas do sistema instituído. Em nossa sociedade a informalidade é vista como algo nocivo e antiprodutivo, mas essa atitude é uma das muitas manifestações do raciocínio binário: ou instituinte ou instituído. No entanto, é do instituinte que surge o instituído. É da contracultura que surge a cultura.

Em ambos os casos, é claro, é necessário uma depuração que identifique o que realmente funciona na prática. Os espaços e os momentos de informalidade e os espaços e momentos de formalidade não se excluem mutuamente. Eles coexistem. O *shadow system* é e será sempre um produtor de diferença, que questiona os hábitos repetitivos. São opostos simultaneamente antagônicos e complementares – ou seja, um desafio ao nosso costumeiro raciocínio binário. Esse Yin/Yang simboliza a tensão criativa gerada pela interação da cultura patente (visível, manifesta) e a cultura latente (a cultura oculta, o inconsciente organizacional). É dessa tensão que emerge a dinâmica vital dos grupos, organizações e instituições.

Mudar de modo de pensar não tem apenas um apelo utilitário ou quantitativo. Deve ser algo ampliador e enriquecedor. No entender dos antigos filósofos gregos, uma flauta não deveria existir apenas para ser tocada, mas para ser uma boa flauta. E os olhos não deveriam existir só para ver, mas para ser bons olhos.[6] Do mesmo modo, pensar implica pensar bem ou, como disse Pascal, trabalhar para pensar bem. A utilidade enriquecida pela qualidade permite que nos aproximemos da arte sem perder o pragmatismo. Ou que nos acerquemos das emoções sem perder a racionalidade.

Mencionei anteriormente que o filósofo John Gray disse que prever o futuro é fácil, difícil é saber o que acontece no presente. Grande parte da dificuldade de saber o que ocorre no presente se deve à nossa deficiência de reflexão. Em geral, não sabemos a diferença entre explicar e compreender. A explicação se faz depois de conclusões proporcionadas por observações ditas objetivas e analíticas. As conclusões obtidas por esse meio podem ser quantificadas ou expressas pelo raciocínio de causalidade simples (uma causa, um efeito). Por outro lado, a compreensão exige elaboração interna. O raciocínio não é linear, é preciso buscar conexões e analogias.

---

[6] MATOS, Olgária. *Discretas esperanças*: reflexões filosóficas sobre o mundo contemporâneo. São Paulo: Nova Alexandria, 2006, p. 88.

As tentativas de conhecer tudo por meio de explicações frequentemente levam a conclusões enganosas. O mesmo acontece quando se quer conhecer tudo por meio da compreensão. O sensato seria explicar o que pode ser explicado e compreender o que não se pode explicar, mas em geral não temos essa flexibilidade e amplitude de pensamento. Essa limitação nos impede de pôr em prática os diversos modos de combinar explicação e compreensão. Tais combinações nos tornariam mais perceptivos e adaptáveis, mas sua prática é dificultada pelos nossos hábitos de pensamento.

Precisamos aprender a observar, e em especial, como sugere Gray, observar o que acontece agora e refletir sobre o observado para evitar que sejamos induzidos a conclusões que nos tragam dificuldades futuras. Observar e refletir sobre o que observamos é algo simples. Parece-nos difícil porque nossos hábitos mentais sempre nos levaram para a direção oposta. Por isso é importante evitar a repetição e buscar a diferença, o que implica aperfeiçoar a observação e a reflexão. Mas para tanto é preciso diferenciar-se, não se deixar padronizar.

É essencial entender que tudo que é padronizado requer um público padronizado. A produção em massa pressupõe o consumo de massa. O comportamento, os ambientes e os serviços impessoais precisam de um público que se deixe impessoalizar. Vamos a alguns exemplos.

Em nossa cultura, muito do que se denomina de profissionalismo não passa de um conjunto de comportamentos impessoais. A confusão – muitas vezes proposital – de impessoalidade com eficiência profissional é apenas mais uma das múltiplas formas de desumanização da convivência humana. O mecanismo da padronização/impessoalização é clássico: consiste em tirar das pessoas aquilo que as faz autônomas. A seguir, vende-se a essas mesmas pessoas o que antes elas faziam por sua própria conta e de maneira intuitiva, só que agora transformado em um produto.

O que elas sempre fizeram por sua conta e à sua maneira agora lhes é vendido. Por exemplo, todos sabem que fazer exercícios é saudável e há práticas milenares para isso. Em nossa cultura, porém, a partir de um determinado momento andar, correr e coisas assim passou a ser precedido e seguido de uma série de estratégias e revestido de todo um aparato: roupas especializadas, sapatos "tecnológicos", marcadores da frequência cardíaca e dos movimentos respiratórios e assim por diante. Tudo isso sob a supervisão de treinadores especializados.

As ações de andar, respirar, alongar-se, correr e outras foram transformadas em "melhores práticas". Procedimentos milenares foram comoditizados, postos sob a supervisão de técnicos, instituições regulamentadoras, patrocínios comerciais, indicadores quantitativos e demonstrativos financeiros. E assim o que antes era próprio das pessoas foi expropriado e passou a ser vendido. Mais ainda, por meio de campanhas de propaganda elas foram induzidas a se sentir culpadas por não adotar as "melhores práticas": "Se você não fizer igual a todo mundo, está errado."

A padronização caminha lado a lado com a expropriação da autonomia. Vejamos outro exemplo. "Entrar em contato com natureza" era uma frase que descrevia uma situação. Aos poucos transformou-se em um chavão, e finalmente em *slogan* de linhas de produtos comerciais. Antes, ficar em contato com a natureza significava conviver de várias formas: consigo mesmo, com os outros ou com o mundo natural, segundo as circunstâncias. Agora significa tornar-se consumidor de produtos e serviços "naturais".

Como muitos de nós vivemos em cidades, a experiência do mundo natural tornou-se escassa. Segundo o imperativo da oferta e da procura ela se transformou em "vantagem competitiva", mas não sem antes ter sido regulamentada: o contato com a natureza só é "correto" quando obedece a regras específicas. Por exemplo, sentar-se para pensar sozinho, ou refletir em grupo e compartilhar os resultados, são exercícios de contato com nossa natureza subjetiva. No entanto, para nossa cultura objetivista e voltada para o "tangível", isso não é contato com o mundo natural.

Para muita gente, parar um pouco para pensar não é natural: é algo estranho e atemorizador. Em seu livro *Boyhood: scenes from provincial life*, traduzido no Brasil, o escritor J. M. Coetzee dá um exemplo. O personagem principal, um menino cuja família havia se mudado para Worcester, na África do Sul, está em casa. Um colega de escola entra e o encontra deitado de costas embaixo de uma cadeira. Pergunta-lhe o que faz ali. O menino responde que está pensando e diz que gosta de pensar. Nas palavras de Coetzee: "Logo todos os colegas de classe ficaram sabendo: o garoto novo era estranho, não era normal."[7]

De forma análoga, sem que as pessoas se preocupassem em pensar sobre o assunto, o contato com a natureza foi transformado em algo unilateral e "objetivo":

---

[7] COETZEE, J. M. *Cenas de uma vida*. São Paulo: Best Seller, 1998, p. 33-34.

a natureza é vista como externa a nós, é um objeto do qual não fazemos parte. Portanto, para estar no mundo natural é preciso "entrar" nele – e essa entrada implica preços, lugares específicos, guias profissionais, roupas especiais e assim por diante. Trata-se, é claro, da conhecida separação sujeito-objeto: o cientista vê seu campo de estudo como se estivesse fora dele. O gestor vê a empresa de fora, como um sistema do qual não faz parte. Seu papel é fazer com que ele funcione, para proporcionar resultados previamente determinados – o que no entanto não o impede de se considerar inovador e adepto da gestão da inovação.

Os problemas da mudança

As pessoas e suas instituições frequentemente são induzidas a esperar por algo que no fim se revela desastroso. Dois exemplos destacados foram o fim da União Soviética e o do Terceiro Reich, que Hitler proclamava que duraria mais de 1.000 anos.

Tendemos a nos acomodar a determinados modos de pensar e seus resultados. Em outros termos, tendemos a construir o mundo de determinadas formas e acomodar-nos a elas. Quando finalmente a ruptura acontece, ocorrem reações de vários tipos, que incluem o conhecido "ah, se eu soubesse!".

Entretanto, com muita frequência surgem racionalizações do tipo "não foi bem assim" ou atribuições de culpa a fatores externos em geral do tipo conspiratório ("fomos traídos por nossos concorrentes"), ou tentativas de tirar o evento de seu contexto classificando-o como "um fato isolado". Ou até mesmo tentativas de mostrar que na verdade nada mudou, e que aquilo que milhões de pessoas estão vendo simplesmente não é real. E, por fim, o tradicionalíssimo "essa é uma fase de transição: com o tempo tudo voltará ao normal". E por aí vai.

Outro exemplo é a famosa tese de que o mercado se auto-organiza (o que é verdade) e o Estado regulador seria inútil, pois a auto-organização, isto é, a mão invisível de Adam Smith, se encarregaria de tudo. O que não é totalmente verdadeiro, pois além de ser um sistema complexo adaptativo o mercado é também uma instituição humana (e portanto cultural), e por isso necessita de um grau adequado de intervenção reguladora – mas não certamente da tutela completa do Estado.

Expliquemos. Os sistemas se auto-organizam em patamares superiores de complexidade e adaptabilidade. É assim que eles se adaptam. Mas a auto-organização nem sempre os conduz aos níveis desejáveis de adaptação. Portanto, ela não deve ser entendida com algo sempre virtuoso. É o que muitas vezes ocorre na economia. É por isso que são necessárias intervenções para que a auto-organização leve os processos econômicos a se auto-organizar em patamares adequados de adaptabilidade. Esse é o papel do Estado. Mas não me refiro aqui ao "Estado mínimo", quase ausente, da idealização neoliberal, nem ao Estado super-regulador do socialismo: falo do Estado necessário e suficiente, que regula mas também é regulado.

Para muitos, essa é uma noção difícil de entender. Mais ainda, é difícil de pôr em prática. A exemplo das crises anteriores, o que ocorreu em setembro de 2008 foi a quebra de grandes bancos de investimento, a desorganização dos mercados e imensas perdas. Enfim, um contexto caótico ao qual não faltaram lances de ironia: o mesmo Estado que pelo ideário neoliberal deveria ficar longe dos mercados foi chamado a socorrer a economia em pânico, injetando imensas quantias no sistema financeiro e amparando instituições privadas quebradas.

Repetiu-se o mesmo padrão de sempre: quando as coisas vão bem para o capital, o Estado é um problema: morra o keynesianismo. Quando elas vão mal, o Estado é a solução: viva o keynesianismo com sua visão da tripla função do Estado: regular, planejar e investir. Enfim, o velho e bom esquema: capitalizam-se os lucros e socializam-se os prejuízos.

Daí a importância de um certo grau de regulação. Mesmo assim, ainda que tais intervenções se proponham a estimular o sistema a se adaptar para produzir adaptações virtuosas, isso nem sempre acontece. A razão é que, como já sabemos, os sistemas complexos comportam sempre um grau apreciável de incerteza. Essa noção é importante, para que não se atribuam expectativas e poderes miraculosos às intervenções e aos que as realizam.

É comum ouvirmos esta frase: "Quando a crise passar, tudo voltará ao normal." Eis um exemplo antológico da sabedoria convencional: as crises são exceções e a regra deve prevalecer. Esse raciocínio faz com que as crises sempre nos apanhem tão desprevenidos. Para nos prepararmos para elas, é preciso que aprendamos a inter-relacionar os dados e identificar os fenômenos que emergem dessas conexões.

Para que esse tipo de aprendizagem seja possível, é preciso antes de mais nada pensar. Porém, como já foi dito e repetido, a reflexão não é algo fácil em nossa cultura, e a sabedoria convencional pouco ou nada contribui para melhorar essa deficiência. Esse é um dos motivos pelos quais a incerteza e as surpresas tanto nos assustam. Diante do inesperado preferimos racionalizar, buscar explicações autoenganadoras.

A racionalização (para a qual os chavões são muito úteis) é sempre usada depois das crises: (a) "isso já era esperado"; (b) "aprenderemos com nossos erros"; (c) "isso moralizará o sistema".

E assim prosseguimos: de lugar-comum em lugar-comum, não chegamos a lugar nenhum. Sabemos que as expressões pouco conhecidas ou desconhecidas – os termos técnicos, por exemplo – são incômodas. Para a maioria das pessoas a perspectiva de sair do seu vocabulário habitual (o que equivale a sair da acomodação) é desconfortável. Qualquer situação que implique ou mesmo sugira esse movimento certamente provocará resistência, e é por isso que os chavões e lugares-comuns são tão apreciados.

A resistência à mudança pode ser compreendida pela análise dos mecanismos de rejeição de ideias novas ou contestações às ideias predominantes em um determinado contexto e momento. Morin[8] sugere vários deles, mas aqui só falarei de quatro: (a) a imunologia ideológica, (b) a desqualificação, (c) a indignação e (d) o deslocamento. Como sempre ocorre, esses mecanismos estão misturados, atuam em conjunto e num dado momento emergem os que são mais adequados às necessidades da resistência. Falemos brevemente de cada um.

Imunologia ideológica

O sistema imunológico do nosso organismo detecta a intrusão de elementos estranhos e defende sua identidade e integridade, o que em geral resulta na destruição dos invasores. Do mesmo modo, uma ideologia desenvolve argumentos e supostas provas que visam a anular a penetração de dados novos ou ideias contestadoras ou estranhas.

---

[8] MORIN, séc. XX, p. 95 e segs.

Desqualificação

Funciona assim: tudo o que vem do adversário, tudo o que apoia uma ideia antagônica não merece ser examinado e portanto não tem qualidade. Na frase de Morin, o adversário não tem qualificações porque é o adversário.

Desvio (deslocamento)

Significa desviar a atenção, fingir que não ouve, mudar de assunto. Fazer de conta que não vê, negar a existência. Apresentar defeitos ou problemas simetricamente opostos aos do oponente: "Sou, mas você é pior do que eu." "Eu sou bom, você é mau."

Indignação

A desqualificação da ideia do oponente adquire tanto mais força quanto mais é transportada para o terreno ético. Nas palavras de Morin, a desonestidade do adversário desqualifica o argumento e a desonestidade do argumento desqualifica o adversário. Essa estratégia é muito utilizada no campo político, especialmente no político-eleitoral: buscam-se no passado ou no presente do adversário deslizes, processos, frases infelizes, "faltas de coerência". Ironicamente, porém, a exigência de coerência, de imutabilidade, de pensar e agir sempre da mesma forma tem um aspecto interessante: segundo Darwin, seres vivos que não se adaptam (isto é, que não mudam) são candidatos à extinção.

É interessante notar que o conhecimento dessas manobras de resistência à mudança não faz com que elas caiam em desuso. Sabemos que elas existem, mas fingimos não saber. Ou sabemos de sua existência mas julgamo-nos imunes a elas: só os outros as praticam, nós não.

Mudança de atitude

Em geral as pessoas só mudam de atitude quando submetidas a experiências traumáticas de grandes proporções. Entretanto, algumas modificações também podem ser deflagradas por *insights* poderosos. Para o surgimento de um *insight* é preciso receptividade, a adoção de uma postura de menor resistência ao novo, à diferença. Do contrário, nada acontecerá.

Se é correto dizer que construímos o mundo por meio de nossa linguagem, é também correta a importância de cuidar não apenas da clareza das ideias, mas também da forma como elas são expressas. A clareza é fundamental. Já falei anteriormente sobre a sintaxe arrevesada, o texto impenetrável e as ideias obscuras. Essas características estão ausentes nos textos de ensaístas clássicos, como Carlyle, Emerson, Samuel Johnson, Jonathan Swift e Montaigne. Recordemos mais uma vez a frase de Ludwig Wittgenstein: "Tudo o que pode ser dito pode ser dito claramente."[9]

Vários autores têm notado que a reflexão e a integração de conhecimentos técnicos e não técnicos podem ampliar e tornar mais clara nossa visão de mundo. Permite-nos, por exemplo, que compreendamos melhor os pontos abaixo:

- O que mais limita o ser humano não é a falta de recursos naturais, mas sim o subdesenvolvimento da imaginação.
- É importante compreender o papel e a localização do ser humano e sua inteligência, não apenas numa determinada sociedade ou cultura, mas em todo o mundo.
- Existe uma interação incessante entre o todo e suas partes. Há pessoas que lidam melhor com as partes e outras que lidam melhor com totalidades. Ambas as habilidades são necessárias, e por isso quem as tem precisa compartilhá-las.
- Sob todas as suas formas, o autoritarismo é um fator-chave de estreitamento e obscurecimento do nosso horizonte mental. A ampliação desse horizonte faz com que identifiquemos indivíduos e situações autoritárias e aprendamos a nos defender.
- A diferença entre autoritarismo e autoridade é análoga à existente entre informação e conhecimento, competitividade e competição predatória, inteligência e esperteza.

---

[9] WITTGENSTEIN, Ludwig. *Tractatus lógico-philosophicus*, parágrafo 416.

- É fundamental aprender a contextualizar (pensar dentro de um mesmo contexto de espaço e tempo) e a descontextualizar (pensar em outros contextos de espaço e tempo). Os dois modos são igualmente importantes e devem ser utilizados segundo os momentos e as circunstâncias.
- É indispensável entender a importância e o poder do mito, da metáfora e da narrativa como modos de compreender o que não pode ser explicado pelo método científico.
- Convém não aceitar passiva e incondicionalmente o que dizem as pessoas que William Hudson chama de "mitos públicos" e Nelson Rodrigues chama de "as unanimidades": governantes, políticos, sacerdotes e equivalentes, especialistas e intelectuais diversos.
- A reflexão nos mostra como ir além do superficial e do padronizado. Nossa percepção se amplia, o que nos leva ao autoaperfeiçoamento pelo desenvolvimento da identificação de detalhes, sem perda da habilidade de pensar de modo abrangente.
- A reflexão desenvolve a criatividade. Com ela aumentam a capacidade de refletir e a abertura para a pluralidade e diversidade, o que diminui a resistência à mudança. Além disso, ela amplia nossa capacidade de descontextualizar, isto é, de raciocinar fora de contextos rotineiros e padronizados.
- Pela convivência com as metáforas, comuns nas conversas, nos textos literários e outros tipos de narrativa, desenvolve-se a capacidade de interligar fatos ou eventos que à primeira vista parecem não ter relações uns com os outros. Abre-se então o caminho para uma relação mais fácil com a pluralidade e a diversidade, o que nos ajuda a libertar-nos das ideologias e dos pressupostos arraigados.
- A reflexão nos ajuda a compreender que as imagens mentais são o resultado da interação da mente com o mundo externo. Percebemos então que nosso mundo é o que construímos ao longo de suas relações com os outros e com o ambiente. Trata-se de uma atitude bem diferente da induzida pelo incessante martelar de chavões, lugares-comuns, imagens padronizadas e comportamentos estereotipados que permeiam o nosso cotidiano.

- As visões de mundo criadas pelas redes de conversação ajudam a desenvolver a autonomia e a assertividade. Elas permitem que ampliemos nossa capacidade de perceber e aceitar a complexidade do mundo.
- Mas é difícil conseguir isso por meio de um modelo de pensamento anti-intelectual (que dá pouco valor à reflexão), quantificador, supersimplificador e objetivista como o que predomina em nossa cultura.

Repetição e linguagem

Mudar a atitude habitual implica deixar de repetir conceitos e ideias tidos como corretos. Por exemplo, ainda hoje muitos acreditam que (a) a natureza é nossa inimiga e só pode ser "vencida" por meio da técnica e que (b) os problemas criados pela aplicação da tecnologia só podem ser resolvidos com mais tecnologia.[10] Acrescento que, ao menos até o atual momento histórico, as consequências desse modo de pensar só têm sido avaliadas por ele mesmo. É por isso que é tão difícil mudar. Estamos confinados à prisão sem grades de que fala Sartre.

Por meio da metáfora da Escada do Conhecimento, vimos que os conceitos mais abstratos precisam do apoio dos conceitos menos abstratos. Na prática, isso significa que mesmo as mais altas abstrações podem ser formuladas nos termos mais simples: o topo pressupõe a base. Mas essa ideia não costuma ser muito posta em prática. Em vez disso, proliferam os textos herméticos e obscuros.

As pessoas com pouca educação formal ou de mente muito utilitária têm dificuldade de abstrair e pensar fora de seus contextos. Daí a grande dificuldade de comunicação entre os indivíduos de nível educacional ou referenciais diferentes. De modo geral, a linguagem da base da pirâmide social é mais literal, e a do alto dessa pirâmide é mais abstrata. Porém, como advertem os linguistas, essa afirmação não deve ser tomada ao pé da letra, pois a abstração por si só não é suficiente para criar conceitos de alto nível. Além disso, o excesso de abstração acaba levando à obscuridade. Já o excesso de literalidade conduz à compreensão focal, limitada, incapaz de compreender o todo.

---

[10] POSTMAN, Neil, p. 109.

Mas existe uma faixa média, não muito afastada da literalidade nem próxima demais da abstração. Essa faixa é o domínio do símbolo, do mito, da metáfora e da fábula. Sua função é estabelecer pontes entre a abstração e a literalidade, e assim permitir uma compreensão melhor do que não pode ser satisfatoriamente expresso, seja pela literalidade, seja pela abstração.

Em geral, o movimento da linguagem evolui do literal para o abstrato. Isso significa que se nos apegarmos demais aos degraus mais baixos da Escada do Conhecimento, quase nada pode ser dito sobre a nossa experiência de mundo. Ficaremos incapacitados de dar sentido e significado às nossas experiências. Para que isso seja possível, é preciso subir os degraus: do específico (particular) em direção ao geral (o inespecífico). Mas é preciso também descer, ou melhor, subir e descer o tempo todo. Se generalizarmos ou se abstrairmos demais, nossos significados se tornarão obscuros.

Como tudo muda de maneira incessante, raras vezes estamos confinados a um dos degraus, e quando isso acontece é sempre de modo temporário. O excesso de abstração obscurece. O excesso de literalidade empobrece. A explicação precoce e apressada obscurece e estreita a compreensão. O mesmo acontece com as explicações excessivamente detalhadas e tardias.

A apropriação da ciência e da tecnologia pelo poder econômico nos levou a refletir pouco, ou mesmo não pensar sobre as consequências humanas de sua aplicação. O resultado foi um cenário de grande aumento da insegurança e do medo, que já não pode ser maquiado pela espetacularização da ciência e da tecnologia. Em termos de empresa, e mesmo em âmbitos mais amplos, o número de pessoas que já compreenderam o que está acontecendo ainda é pequeno. Lembremos de novo a frase famosa de Ortega y Gasset: "No sabemos lo que nos pasa y eso es precisamente lo que nos pasa" ("não sabemos o que nos acontece, e isso é precisamente o que nos acontece"). Fingir que nada disso acontece em nossas organizações é um exercício de autoengano.

Já sabemos que para muitos de nós pensar além de contextos restritos de espaço e tempo é algo problemático. Em seu livro *Sociobiology*, Edward O. Wilson escreve que as evidências mostram que nosso cérebro evoluiu para lidar apenas com contextos locais de espaço e tempo e um pequeno espectro de semelhanças e diferenças. Nosso horizonte de tempo não vai além de duas ou três gerações para a frente.

Em outras palavras, para nós é "natural" pensar de maneira limitada. Essa herança vem da era paleolítica, quando essas condições bastavam para a sobrevivência. Esse condicionamento multimilenar explica muito sobre nossa tendência ao raciocínio binário, o egoísmo, a visão estreita em termos de espaço, a dificuldade de pensar fora do curto ou no máximo do médio prazo, a imprevidência, a dificuldade de planejar e o imediatismo.

Os receios de Adam Smith – e depois de Marx – com relação ao embrutecimento das pessoas como resultado da divisão do trabalho e da repetitividade das tarefas foram confirmados pela prática do taylorismo/fayolismo/fordismo. Menos espaço para movimentos e menos tempo para pensar são condições propícias à aceitação passiva de comandos e à obediência. Inversamente, mais aceitação passiva e mais obediência produzem menos espaço para movimentar-se e menos tempo para pensar. As estratégias usuais de comando e controle, anti-intelectualismo e desvalorização do conhecimento se costumam valer-se dessa circularidade viciosa.

No entanto, por mais que tenhamos propensão para obedecer, a passividade completa não existe, pois ela é uma ameaça à sobrevivência. Para sobreviver, os seres vivos precisam de um mínimo de autonomia, que é inegociável. Como ficou demonstrado ao longo da história da administração, o excesso de mecanicismo produziu resistências e baixa produtividade. A atenção às relações humanas no trabalho foi uma reação a esse estado de coisas, mas, como já vimos, nem por isso o viés mecanicista deixou de ser um obstáculo à liberdade de inovar.

A repetitividade mantém as pessoas confinadas a contextos restritos de tempo e espaço e, de forma simultânea, confina-as aos aspectos superficiais e mecânicos de suas vidas. Com isso impede-as de aprender com o passado e construir uma visão de futuro, isto é, de pensar fora de contextos limitados. O famoso debate entre Denis Diderot e Adam Smith mostrou que ambos estão parcialmente certos e por isso mesmo parcialmente errados: rotina demais gera mal-estar. Rotina de menos, também.

O PENSAMENTO SISTÊMICO: HOJE E AMANHÃ

A conclusão a que chegaram Stacey e colaboradores é a mesma à qual Morin também já havia chegado em outro contexto: desde 1950, pelo menos, o pensamento sistêmico é o discurso dominante da gestão, da economia e de vários outros contextos. Hoje, porém, ele está a caminho de ser o que sempre foi: uma das várias ferramentas úteis para a gestão da complexidade.

Esse é o papel que ele pode e deve desempenhar, pois não tem abrangência nem flexibilidade suficientes para lidar com o erro, a incerteza e a ilusão. Em consequência, não pode ter influência decisiva em decisões estratégicas, embora seja um meio importante para o processo de tomá-las. Como se tornará mais claro no Capítulo 8, o pensamento complexo não descarta os pensamentos linear e sistêmico: ele os inclui como recursos conceituais e operacionais valiosos.

Cedo ou tarde, a filosofia produz efeitos práticos no nosso cotidiano. Cedo ou tarde dela surgem conceitos, métodos e, por fim, técnicas. Ao perder o *status* de discurso dominante da gestão, o pensamento sistêmico passa de suposta filosofia a metodologia, e assim fica resolvido o problema das técnicas sistêmicas (a do diálogo, por exemplo), que produzem ideias mas não sabem o que fazer com elas. Tais técnicas permanecem no degrau operacional e não produzem inovação. Por isso é preciso subir ao degrau dos conceitos e, se necessário, ao da filosofia. É o que faz o pensamento complexo: promove a integração de filosofia, métodos e técnicas. Não se limita a pensar operacionalmente, mas utiliza o viés operacional sempre que ele é necessário.

Um exemplo interessante é o princípio das especificações mínimas. Expliquemos. O pensamento não se limita a um único degrau da escada do conhecimento, por mais privilegiado que pareça. Na verdade, nenhum deles tem privilégios sobre os demais. A dinâmica do pensamento complexo nos ensina a subir e descer a escada segundo os momentos, os contextos e as necessidades.

Para praticar o princípio das especificações mínimas, os gestores podem pensar estrategicamente e traçar as grandes linhas. Podem até especificar que métodos gostariam de ver postos em prática. Mas devem parar aí: devem ficar nas especificações essenciais, iniciais, e evitar a microgestão, isto é, as instruções detalhadas que acabam por confundir os processos. Trata-se de delegar sem deixar de participar. Isso significa especificar as principais linhas, e daí em diante deixar que a auto-organização se encarregue do desenvolvimento do projeto. Nesse sentido, pode-se dizer que entender o que é pensamento complexo e o que é construção social da realidade equivale a compreender a essência do fenômeno da liderança.

Modelagem e mecanicismo

Ao longo da história da administração, a passagem do pensamento linear ao pensamento sistêmico representou uma mudança de viés, mas a visão mecanicista continuou. A modelagem é um exemplo. Ela se baseia no pensamento sistêmico, e seu principal problema é que o criador do modelo inevitavelmente se coloca de fora dele e o trata como um objeto. Os modelos incluem regras e esse fato é limitante. Por exemplo, digamos que o objetivo seja montar um grupo de geração de novas ideias em uma empresa – um grupo de diálogo, por exemplo, ou uma de suas variantes.

Um grupo assim tem suas normas, mesmo quando alega não tê-las. Vejamos como. Num grupo de diálogo, as pessoas devem se sentar em círculo e a partir daí são orientadas por um facilitador que lhes explica as regras, ou melhor, as antirregras. O facilitador supostamente deverá, depois de algum tempo, deixar esse papel e se incorporar ao grupo. Entende-se que a partir desse momento ele deixará de ser facilitador ("desligará" esse papel) e passará a ser um participante como os outros ("ligará" esse novo modo de participar, como quem aperta um botão). Enquanto isso, continuam as ressalvas de que o grupo não tem regras.

Teoricamente trata-se do princípio das especificações mínimas, mas na prática não é assim, porque as instruções continuam na medida em que continua a formalização. Os participantes são informados de que podem falar livremente sobre o que quiserem. Os que ouvem devem permanecer calados, sem concordar nem discordar até o fim de cada uma das falas. Ou seja, o discurso de que não há regras é negado o tempo todo pela realidade de que há regras. Esse processo de autoengano acaba conduzindo a outros: o de supor que as ideias que daí emergem são "espontâneas" e surgem de condições "não estruturadas".

O modelo de um grupo de diálogo é cibernético, isto é, baseia-se em uma das formatações mecanicistas do pensamento sistêmico. Resulta de um conjunto de modelagens e *feedbacks*. Em muitos casos, porém, não há dúvida de que eles realmente produzem ideias. Afinal, elas emergem da interação entre pessoas. Mas há problemas. Em primeiro lugar, já vimos que não é verdade que essas interações não são tão espontâneas como se proclama, porque todos os cuidados foram tomados para estruturar o contexto em que elas surgiram: sentar-se em círculo, como ouvir, como e quanto intervir, o papel do facilitador – tudo isso são regras, são estruturas.

Não se trata de nada parecido com o *shadow system* do qual já falei. O objetivo declarado pode ser o de não ter objetivo, ou o de produzir ideias a respeito de um tema específico. Não importa. São regras, há formalização e assim, por mais novas que sejam as ideias, elas serão o produto dessa formalização.

Não há como escapar a esse fenômeno e suas variantes, quando se adotam como método o pensamento sistêmico e os métodos e técnicas dele derivados. Portanto, é inadequado supor que ideias surgidas em grupos assim sejam espontâneas e frutos de uma suposta e desejada liberdade de expressão. Se há regras, elas precisam ser transgredidas para que as ideias emergentes e as práticas delas oriundas levem realmente a algo novo.

Nesse caso, a real ausência de regras seria menos estressante do que ter de transgredi-las, e assim as ideias e práticas novas surgiriam de modo efetivamente espontâneo nas atividades do dia a dia. Não que essas atividades deixem de incluir regras. Elas as incluem, e de sua transgressão (no sentido de procurar modos de pensar e fazer melhor, não de desobedecer como manifestação de revolta) surgem as inovações. Se assim é, por que aumentar o estresse cotidiano aumentando o número de regras e instruções a seguir, mesmo que elas sejam disfarçadas de antirregras?

Continuemos com o exemplo do grupo de diálogo, que não é de modo algum o único ao qual se aplicam estas considerações. Minhas observações se aplicam a todas as formatações sistêmicas, e evidentemente não pretendem declará-las inúteis. Quero apenas mostrar que por sua própria base sistêmica elas não podem prometer inovação, pois são inevitavelmente orientadas para a repetição.

Como se sabe, técnicas como os grupos de diálogo, o World Café e similares incluem uma dimensão lúdica, divertida, "terapêutica" e um tanto superficial. Daí sua popularidade. Nada contra, evidentemente: é da inadequação do pensamento sistêmico como discurso hegemônico dos processos de gestão que falo neste livro. É importante entender que se um grupo de diálogo, por exemplo, procura sair das limitações e produzir ideias novas, elas não serão tão novas assim, porque o que é realmente novo é produto da espontaneidade, não da modelagem.

Por fim, repito que nada disso significa que as técnicas grupais de produção de ideias não sejam úteis. Porém, como já foi dito, não basta produzir ideias: é preciso contextualizá-las e discuti-las para saber o que fazer com elas. Como se tornará claro no Capítulo 8, o pensamento complexo inclui entre seus instrumentos operacionais técnicas grupais de produção de ideias. Mas também propõe meios de saber o que fazer com elas. Essa é a diferença.

Fatores que dificultam a mudança

A tirania do foco

"Separar cada coisa de todas as demais é a maneira mais radical de reduzir a nada todo o raciocínio. Pois o raciocínio e a conversa nasceram em nós pela combinação das formas [ideias] entre si." Essa frase está em um dos diálogos de Platão.[11] O recorte, redução, ou "foco" é uma prática cujo início se perde na origem os tempos. O engenheiro, o professor, o economista, o médico, e muitos outros profissionais têm um ponto em comum: imaginam que é possível reduzir o mundo real aos recortes de suas respectivas especialidades, às cifras, às "constantes biológicas", às projeções quantitativas e assim por diante. Em outros termos, reduzir é necessário e inevitável. Mas a ilusão de que os resultados da redução são sempre confiáveis, e por isso não precisam ser questionados, é evitável e precisa ser contestada.

Como já foi dito e repetido neste livro, é essencial compreender que a redução – que é necessária para a avaliação inicial (mas não para a compreensão completa) de um problema, evento, enfim, de um fenômeno, precisa ser sempre seguida de reampliação, sob pena de continuarmos a tomar o micro pelo macro, de confundir a parte com o todo e assim adotar a microgestão como conduta única. A necessidade da redução seguida de reampliação vem do seguinte raciocínio: sabemos que o todo está nas partes e vice-versa. Por isso, a observação da realidade e a atuação sobre ela exigem a alternância de redução e reampliação.

A visão inicialmente ampla precisa descer ao detalhe para entender o mundo real. É essa alternância entre redução e ampliação que permite a reflexão – e esse modelo mental flexível, adaptativo, é o que mais faz falta à nossa cultura. Reduzir é uma tentativa de explicar. Reduzir é explicar. A redução/explicação é necessária como passo inicial, mas precisa ser seguida da reampliação. Reampliar é compreender o que foi explicado, pela redução colocá-lo em um contexto mais amplo.

---

[11] PLATÃO. *Sofista*, 259e.

A redução não seguida de reampliação equivale a explicar sem compreender. O conhecimento avança e produz mais conhecimento quando ocorre o jogo entre a redução e a reampliação. Desse jogo emergem conhecimentos novos. Reduzir/explicar implica pensar em termos de partes isoladas e fora de contexto ou em contextos restritos. Reampliar/compreender implica pensar em termos de totalidades. Ambas as estratégias são necessárias porém insuficientes porque, como acabamos de ver, as partes estão no todo e vice-versa. Daí a necessidade de ora simplificar, ora compreender para a produção e o desenvolvimento do conhecimento.

A ideia de foco é extremamente disseminada em nossa cultura. A todo momento somos encorajados a ser "focados", além de "racionais" e "objetivos". Em aulas e atividades semelhantes, utilizo sempre um exercício, que consiste em pedir aos participantes que descrevam uma figura geométrica projetada ou desenhada na lousa. Pode ser, por exemplo, um quadrado dentro do outro com os ângulos ligados por linhas retas. Cada participante é convidado a dizer o que vê na figura e cada um deve dizer algo diferente do anterior. Os resultados são variados: as pessoas veem uma pirâmide truncada, um corredor, a parte de trás de um televisor dos antigos, uma tecla de computador, a moldura de um quadro e assim por diante.

Depois de todos terem falado, peço ao grupo que suspenda tudo o que foi visto e começo uma nova rodada com a pergunta: além do que já foi visto, o que mais se pode ver nessa figura? Os resultados também são variados: em atenção ao meu pedido, os participantes agora veem na mesma figura coisas diferentes.

O próximo passo é dar a palavra a todos. Em geral, a discussão que se segue permite que sejam tiradas ao menos duas conclusões: (a) pessoas diferentes veem o mesmo objeto de maneiras diferentes; (b) pessoas diferentes veem o mesmo objeto de maneiras diferentes em momentos diferentes. Ora, se nossa percepção fosse exclusivamente objetiva e "focada", como tanto se insiste, todos deveriam ver o mesmo objeto da mesma maneira, seja no mesmo momento ou em momentos diferentes.

Mas não é o que acontece, o que permite mais uma conclusão: não existe percepção apenas objetiva nem percepção somente subjetiva. A percepção é resultado da interação do observador com aquilo que é observado.

Os resultados desse exercício tão simples costumam ser surpreendentes, porque por meio dele fica demonstrado que aquilo que nossa cultura nos pede é uma postura artificial. Esforçamo-nos para ser sempre "focados" e "objetivos", porque nossa cultura assim o exige. É claro que essa atitude é desejável em determinados momentos, mas não pode ser adotada como regra geral. Se assim fosse, nosso horizonte mental tenderia a ser cada vez mais estreito. É o que se costuma chamar de "visão de túnel". O principal problema da atitude de "não perder o foco", quando vista como postura única e padronizada, é que ela tende a transformar a totalidade de nossas vidas em processos de gestão. Vamos a um exemplo.

A história da dissonância cognitiva: de raposas a profecias

Uma das formas mais comuns da compulsão de focar é a chamada dissonância cognitiva, teoria proposta em 1957 pelo psicólogo social americano Leon Festinger.[12] Apesar de ultimamente questionada em termos de seus mecanismos internos e do surgimento de teorias alternativas, o fenômeno descrito por Festinger permanece o mesmo e sua teoria ainda é uma das mais importantes da psicologia social.

A dissonância cognitiva é o desconforto causado pela tensão diante de pensamentos, ideias, crenças ou fatos conflitantes com os anteriormente consolidados. Por exemplo, tenho uma determinada autoimagem e fico chocado ao vê-la desconfirmada por evidências. Em outros termos, dissonância cognitiva é tensão que surge quando a repetição é desafiada pela diferença. Outro exemplo: fui instruído e convencido a manter sempre o foco, e por isso situações que me obrigam a adotar uma visão ampliada me causam desconforto.

Diante da dissonância cognitiva, as pessoas tendem a adotar duas atitudes principais: mudar de atitude ou comportamento, ou então tentar justificar/racionalizar a posição habitual. Aliás, essa é uma das muitas manifestações de nosso condicionamento pelo raciocínio binário: ou uma coisa ou o seu oposto, sem meio-termo. No caso da racionalização o exemplo clássico é a fábula de Esopo, *A raposa e as uvas*: ao constatar que não conseguia alcançar as uvas para comê-las, a raposa concluiu que não valeria a pena porque elas estavam verdes.

Outro exemplo de racionalização vem das primeiras pesquisas sobre a dissonância cognitiva. Os fatos aconteceram nos EUA, em uma comunidade de culto

---

[12] FESTINGER, Leon. *Conflict, decision and dissonance*. Stanford, Ca.: Stanford University Press, 1967.

a objetos voadores não identificados. O próprio Festinger havia se infiltrado no grupo para observar os acontecimentos, pois a líder, a Sra. Keech, anunciara ter recebido uma mensagem de extraterrestres afirmando que a Terra seria destruída em 21 de dezembro, e só os membros do grupo seriam salvos pelos *aliens*.

Quando o dia da tragédia anunciada chegou e nada aconteceu, os membros do culto entraram em dissonância cognitiva. Alguns abandonaram a comunidade, mas a maioria permaneceu. Além disso, o número de adeptos passou a aumentar. Os que ficaram racionalizaram a dissonância com o seguinte argumento: a Terra não havia sido destruída justamente por causa da força da fé dos membros do culto, que havia despertado a benevolência dos *aliens*.[13]

Não há nada de novo nessa história, por mais inacreditável que ela pareça. Com efeito, a observação da realidade cotidiana mostra que fenômenos assim são comuns e se reproduzem em locais de culto e fora deles, sempre que expectativas cruciais ou crenças muito fortes são desconfirmadas pelos fatos.

Em seu livro *On human nature*, Edward O. Wilson expõe uma conclusão que vai de encontro a esses fenômenos: as crenças religiosas são parte irremovível do comportamento humano. Ainda assim, os céticos continuam a imaginar que a aprendizagem e a ciência acabarão por substituí-las, pois as consideram uma grande teia de ilusões. Muitos ainda acreditam que os humanos cedo ou tarde serão dirigidos para o conhecimento, por meio de um fenômeno chamado logotaxia.

Wilson observa que essa concepção da natureza humana pode ser rastreada até a filosofia de Aristóteles e Zenão de Eleia, mas adverte que atualmente ela é cada vez mais desconfirmada pela realidade. Cita vários exemplos, entre eles o dos EUA, que são o país mais desenvolvido do mundo em termos tecnológicos, e ao mesmo tempo o segundo mais religioso (o primeiro é a Índia). Ao que tudo indica, os humanos preferem crer a conhecer.[14]

---

[13] FESTINGER, Leon; RIECKEN, Henry; SCHACHTER, Stanley. *When prophecy fails*: a social and psychological study of a modern group that predicted the destruction of the world. Nova York: Harper Torchbooks, 1956.

[14] WILSON, Edward O. *On human nature*. Cambridge, Massachusetts: Harvard University Press, 2004, p. 169-170.

Uma das variantes da dissonância cognitiva manifesta-se assim: diante de uma situação de crise, desafio ou ameaça tendemos a pensar em termos de presente, isto é, de maneira imediatista. Pensamos em termos do que é mais fácil de abordar, conhecer e supostamente controlar. A atitude de voltar-se para o aqui-e-agora tem uma finalidade bem clara: baseia-se na ideia de que os problemas imediatos devem ser resolvidos imediatamente. Nesses momentos, recorremos mais do que nunca ao modelo mental binário: lutar ou fugir, ir ou ficar, querer ou não querer, sim ou não.

Em termos de sobrevivência imediata diante de um perigo físico, esse comportamento é obviamente útil. No entanto, quando a situação é mais complexa, a redução ao modo binário deve ser seguida de uma avaliação mais ampla da situação. Ou seja, uma vez passado o impacto inicial é preciso pensar estrategicamente, porque só assim é possível tentar antecipar as tendências e consequências da crise ou ameaça. Na reampliação, o modelo binário não tem utilidade e por isso deve-se usar o pensamento complexo.

Mas não é o que se observa em nosso cotidiano, inclusive no âmbito das empresas: tendemos a pensar de modo binário e focal. Muitas vezes pensamos em termos lineares, mesmo quando imaginamos que pensamos de forma estratégica, pois não conseguimos escapar dos nossos condicionamentos.

A teoria da dissonância cognitiva mostra que nos momentos de crise tendemos a pensar de maneira focal, com perda da perspectiva ampliada. Como já sabemos, nossa cultura nos induz a pensar assim tanto nas crises quanto fora delas. Nos momentos de crise, o modo focal exclusivo apenas se acentua. Nossa dificuldade ou incapacidade de sair desse modo explica por que temos tanta dificuldade de lidar com situações críticas. Se pensarmos as crises somente em termos lineares/binários, torna-se difícil aprender algo com elas.

O modo binário de pensar é reforçado pelos chavões, palavras-de-ordem, *slogans* e frases feitas. Todos esses reforços atuam de fora para dentro: fazem parte dos comandos, diretivas e receitas, que permeiam o nosso cotidiano e estão entre os principais mantenedores dos conservadorismos e das ortodoxias. Seu uso disseminado tem sido assim justificado: se nossa tendência é atribuir sempre as causas de nossos problemas a fatores externos, nada mais "lógico" do que tentar resolvê-los por meio de receitas também externas.

Por outro lado, a posição de vítima, tão largamente adotada, serve para consolidar a ideia de que não construímos o nosso mundo, mas sim o recebemos já pronto. Mais uma vez, lembremos que esse é um dos argumentos básicos da sabedoria convencional: nosso cérebro se limita a elaborar representações de um mundo pré-dado, anterior à nossa experiência com ele. Como resultado, temos de aceitar tudo o que vem de fora. As exortações, os *slogans* e os chavões "motivadores" servem apenas para manter a aceitação conformista das mais diversas formas de autoritarismo, algumas delas muito sutis.

Vimos há pouco que a teoria da dissonância cognitiva sugere que, quando confrontados com situações contrárias à nossa visão de mundo, ou com situações em que precisamos nos comportar de modo contrário a ela, experimentamos um mal-estar. Tentamos aliviá-lo de duas formas principais (a) estreitando a visão a respeito do tema, assunto ou evento, de modo a ficar apenas com os dados já conhecidos (visão focal); (b) eliminando todas as cognições que contrariam essa postura. Ou seja: além de adotar uma visão redutivista, tendemos a eliminar tudo aquilo que possa questioná-la. O que equivale, é claro, a fecharmo-nos em uma jaula e jogar fora a chave.

Dito de outra maneira, a dissonância cognitiva é uma regressão à visão focal e, ao mesmo tempo, um esforço para abolir tudo o que possa levar à visão global. É uma radicalização do modo binário de pensar. Tudo fica reduzido à causalidade imediata e ao contexto presente de espaço e tempo.

É uma estratégia antiestratégica, que nos leva a analisar o pós-crise com o mesmo raciocínio que levou à crise. Repetimos interminavelmente os mesmos padrões, mas não nos ocorre que é necessário pensar de outra maneira. Continuamos a nos repetir e, estranhamente, dizemo-nos decepcionados ao constatar que a repetição só produz mais repetição.

Saber que existem modos de pensar diferentes daqueles aos quais estamos condicionados é um dos fatos que levam à dissonância cognitiva, e por isso nossa principal reação a eles é a resistência imediata. É uma reação do tipo imunológico. Mais do que isso, é uma reação autoimune, como as que ocorrem nas doenças em que o organismo cria anticorpos contra si próprio.

Mesmo assim, insistimos em mantê-la. Não nos ocorre que esse tipo de reação não combina com nossa autoproclamada condição de seres racionais.

Enquanto não aprendermos a sair dessa armadilha que armamos para nós mesmos, continuaremos obrigados a conviver com essas duas realidades: (a) dissonância cognitiva produz mais dissonância cognitiva; (b) repetição produz mais repetição – o que é paradoxal em uma cultura em que as pessoas afirmam detestar repetições. Na prática, porém, quanto mais afirmamos não gostar de repetições mais nos repetimos.

Para sair desse beco é preciso pensar. Mas a experiência mostra que em nossa cultura a reflexão e a subjetividade são incômodas, por três motivos: primeiro, porque não se submetem com facilidade a controles nem a medições. Segundo, resistem às nossas tentativas de subvalorizá-las. Terceiro, porque sabemos que a frustração que sentimos ao tentar medi-las e controlá-las é, fim das contas, uma manifestação subjetiva.

Ao dizer que a subjetividade deve ser descartada por não ser "científica", prestamos a ela uma homenagem involuntária: o reconhecimento de sua indispensabilidade. Na Primeira Guerra Mundial, por exemplo, cerca de 200.000 soldados ingleses foram dispensados com o diagnóstico de "neurose de guerra", embora esse diagnóstico tenha sido oficialmente proibido por ser "subjetivo" – a clássica postura do avestruz com a cabeça enfiada na areia.[15] O nome mudou: hoje é "estresse pós-traumático", mas na essência tudo continua inalterado.

Fatores que facilitam a mudança

Entre os fatores que facilitam a mudança de modo de pensar estão os abaixo mencionados. É claro que há muitos outros, mas minha experiência tem mostrado que esses são os que merecem mais destaque.

- Conscientização, mesmo que tardia, da necessidade de autopreservação. Um exemplo são as pessoas que deixam de fumar depois de um infarto de miocárdio ou do diagnóstico de um tumor maligno de pulmão. Nesses casos, desfaz-se a "certeza" de que as desgraças só acontecem com os outros.

[15] TENNER, p. 73.

- O contato com pessoas com grande poder de persuasão. Alguns líderes têm a habilidade de despertar em seus seguidores, e com graus variados de eficácia, possibilidades de diminuição de nosso condicionamento pelo pensamento binário. A esse respeito, recomendo a leitura do texto de uma entrevista de Nelson Mandela sobre liderança.[16]

Neste ponto, é possível dizer que capacidade de mudar de modo de pensar é uma manifestação de capacidade adaptativa. Nesse particular, existem alguns pontos de vista que procuram caricaturar a capacidade de adaptação de algumas pessoas chamando-as de "camaleões". Mas é preciso não confundir pusilanimidade, subserviência, bajulação e oportunismo (que são apenas manifestações de esperteza) com a postura de quem é capaz de transformar suas estruturas mentais pelo aprendizado e com isso mudar de modo de pensar (que é aprendizagem por adaptação, isto é, inteligência).

A aprendizagem por adaptação tem as seguintes características:

a) estímulos externos mobilizam um ponto sensível do sistema (os chamados ponto de alavancagem);
b) como resultado, todo o sistema é mobilizado, pois seu potencial de auto-organização foi acionado;
c) essa mobilização faz com que o sistema se auto-organize num plano superior de complexidade, isto é, num plano superior de capacidade de aprender.

A mudança de modo de pensar acontece por meio do pensamento, mas também por meio da ação. Se o corpo faz parte da mente, não há por que imaginar que toda ação é necessariamente precedida de pensamento: primeiro penso no que vou fazer e depois ajo. A ideia de que essa sequência é invariável é típica da sabedoria convencional. Na verdade, pensamento é ação e falar é agir.

Com estas observações refiro-me à capacidade de fazer seja o que for com inteira absorção no que se faz. Essa concentração nos dá a tranquilidade, o senso de realização e a abertura mental que nos modificam, levam-nos ao aprendizado

---

[16] STENGEL, Richard. Mandela: his 8 lessons of leadership. *Time,* 21 July 2008, p. 22-29.

transformador necessário para que evoluamos para um nível de mais adaptabilidade. Nesse tipo de evolução a resistência à mudança é mínima: a mudança é bem-vinda, junto com a ideia de correr riscos e lidar com a incerteza e as surpresas.

Aprender sem mudar de comportamento é a aprendizagem que ocorre quando nos limitamos a obedecer a comandos externos. Resulta em um simples acúmulo de conhecimentos. Não existe interesse em qualidade e, em especial, também não há preocupação em interligar os conhecimentos. Ela também gera conservadorismo, ortodoxia, e estes por sua vez implicam uma postura de desconfiança, preconceitos e defensividade. Ao que parece, essa é a vida que grande parte dos indivíduos em nossas sociedades escolheu viver.

Em termos de política, economia e negócios, a ansiedade por instituições "sólidas" e "coerentes" é com frequência associada à postura de mantê-las como estão, e também expressam o nosso ânimo de simplificá-las bem além do que elas precisam ser simplificadas. Mas a prática mostra que o ânimo supersimplificador em vez de tranquilidade produz conformismo e embotamento: o que vemos é um mundo estreito e pouco claro. Mas não porque ele seja assim: é como gostaríamos que fosse, para podermos lidar com ele por meio de nossas ilusões de comando e controle.

Construímos uma visão de mundo limitada e, não satisfeitos com isso, proclamamos que ela é "objetiva", "racional" e "pragmática". No entanto, a observação do cotidiano insiste em nos mostrar que os resultados "objetivos" e "pragmáticos" que tanto buscamos tendem mais para a repetição e a percepção restrita. Esse é o resultado de nossa obstinação em resistir às mudanças – em especial às mudanças de modo de pensar.

Uma das razões mais poderosas para tanta resistência é, como já sabemos, nossa dificuldade de lidar com o erro, a ilusão e a incerteza. Os meios tradicionais de que dispomos para fazer isso – a arte, os mitos, as narrativas ficcionais – foram reduzidos a modos secundários e pouco confiáveis de conhecimento a partir do século 18, quando ocorreu o que Max Weber chamou de desencantamento do mundo. Porém, para lembrar a frase de Pirsig, chegou a hora de deixar de lado os julgamentos e propor ações efetivas. Chegou o momento de propor e aplicar um modo do pensar no qual a racionalidade (e não a racionalização) tenha um lugar de destaque.

A CONSTRUÇÃO SOCIAL DA REALIDADE

Costuma-se dizer que as comunidades humanas constroem a realidade de duas formas principais: segundo a perspectiva do conflito ou por meio de interações simbólicas, isto é, realizadas mediante símbolos. Na realidade essa separação é apenas didática, porque onde houver grupos humanos haverá as duas coisas. O uso da linguagem simbólica é a característica fundamental da condição humana: "Habitamos a linguagem, a linguagem nos habita", escreveu Pierre Rey.[17]

A perspectiva do conflito pode ser exemplificada pelo pensamento de Karl Marx. Para ele a sociedade se estrutura por meio da luta de classes – o conflito entre os que têm dinheiro e bens e os que não os têm. Por essa ótica, a disposição das classes sociais afeta os indivíduos, e esse é um ponto essencial a ser considerado quando se fala em construção social da realidade. Marx sustenta que o poder se exerce principalmente por meio da coerção – o que Galbraith chama de poder condigno.

Nos dias atuais, os que veem a construção conjunta da realidade pelo ângulo da luta acrescentam outros focos, entre os quais as tensões raciais e, em grau um pouco menor, as diferenças entre os sexos. É importante acrescentar as tensões religiosas, principalmente as ligadas aos fundamentalismos.

Já sabemos que no interacionismo social, ou construção social da realidade, esta emerge das interações simbólicas, isto é, dos vários tipos de linguagem. Mead aponta como ponto central não a macrossociedade, mas sim a capilaridade das relações entre as pessoas – as chamadas microinterações. É por meio delas que a realidade é construída coletivamente.

Assim, o centro de interesse do interacionismo social são as relações entre as pessoas e não as estruturas da sociedade. A ordem social se torna viável pelo compartilhamento dos significados. Estes surgem das interações e de como elas são interpretadas. Essa perspectiva é bem próxima do pensamento complexo, porque remete à ideia de estar aberto à realidade que a todo momento emerge dos relacionamentos humanos.

A construção social da realidade é o resultado de um processo de prospecção conjunta, descobertas e formação de uma versão coletiva que faça sentido para

---

[17] REY, Pierre. *Uma temporada com Lacan*. Rio de Janeiro: Rocco, 1990, p. 54.

os participantes do processo. Este último ponto é importante, porque as pessoas se relacionam com as coisas do mundo com base nos significados que atribuem a elas. E aqui as relações de poder são importantes, porque em última análise determinam quem tem mais ou menos poder de atribuição.

As categorias de realidade socialmente construídas variam com a língua e as culturas. Por exemplo, os nomes das cores variam de acordo com a língua (de dois a doze). O mesmo acontece com aspectos como a noção de tempo e espaço, o *status* da mulher, os conflitos sociais e o conceito de raça. Por exemplo, os critérios que definem quem é negro ou branco não são os mesmos nos EUA e no Brasil.

Em suma, o construcionismo social não vê o discurso sobre o mundo como uma descrição fiel deste. Não se trata de um mapeamento detalhado. O mundo do construcionismo social não é o mundo em si, é o que construímos por meio de nossas interações. O discurso sobre o mundo resulta delas e o conhecimento que daí emerge vem do próprio processo. É um conhecimento produzido coletivamente: são os grupos humanos que o elaboram e validam. Dito de outra maneira, o conhecimento se baseia na percepção, elaboração e validação da realidade pelas redes de conversação formadas pelos componentes de uma comunidade.

No representacionismo a primazia é dada ao indivíduo. Na construção social da realidade a atenção se volta para as relações entre as pessoas. O representacionismo trabalha com esquemas, formatações. O construcionismo social, ampliado pela inclusão da dimensão mundo, trabalha com as relações entre a estrutura perceptiva das pessoas e as estruturas do mundo. No primeiro caso lida-se com modelos, maquetes, *templates*. No segundo caso, lida-se com relacionamentos, interações e o que daí emerge.

Em termos de estruturas individuais de percepção, o que está em jogo não é apenas o sistema nervoso visto como um processador de dados. Essa é uma visão redutivista. Vários outros fatores estão envolvidos na construção social da realidade:

- A estrutura do próprio mundo, isto é, o contexto geográfico e ambiental, suas determinantes e mudanças.
- As condições individuais de percepção, que incluem a adaptabilidade, o estado de humor, o fluxo de consciência, a presença ou não de doen-

ças, as determinações inconscientes, os automatismos da dimensão não consciente e a genética.

- A estrutura dos relacionamentos: transferências, contratransferências, relações de poder, regimes políticos e assim por diante.

Seria ingênuo, para dizer o mínimo, imaginar que a complexidade do conteúdo da mente humana pode ser reduzida a mecanismos, esquemas, modelos de computador e regras passo a passo. O construcionismo social proporciona abertura para o erro, a incerteza, as surpresas e a ilusão, mas também busca o acerto, a criatividade e a inovação. Essas dimensões são entrelaçadas, estão tecidas juntas.

É importante entender que à medida que aumenta o nível de erro, incerteza e ilusão, diminui a utilidade dos pensamentos linear e sistêmico como instrumentos conceituais e aumenta a necessidade da abordagem complexa. Um grupo, organização ou instituição (uma empresa, por exemplo) não é um sistema mecânico diante do qual os gestores se colocam como observadores externos. É um engano supor que os gestores estão fora dos processos organizacionais e os comandam para que deles saiam resultados especificados de antemão, isto é, baseados em futuros previsíveis.

Como dizem Stacey e colaboradores, a empresa não é uma ferramenta que os gestores utilizam para atingir suas metas. Essa ideia simplifica demais o mundo real e, mais uma vez, toma como garantidos e previsíveis o pensamento, as emoções, os sentimentos e o comportamento de quem trabalha na organização. É por isso que a ideia de causalidade e a visão de futuro dos pensamentos linear e sistêmico têm dificuldade para lidar com a complexidade do mundo real.

O mundo real é complexo e frequentemente caótico, isto é, sujeito a crises. Essa complexidade é percebida pelas mentes individuais de maneiras diferentes, embora semelhantes. Nós, humanos, somos ao mesmo tempo muito semelhantes e muito diferentes – daí a necessidade e a indispensabilidade da comunicação. Sem ela não há como mudarmos de modo de pensar.

Em todos os exemplos de como essa mudança pode acontecer ou está em curso, seja nos indivíduos, seja na sociedade, o processo tem duas características essenciais: (a) em geral, é demorado; (b) é sempre precedido e acompanhado de graus variáveis e resistência. Lembremos dois exemplos significativos, aos quais o leitor evidentemente poderá acrescentar outros.

- A lenta e progressiva aceitação da homossexualidade nas sociedades modernas, em especial as ocidentais. Ela inclui marcos importantes, como a exclusão da homossexualidade do Código Internacional de Doenças e Causas de Morte, o aparecimento público de pares *gays*, a aceitação e oficialização de casamentos entre homossexuais por alguns governos e a popularidade das paradas *gay* de afirmação dessa opção sexual. Acompanhando todo esse processo há a resistência conservadora pois, como mostra a experiência, não há benefícios sem custos.
- A também lenta e progressiva aceitação de multiculturalidade e a inclusão dos negros nas sociedades dos brancos. Tudo isso, é claro, com a contrapartida de reação e resistência. No particular da aceitação dos negros, é importante destacar o fenômeno da eleição de Barack Obama para a presidência dos EUA.

7

MODOS DE PENSAR, MODOS DE FAZER

Habitamos a linguagem, a linguagem nos habita.
PIERRE REY

O USO DAS PALAVRAS

Howard Gardner[1] sustenta que a retórica é o principal instrumento para a mudança de modos de pensar, embora acrescente que ela é um entre vários outros meios, que atuam em conjunto e se reforçam mutuamente. Como já sabemos, as mudanças de hábitos mentais levam a mudanças na construção social da realidade. Entre os instrumentos mais eficazes para essas mudanças por meio da retórica estão as narrativas.

Todos sabem que contar histórias é um meio milenarmente eficaz de influenciar pessoas: se você quiser que aquilo que tem a dizer seja compreendido de maneira rápida, conte histórias. A *Bíblia* e os demais livros tradicionais estão cheios delas: parábolas, contos, mitos, e sua simplicidade não deve ser confundida com simplificação, nem muito menos com superficialidade.

---

[1] GARDNER, Howard. *Changing minds*: the art and science of changing our own and other people's minds. Boston, Massachusetts: Harvard Business School Press, 2006, p. 16.

A extraordinária receptividade das histórias está ligada a uma das dimensões mais fundamentais dos humanos: a condição de seres simbólicos, que gerou nossa necessidade de fabular e a extrema sensibilidade ao imaginário. Há toda uma linha de estudos e pesquisas nesse sentido, e entre os muitos autores de destaque nessa área é importante citar um dos pioneiros, Gilbert Durand, que criou uma escola de muitos seguidores.[2, 3, 4]

A história das transformações inevitáveis

O americano Stephen Denning é especialista em liderança e narrativas (*storytelling*), com experiência no universo das empresas. Para ele, tanto a liderança quanto a aptidão para contar histórias são habilidades cênicas.[5] E tem razão em mais de um sentido. As tragédias gregas fazem parte da estrutura mental de nossa cultura. O mesmo vale para obras como a de Shakespeare. Harold Bloom, especialista nos trabalhos desse dramaturgo inglês, não deixa por menos: afirma que os personagens shakespearianos têm capacidade de autocriação.[6]

Bloom chega a dizer que Shakespeare inventou o que hoje entendemos como o humano. A força de seus personagens é um exemplo não só de geração de significados, mas também de novas formas de consciência.[7] De acordo com ele, depois de Jesus Cristo, Hamlet é a figura mais citada do Ocidente.[8] Seguindo o raciocínio do pensamento complexo, que diz que construímos o mundo e somos por ele construídos, Bloom assegura que lemos os livros mas também somos lidos por eles. A seu ver, devemos ler Shakespeare "sabendo que as peças nos lerão com uma energia ainda maior. As peças nos leem de maneira definitiva".[9]

---

[2] DURAND, Gilbert. *Les structures antropologiques de l'imaginaire*. Paris: Dunod, 1992.

[3] DURAND, Gilbert. *A imaginação simbólica*. São Paulo: Cultrix, 1988.

[4] DURAND, Gilbert. *Campos do imaginário*. Lisboa: Instituto Piaget, 1998.

[5] DENNING, Stephen. *The leader's guide to storytelling*: mastering the art and discipline of business narrative. San Francisco: Jossey-Bass, 2005, p. xi.

[6] BLOOM, Harold. *Shakespeare*: a invenção do humano. Rio de Janeiro: Objetiva, 2001, p. 19.

[7] Id., ibid., p. 21.

[8] Id., ibid., p. 22.

[9] Id., ibid., p. 22.

Denning, há pouco citado, observa que a arte de contar histórias já desempenha um papel importante no universo das empresas e da política. O que não faltam são casos sobre empresas e mercados, tanto de sucesso quanto de fracasso. Com efeito, é certo que nesse particular não estamos diante de mais um modismo gerencial: todos conhecem a fascinação que as pessoas têm pelas histórias, e sabem que há milênios suas repercussões em nosso cotidiano têm nos ajudado a dar sentido ao mundo.

Não importam a idade, o sexo, a nacionalidade e muitos outros parâmetros: as histórias sempre foram poderosos meios de persuasão. Denning chega a afirmar que quem tiver uma ideia e pretender "mudar o mundo", se sairá melhor contando histórias do que por meio de apresentações baseadas na lógica. Essa é uma afirmação exagerada, que segue a lógica binária. Em termos de pensamento complexo, é mais adequado dizer que nos sairemos melhor contando histórias que incluam uma lógica, pois todas elas o fazem, desde as mais antigas às mais atuais.

Ficcionais ou não, todas as narrativas têm sua lógica interna, e esta sempre reflete duas das características fundamentais dos humanos, que são as mesmas de todos os demais seres vivos: a ambiguidade e a incerteza. As narrativas refletem essas características mesmo quanto tentam disfarçá-las, e assim expressam a necessidade de estarmos preparados para o inesperado. É o que mostra o caso a seguir.

Trata-se de uma história muito antiga, conhecidíssima, que tem sido contada de muitas maneiras, mas seu sentido não mudou com o tempo. Um mercador de Bagdá mandou um de seus empregados fazer compras no mercado. O servo foi e voltou aterrorizado. Contou que havia trombado com uma mulher no meio da multidão. Voltou-se e se deu conta de que havia sido empurrado pela Morte, que o olhara e fizera gestos ameaçadores. Ainda amedrontado, o servo pediu ao patrão que lhe emprestasse um de seus cavalos para que pudesse fugir da cidade. Iria para Samarra, onde certamente a Morte não o encontraria. Então partiu.

Logo depois o patrão foi ao mercado e viu a Morte. Abriu caminho por entre a multidão e a interpelou. Perguntou-lhe por que havia feito gestos ameaçadores ao seu servo. A Morte retrucou que não havia feito nenhuma ameaça: "Foi um gesto de surpresa", disse ela. "Fiquei perplexa quando vi o seu servo aqui no mercado, pois tenho um encontro com ele esta noite em Samarra."

Essa história tem sido usada como exemplo de determinismo: o que tem de acontecer acontecerá, porque tudo já está traçado. Mas também pode ser vista como um exemplo de que cedo ou tarde todos os seres vivos se transformarão, pois a inevitabilidade da mudança é um dado da existência. Resistir a ela é inútil, como mostram muitas histórias e metáforas, mesmo as que aparentemente indicam que as coisas se repetem sempre e que nada mudará.

É claro que a força das histórias, casos e narrativas não se limita à ficção. Nessa linha, as escolas de negócios e administração desenvolveram toda uma metodologia com base em exemplos e estudos de caso. Antes delas, porém, as escolas de medicina e outras já empregavam essa prática e constatavam sua eficácia. De acordo com Denning, a arte de contar histórias inclui uma dimensão quantitativa e uma qualitativa. Bem ao estilo americano, ele afirma que o poder de persuasão das histórias representa mais de 14% do PIB dos EUA, ou seja, US$ 1 trilhão. A dimensão qualitativa inclui a utilidade das histórias para motivar as pessoas, divulgar valores e estimular o comprometimento compartilhado.

Talvez a conclusão mais importante a que chegou Denning seja a de que as narrativas não são substitutos para o pensamento analítico e seus relatórios: elas os complementam. É o que ele chama de "casamento na narrativa com a análise" – uma abordagem típica do pensamento complexo.

Como acontece com muitas outras, as ciências da complexidade também utilizam histórias e metáforas e esse fato tem uma consequência importante. Na medida em que não é possível eliminar totalmente o nível de incerteza nos sistemas complexos, é impróprio utilizar metáforas mecânicas para caracterizá-los.

Portanto, para compreender tais sistemas as metáforas mais adequadas são as que se referem aos seres vivos. Arie de Geus compreendeu bem esse ponto em seu livro *A empresa viva*, no qual vê as organizações como um ser vivo em interação com o ambiente.[10] No fundo, essa interação é uma circularidade incessante entre conduzir a si mesmo e deixar-se conduzir. Ou, em outros termos, ela ilustra a condição paradoxal de todo ser vivo: somos ao mesmo tempo autônomos e dependentes.

---

[10] GEUS, Arie de. *A empresa viva*: como as organizações podem aprender a prosperar e se perpetuar. Rio de Janeiro: Campus, 1998.

Conduzir-se

Lidar com sistemas complexos requer a aceitação das diferenças e da diversidade, e para tanto é preciso pensar. Por mais difícil que seja, por mais desconfortável que pareça, pensar representa a diferença entre conduzir nossa vida tanto quanto possível ou deixar que outros a conduzam. É a diferença entre repetir-se e renovar-se, a escolha entre diferenciar-se da massa ou mergulhar no anonimato.

Amamos o que consideramos concreto, valorizamos o que pode ser pesado, medido e contado. Veneramos o que acreditamos poder controlar. No entanto, e cada vez mais, nos tempos atuais, somos solicitados a lidar com o intangível, o que muda com rapidez, o multifacetado, o incerto.

As comunicações em tempo real, como as veiculadas pela TV e Internet, tornaram evidente a nossa pouca competência para lidar com esses fenômenos. Queremos fugir deles e para isso tentamos superficializar ao máximo seus conteúdos e significados. Porém, como o rei da história tantas vezes contada, estamos nus e nossas racionalizações já não são suficientes. Precisamos refletir sobre esses fatos.

Morin diz que é essencial alimentar os conhecimentos com a reflexão e alimentar a reflexão com os conhecimentos. Com efeito, ao lado da retórica, a reflexão é o instrumento por excelência para a mudança de modo de pensar. Se isso é correto, o imediatismo, a pressa e a superficialidade são poderosos empecilhos a ela e portanto à mudança. Por outro lado, é possível argumentar que as respostas imediatas são muitas vezes espontâneas e poderosas. Parece não haver muitas dúvidas a esse respeito, mas é preciso atentar para um ponto importante. Se a condição humana inclui esse lado, digamos, instintivo, de respostas rápidas, ela também inclui a dimensão reflexiva. Se considerarmos que a neurociência cognitiva já comprovou que o corpo não é separado da mente, é lícito concluir que (a) o que é neurocerebral não é separado do que é mental; (b) em consequência, o não consciente e a consciência se influenciam mutuamente.

Nessa mesma linha, é também lícito inferir que a razão não é separada dos sentimentos e das emoções: estes a influenciam e são por ela influenciados. Volto sempre ao filósofo David Hume, que em 1739 escreveu uma frase que se tornou proverbial: "Reason is, and ought only to be the slave of the passions, and can never pretend to any other office than to serve and obey them."[11] ("A razão é e deve ser escrava das paixões e não deve pretender outro ofício além de servi-las e obedecê-las").

Em suma, há o argumento de que o instintual e o não consciente podem revelar o que se passa na mente, o que até certo ponto permitiria antecipar comportamentos futuros. Mas esse raciocínio só é válido quando inserido no contexto global da natureza humana, que inclui a incerteza e a imprevisibilidade. Por isso, o comportamento humano não pode ser observado e avaliado segundo critérios unilaterais e supersimplificadores. Como tudo o que é humano, os comportamentos, seus observadores e suas observações estão sujeitos ao erro e à ilusão. Se essas relações não forem levadas em conta, os ensaios de previsão não passarão de mais uma entre as muitas tentativas de controlar e manipular as pessoas – de vê-las como mecanismos que recebem *inputs*, processam-nos e produzem *outputs*.

Pensar e agir

Essas tentativas vêm de muito longe e estão entre as múltiplas estratégias da ilusão de controle, que buscam reduzir os humanos ao seu comportamento objetivo. Em seu romance *Nostromo*, Joseph Conrad escreveu: "A ação é consoladora. É a inimiga do pensar e a amiga de ilusões lisonjeiras."[12] Conrad refere-se à ilusão de que agir nos desobriga de pensar. Como toda unilateralização, esta também nos leva a construir mundos ilusórios. Assim, ser pessimista demais tem as mesmas consequências de ser otimista demais: em ambos os casos cria-se um mundo surreal. Ser otimista demais ou pessimista demais – não importa a polaridade – são formas de autoengano e alienação. Se nada vai dar certo (ou se tudo vai dar certo, não faz diferença), por que devo me dar ao trabalho de pensar?

Esse raciocínio é muito mais utilizado do que se pensa. Pode tomar vários formatos: ser realista de mais ou realista de menos; ser pragmático de mais ou pragmático de menos; e assim por diante. A lista é infindável e faz parte dos fatores que dificultam a mudança de modos de pensar.

---

[11] HUME, David. *A treatise of human nature*, II.3 415.

[12] GRAY, John. *Straw dogs*: thoughts on humans and other animals. Nova York: Farrar, Straus and Giroux, 2007, p. 193.

A ação muitas vezes induz um pseudossentimento de segurança, que a reflexão pode ou não confirmar. Agir nos dá uma sensação de lógica e consistência. Nas palavras de Gray, a ação é um consolo para as dificuldades da nossa existência: "Não é o sonhador ocioso que escapa da realidade. São os homens e mulheres práticos que escolhem uma vida de ação para refugiar-se de sua insignificância."[13]

O indivíduo de mente operacional trabalha com "certezas", daí a fantasia de que as "melhores práticas" e agir *by the book* conseguem sempre superar o erro e a ilusão. As pessoas operacionais estão convencidas de que se usarem as "melhores práticas" obterão sempre os melhores resultados. É assim que a sabedoria convencional aplica a mecânica de Newton: pequenas ações levam a pequenos resultados; grandes ações produzem grandes resultados; logo, grandes causas produzirão sempre grandes efeitos.

A definição de "grandes causas" é tomada como indiscutível. Essa é uma forma de autoengano tanto mais eficaz quanto mais protegida: quem a usa quase sempre conta com o apoio da maioria. Esta, como se sabe, costuma acreditar em um dos chavões mais tradicionais do autoengano, o que afirma que ação vale mais do que a reflexão. É por isso que nas empresas os fazedores, os *doers*, são tão prestigiados. Mas sabemos que a neurociência já descartou essa visão sequencial. A relação entre pensamento e ação é circular, é um incessante *feedback*.

Como se sabe, em geral as pessoas operacionais não se dão bem com as de mente estratégica. Os fazedores não se dão bem com os pensadores, e transformaram em lugar-comum classificar o que não entendem como "teorias" ou "filosofia". Com essa atitude, imaginam que estão dispensados de pensar. São avessos a tudo aquilo que pode desviá-los da lógica binária, e para tanto usam com frequência estratégias de camuflagem, como se verá nos exemplos abaixo.

Histórias de tecnocratas e viscondes

Os Tecnocratas Predadores são personagens arquetípicos no universo dos grupos, organizações e instituições. São fazedores por excelência. Em geral são mais espertos do que inteligentes, mas orientam-se por um dos equívocos mais

---

[13] Id., ibid., p. 194.

comuns do anti-intelectualismo de nossa cultura: acreditar que esperteza e inteligência são a mesma coisa.

Raramente fazem amizades: mantêm relações rasas, cautelosas e só na aparência cordiais. Veem a amizade no trabalho como um tabu, embora tudo façam para camuflar essa convicção, porque percebem que ser amigo requer aproximar-se e compartilhar esperanças e receios e implica pensar, além de apenas funcionar de maneira mecânica. Enfim, inclui tudo o que eles não podem se permitir.

Os Tecnocratas Predadores vivem em um universo de pantomima e, conscientes disso ou não, esperam que todos os que com eles convivem façam o mesmo. A cordialidade operacional exige-lhes que tratem a todos da mesma maneira, o que além de superficializar as relações facilita o corte de laços na hora apropriada. É o que acontece quando as empresas precisam cortar custos (ou seja, eliminar pessoas) para melhorar seus resultados financeiros. Nesses momentos, eles são os homens certos para essa função.

Esse comportamento se baseia na ideia de que as pessoas são diferentes no trabalho e fora dele: o homem institucional é uma coisa e o homem de carne e osso é outra. Essa é mais uma das manifestações da nossa lógica binária, que divide tudo ao meio e assim cria um mundo artificial. É a lógica dos Tecnocratas Predadores: ela os divide ao meio e assim justifica a máxima que diz que se devem separar os negócios das amizades. Sou um no trabalho e outro fora dele. Sou um homem dividido, e isso pode até dificultar a minha vida, mas certamente facilita o meu funcionamento.

Mas há dúvidas sobre se homens divididos podem viver assim por muito tempo. Tais dúvidas me fazem voltar à obra de um escritor que sempre leio, cito e comento: Italo Calvino. Dessa vez escolhi seu livro *O visconde partido ao meio*.[14]

Eis um resumo da história. Era uma época de cavaleiros e batalhas campais, e estava em curso uma guerra contra os turcos. O visconde Medardo di Terralba havia deixado seus domínios, integrara-se à luta e agora cavalga com seu escudeiro. Logo é atingido por um tiro de canhão que o parte ao meio. Os ferimentos são muito graves, mas uma de suas metades sobrevive e é levada de volta a Terralba.

---

[14] CALVINO, Italo. *O visconde partido ao meio*. São Paulo: Companhia das Letras, 2000.

Seus familiares, empregados, e os demais habitantes dos domínios do castelo não demoram a perceber que a metade que voltara da guerra era a má. Logo ela começa a perpetrar grandes crueldades, entre as quais partir ao meio tudo aquilo que encontrava, coisas ou seres vivos. E assim Medardo, que era considerado um homem justo, passa a ser temido.

O tempo corre e um dia todos são surpreendidos pela volta da outra metade – a boa. Para surpresa ainda maior, ela era de uma bondade melosa, constrangedora e cheia de pieguices. Agora havia dois Medardos: um mau demais e outro bom demais. Depois de várias peripécias, as duas metades entram em confronto e é marcado um duelo para que possam resolver suas diferenças. Elas lutam e as feridas são reabertas. Quando tudo indicava que ambas morreriam, o Dr. Trelawney, um médico presente ao duelo, aproveita o reavivamento das lesões e reúne as duas metades pela cirurgia.

E assim Medardo di Terralba volta a ser um homem inteiro: nem bom nem mau, ou seja, bom e mau ao mesmo tempo. Volta a ser ambíguo e complexo e, como todo ser humano, obrigado por sua condição a conviver com os paradoxos da existência. Longe de ser mais uma história com final feliz, a novela de Calvino sugere um desafio. Em suas palavras, "talvez se esperasse que, uma vez inteiro o visconde, se abrisse um período de felicidade maravilhosa, mas é claro que não basta um visconde completo para que o mundo se torne completo".[15]

O que se aprende com essa metáfora é que os homens não podem ser divididos. Quando deixamos que nos dividam em dois, não somos nem uma parte nem a outra. Ficamos reduzidos a nada, porque perdemos uma das características essenciais da condição humana. Não podemos nos dividir em maus viscondes ou bons viscondes e manter essa separação, porque ela é artificial e não se sustenta por muito tempo.

Os Burocratas Predadores mais eficazes não são os de aspecto ameaçador. São os que enganam com seu comportamento aparentemente inofensivo de viscondes bons. A médio prazo, porém, essa encenação é percebida por todos. Percebida mas não admitida explicitamente: em geral ela é reprimida, e nesses casos a repressão e o conformismo funcionam como poderosos mecanismos de autoengano.

---

[15] CALVINO, *O visconde partido ao meio,* op. cit., p. 99.

Talvez seja difícil esperar mudanças genuínas de modos de pensar em ambientes em que predominam pessoas e condições assim. Mas talvez seja fácil demais imaginar que isso é impossível – e assim voltamos ao ponto de partida: é necessário pensar em profundidade. Costumo usar o verbo "sondar" para designar essa atitude.

Sondar

Com esse nome, designo o instrumento fundamental da mudança de hábitos de pensamento. A bem dizer, ele é a forma essencial de iniciar essa mudança. Significa que não devemos nos conformar com a redução como atitude única: entender que ela é necessária como primeiro passo, mas limitante quando vista como o único.

A circularidade redução ⇄ reampliação é um processo incessante. É assim que se aprende pela experiência, mas também pela reflexão, troca de impressões, conceitos e resultados. Sondar implica ter consciência de que muitas vezes a reampliação traz mais perguntas do que respostas. Essa circunstância às vezes assusta, mas ao fazê-lo questiona muitas das pretensas certezas trazidas pela redução.

Aproximar-se para ver de perto (reduzir) e afastar-se para ver de longe (reampliar, inteirar-se do contexto) são movimentos mentais úteis e eficazes. A técnica do *Zoom*, que faz parte do elenco de ferramentas do pensamento complexo, baseia-se nesse princípio. Por isso, é importante que a pratiquemos: como quem observa uma pintura e dela se aproxima e se afasta alternadamente, o que torna possível o exame dos detalhes e uma visão abrangente.

No cotidiano, é útil criar hábitos que permitam esses movimentos de redução e reampliação. Mas é necessária toda uma vivência e aprendizagem dos detalhes, para nos que nos capacitemos a ver de longe sem cair na generalização e na superficialidade, e ver de perto sem cair na superespecialização e nos perdermos nos detalhes. Nos dois casos, mais importante ainda é livrar-se do equívoco de que é possível ficar "fora" de nossas experiências, viver a vida sem participar dela. Fazemos parte do mundo e não há como escapar de nossa condição humana. A atitude objetiva é possível e muitas vezes desejável, mas a objetividade total não é.

A circularidade redução ⇄ reampliação permite que desenvolvamos o que George Day e Paul Schoemaker[16] chamam de visão periférica: a capacidade de detectar, interpretar e valorizar os sinais pouco perceptíveis da periferia, os eventos que estão afastados do nosso contexto imediato de espaço e tempo. Dessa maneira evitamos ficar limitados a um foco único ou a poucos focos.

Na acepção de Morin, que a seguir apresento e amplio, sondar significa:

- Pensar. Pensar de novo. Pensar em si mesmo pensando (questionar o próprio pensamento).
- Ir cada vez mais fundo. Examinar as questões a partir do maior número possível de ângulos.
- Não examinar nada apenas de modo sequencial. Olhar as coisas também de modo simultâneo, para o que é necessária a ajuda de outros.
- Prestar o máximo de atenção ao que mais nos contraria, ao que mais nos desafia, enfim, àquilo do que mais discordamos.
- Duvidar sempre, como aconselhava Descartes, mas não pelo prazer de ser cético ou refutar pela refutação, mas sim para aprender. Será que vi tudo o que havia para ver? Será que deixei algo de fora?
- Pedir ajuda: será que você vê o mesmo que eu? Discutir, de preferência com pessoas que tenham pontos de vista diversificados. Compartilhar ângulos, perspectivas e resultados. Pôr sempre à prova o que foi pensado. Revelar o caminho seguido para chegar a um determinado ponto de vista ou conclusão.
- Abandonar a invariabilidade das ideias de "problema resolvido", "situação sob controle" e "melhores práticas". Sondar é um processo interminável, e as coisas mudam de acordo com o contexto, as circunstâncias e os momentos.
- Não tentar excluir as emoções. Tudo começa com elas e só depois vai à racionalidade. É o que tem demonstrado a neurociência, confirmando

---

[16] DAY, George S.; SCHOEMAKER, Paul J. H. *Peripheral vision*: detecting the weak signals that will make or break your company. Boston, Massachusetts: Harvard Business School Press, 2006.

um secular *insight* de Leonardo da Vinci: tudo o que é real um dia já foi sonho.

- Não permitir que o ego (aqui também entendido como vaidade, húbris, ceticismo excessivo ou cinismo) perturbe a inteligência e o raciocínio.

Para que tudo isso possa ser feito, são necessárias a complementação e a alternância das visões focada e reampliada. Entretanto, não é isso que habitualmente fazemos em nossa cultura. Nossos hábitos mentais dominantes são baseados na crença de que nunca devemos perder o foco, e portanto precisa ter começo, meio e fim: uma causa, um efeito e está encerrado o processo.

Essa sucessão de reduções não seguidas de reampliação nos leva a uma visão entrecortada da realidade. Saímos de um passo a passo e entramos em outro, sem fazer ideia de como cada um deles se insere no âmbito maior do mundo e das nossas vidas. Essa fragmentação excessiva é estressante, cansativa e leva a problemas de atenção e concentração. Vamos a alguns exemplos.

A história da atenção despedaçada

Nas salas de aula e em muitos outros contextos, a disseminação dos *laptops* e telefones celulares que recebem e enviam *e-mails* tem produzido efeitos colaterais problemáticos. Se por um lado esses instrumentos facilitam o acesso à informação, de outra parte podem dificultar a manutenção da concentração.

Já se tornou trivial a observação de que os participantes de aulas, seminários e reuniões de trabalho com frequência usam seus celulares e *laptops* para finalidades que pouco ou nada têm a ver com a atividade de que participam. Também se sabe que essas ocasiões tendem a aumentar, em especial quando os usuários têm uma jornada de trabalho muito longa, como costuma ocorrer nas organizações atuais.

Em tais contextos, ou mesmo fora deles, o fenômeno se estende a quase todas as áreas das relações interpessoais. Há mesmo quem diga, em suposto tom de brincadeira, que quando duas pessoas conversam e o celular de uma delas toca é como se a outra se tornasse invisível: quem atendeu à chamada passa a dedicar sua atenção só ao telefone – como se o interlocutor tivesse sumido de sua presença. Por alguma razão, quem está distante passa a monopolizar a atenção, e a existência de quem está presente é momentaneamente ignorada.

Em geral, costuma-se não dar muita importância a situações assim, tão comuns no cotidiano. Mas a realidade é bem outra. Apesar de aparentemente não deixar sequelas, a repetição desses eventos cria um mal-estar não confessado mas nem por isso menos danoso. É o que os psicoterapeutas chamam de desconfirmação existencial: ao ignorar ainda que por instantes a existência do outro, não só o deixamos em situação desconfortável, como implicitamente lhe damos o direito de fazer o mesmo conosco.

Os psicoterapeutas também já notaram que não existem brincadeiras. Ao contrário, é quando alguém parece brincar conosco que devemos ficar mais atentos, pois é nesses momentos que são passadas mensagens importantes. Protegidos pelo tom brincalhão, os recados ficam aparentemente mais leves e menos comprometedoras, mas nem por isso deixam de manter seu conteúdo e intensidade. Por isso, a "invisibilidade" do interlocutor presencial gerada pelas ligações dos celulares é tão reveladora.

Interrupções constantes; risco de ofender o outro pela dispersão da atenção; colocação dos negócios acima das demais relações; prejuízos à concentração. Todos esses fenômenos têm sido apontados como consequências da fragmentação de conversas e reuniões causadas pelas consultas aos *smartphones* para atender a chamadas ou receber e enviar *e-mails*.

No universo corporativo, argumenta-se com frequência que as interrupções de conversas e reuniões para receber e responder *e-mails* são sempre necessárias, porque ampliam a agilidade e a produtividade. Talvez seja o caso de duvidar. De todo modo, a multiplicação dos meios de comunicação eletrônica levou à conclusão de que quanto mais estes proliferam menos há o que comunicar. Essa pode ser apenas uma tirada de humor, mas o certo é que a pressa e o imediatismo superficializam a mente e com ela os relacionamentos.

Logo no início do mandato presidencial de Barack Obama, um artigo da revista *Newsweek*[17] informou que o presidente americano teve de aceitar restrições do Serviço Secreto de seu país ao uso de seu *smartphone* pessoal. As razões apontadas foram relativas à segurança, mas esse fato ampliou a atenção que há tempos vinha sendo dedicada ao uso desses aparelhos.

---

17 BEGLEY, Sharon. Will the BlackBerry sink the presidency? *Newsweek*, 16 Febr. 2009, p. 30-33.

Tudo isso nos leva a perguntar o que há de consistente sobre o assunto. Vejamos alguns dados, alguns dos quais mencionados no artigo da *Newsweek*. Não é novidade que as sucessivas retomadas de uma atividade depois de interrupções tendem a fracionar a concentração dos participantes. A fragmentação excessiva da atenção tende a fazer com que as pessoas privilegiem as partes operacionais das conversas (mais fáceis de memorizar) em prejuízo das estratégicas, que requerem mais amplitude e profundidade de pensamento. Em outros termos, as sucessivas quebras de atenção tendem a levar as pessoas a se prender a detalhes de microgestão e dados pouco significativos.

Esses fenômenos têm sido bem estudados ultimamente, e o que se sabe é que a fragmentação prejudica não só a atenção focal como a global – e sabemos como é importante que as duas se complementem. Sob a pressão por energia extra para as sucessivas retomadas do assunto ou atividade, o estresse aumenta e as conexões neuronais desfeitas muitas vezes não se restabelecem como deveriam. Fatos e ideias que deveriam ser interligados permanecem afastados uns dos outros. Acontecimentos periféricos e premonitórios, pouco nítidos porém importantes e que só podem ser detectados por meio da atenção não constantemente desviada, tendem a passar despercebidos.

Nos últimos tempos, a presença inadequadamente detectada ou não detectada desse tipo de sinais tem gerado várias crises, algumas delas de consequências trágicas. Para citar apenas duas, lembremos o 11 de setembro de 2001, nos EUA, e a crise econômica de 2008. Pesquisas mostraram que pilotos interrompidos com frequência nas cabines pelas comunicações de rádio e mensagens escritas durante o *checklist* que precede os voos podem esquecer etapas cruciais dos procedimentos de decolagem. Um desastre ocorrido durante a decolagem em Madri, com 153 mortes, foi atribuído a um erro induzido por interrupções dessa natureza.

Hoje se sabe que o excesso de interrupções do fluxo do pensamento pode prejudicar a capacidade de compreensão de situações e, portanto, a tomada de decisões. Muitas pessoas podem levar até 15 minutos para retomar suas tarefas depois de uma interrupção. Com isso se perdem dados importantes, e não raro fundamentais, para os processos decisórios. Há também o *game effect*. Sabemos que receber e enviar *e-mails* e outros tipos de mensagem têm um componente lúdico. Além de uma certa medida, essa atividade pode se transformar em um jogo, e fazer com que as pessoas deixem de perceber as diferenças entre o que é meio e o que é fim.

A multiplicidade de fatores que a todo momento dificultam as relações interpessoais (distância, dificuldade de acesso, escassez de tempo) gera uma carência de comunicação, que por sua vez leva a tentativas de substituir além de um limite sensato as interações presenciais por meios eletrônicos. Dessa maneira, quanto mais substitutos ineficazes para a comunicação, menos comunicações eficazes. E assim se fecha o ciclo.

Tudo visto, persiste a questão de se é ou não conveniente fracionar com frequência a atenção em aulas, reuniões e atividades similares, para receber e responder *e-mails* e telefonemas. Como acontece com muitas outras questões, esta não pode ser resolvida em termos de sempre certo ou sempre errado. É preciso encontrar a medida certa que, como sempre acontece em casos assim, é fácil de propor e difícil de praticar. Somente a prática poderá determiná-la, e mesmo assim de modo nem sempre incontestável.

De todo modo, a experiência tem demonstrado que entre os múltiplos desafios do dia a dia das escolas, empresas e muitos outros ambientes, esse é um dos que mais demandam bom-senso e reflexão. E não há receitas infalíveis. Dada a grande variedade e diversidade de estilos e características individuais, condutas adequadas para alguns indivíduos podem não sê-lo para outros. Como em qualquer contexto, nesse também precisamos aprender a lidar com a diferença, as mudanças constantes e a incerteza.

Surpresas, riscos e apostas

Saber lidar com a incerteza é antes de tudo saber lidar com as pretensas certezas. Estas costumam ser veiculadas por meio do que Morin chama de "palavras mestras".[18] As palavras mestras são a expressão do pensamento único, que por sua vez delas se alimenta. São modos clássicos de manifestação da repetição, dos conservadorismos e da resistência à mudança. São também instrumentos de redução e negação da diversidade, multiplicidade e adaptabilidade. São, enfim, o ponto de partida para

[18] MORIN, Edgar. *Pour entrer dans le XXIe siècle*. Paris: Seuil, 2004, p. 127-128.

os autoritarismos de todas as espécies, nos quais se aliam duas características bem conhecidas: o máximo de ilusão de controle e o máximo de pobreza de espírito.

A compreensão do significado do erro, da ilusão e da incerteza é um pré-requisito para mudar de modo de pensar. Utilizar técnicas de mudança sem saber o que se faz equivale a comportar-se como um autômato, com comandos predeterminados que o fazem funcionar sempre da mesma maneira e chegar sempre aos mesmos resultados. Mudar de modo de pensar é abrir-se às surpresas, aceitar riscos ou, como diz Morin, lembrando Pascal, fazer apostas.

São conhecidas a ideia de aposta de Pascal[19] e também as relações desse filósofo com a ciência da complexidade. A ideia pascaliana de aposta (*pari*) influenciou muito o trabalho de Morin, para quem as escolhas obviamente incluem a incerteza e a imprevisibilidade e, portanto, não deixam de ser apostas.

Para Pascal, o conceito de aposta está relacionado à crença religiosa. Ao falar da existência de Deus, ele argumenta da seguinte forma: se vivermos como se Deus não existisse, faremos uma aposta e corremos o risco de não encontrar a salvação depois da morte. Se vivermos como se Deus existisse, essa aposta nos traz os benefícios e consolos que a fé nos dá ao longo da vida. Portanto, é justificável apostar na existência divina: "Deus existe ou não existe; mas para que lado penderemos? A razão nada pode determinar a esse respeito. [...] É preciso apostar. É inevitável, estais embarcados nessa."[20]

A ideia de aposta significa uma recusa à argumentação racional exclusiva. Para Pascal, apesar de ela estar ligada à crença religiosa, também é uma forma de raciocínio pragmático: se não somos capazes de provar a inexistência de Deus é mais seguro, por via das dúvidas, que vivamos com base na hipótese de sua existência.

Trata-se, pois, de uma argumentação de custo-benefício. Em quaisquer circunstâncias é impossível não apostar, pois tomar uma posição fatalista do tipo "o que tiver de acontecer acontecerá" não deixa de ser também uma aposta. Na prática, nós a fazemos com frequência: deixamos o futuro ao acaso e muitas vezes, ironicamente, dizemos "seja o que Deus quiser", mesmo ao apostar em

---

[19] MARIOTTI, Humberto. A razão do coração: Blaise Pascal e o pensamento complexo. Disponível em: <www.humbertomariotti.com>.

[20] PASCAL. *Pensamentos*, 418 (233).

sua inexistência. Ou seja: em uma situação em que as chances são *fifty-fifty*, "arriscar o finito para ganhar o infinito é, evidentemente, uma medida da máxima conveniência".[21]

A crença suaviza a convivência com o risco. Ela também pode mudar o comportamento de algumas pessoas: torna-as menos indecisas, o que diminui o risco de conviver com elas. Contudo, quando somada à ingenuidade excessiva, a fé pode tornar as pessoas muito manipuláveis.

É evidente que a crença não precisa ser só em Deus. No planejamento estratégico de uma empresa, por exemplo, aposta-se em um ou mais de vários cenários futuros. Dessa forma, "pomos fé" em nossas estratégias e/ou investimentos. Adotamos a posição de Morin, que recomenda que tenhamos consciência nessas apostas filosóficas e políticas.

Há muitos escritos sobre a ideia pascaliana de aposta. Muitos deles são de natureza matemática, e por isso não têm interesse para os objetivos deste livro. Para Gilles Deleuze, a visão que Pascal tem da aposta não está ligada à existência ou não de Deus. É uma posição antropológica, que se refere a dois modos de existência humana: a do homem que diz que Deus existe, e a do que diz que Deus não existe.[22]

Na opinião de Taleb,[23] o argumento de Pascal é teologicamente inválido, pois pressupõe que Deus não nos castigaria por fingirmos acreditar nele com segundas intenções. Ou então teríamos de acreditar em um Deus suficientemente ingênuo para não perceber isso. A esse respeito, Taleb menciona uma tirada atribuída a Bertrand Russell, segundo a qual Deus precisaria ter criado tolos para que o raciocínio de Pascal sobre a aposta pudesse ser posto em prática.

Entretanto, para o mesmo Taleb a posição de Pascal tem aplicações importantes fora da teologia, porque permite que nos concentremos na recompensa e nos benefícios quando avaliamos riscos e probabilidades. É nesse sentido que a ideia de aposta como aceitação de riscos é útil para lidar com a incerteza.

---

[21] PASCAL. *Pensamentos.*

[22] LEBRUN cit. no ensaio sobre Pascal.

[23] TALEB, Nicholas N. *The black swan*: the impact of the highly improbable. Nova York: Random House, 2007, p. 210.

Morin observa que não devemos associar sempre a ideia de aposta a jogos de azar ou projetos que implicam riscos proibitivos. Para ele, apostar equivale a trazer a incerteza para perto da esperança. Quando apostamos, introduzimos em nossas vidas e ações o desejo e o comprometimento. Sem a disposição para apostar não há estratégia nem enfrentamento de desafios, seja o que for que estiver em jogo. Apostar é uma forma de lidar com a aleatoriedade e a incerteza. Dado que estas estão entre as dimensões fundamentais da condição humana, pode-se dizer que viver inclui inevitavelmente um certo grau de aposta.

No entender de Morin, a aposta também nos protege contra o erro. Como modo de lidar com a incerteza, diz ele, a ideia de aposta é uma parte importante do pensamento de homens como Pascal, Dostoievski, Miguel de Unamuno, Theodor Adorno e Lucien Goldmann, este último autor de um estudo importante sobre Pascal.

À ideia pascaliana de aposta Morin acrescenta a de Dostoievski, que está em seu romance *Os irmãos Karamazov* e contém uma frase famosa: "Se Deus não existe e a alma é mortal, tudo é permitido." E se assim é, em seguida haverá uma série de eventos que levarão à desagregação total. Por isso é melhor que acreditemos na existência de Deus.[24]

Para lidar com o erro e a incerteza, Morin recomenda que usemos a racionalidade e propõe as atitudes a seguir descritas e brevemente comentadas.

Em relação ao ambiente. Vários pensadores já assinalaram que o mundo resiste à nossa presença. Não podemos mudá-lo apenas por meio do nosso desejo e de nossa imaginação. Embora estes sejam inspiradores, as mudanças só ocorrem por meio de investimentos em energia, recursos adequados e abordagens eficazes.

Por isso, interagir com o ambiente requer respostas às seguintes perguntas:

a) Do que é observável, o que pode ser mudado?

b) As mudanças devem ser inicialmente macroestruturais (no todo) ou a princípio microestruturais (nas partes que o compõem)?

c) Os agentes de mudança têm poder político e econômico para efetuar as mudanças desejadas?

---

[24] MORIN, *Pour entrer dans le XXIe siècle,* op. cit., p. 102-103.

d) Se não têm, que mudanças podem ser feitas com os recursos e poderes atualmente disponíveis?

Em relação à prática. Derivam da anterior, e também da noção já vista de que a sequência filosofia → métodos → técnicas → resultados não é linear. Os resultados não são separados das técnicas, dos conceitos e da filosofia. Ao contrário, filosofia, métodos, técnicas e resultados interagem entre si em uma relação de circularidade: filosofia ⇄ métodos ⇄ técnicas ⇄ resultados. Por isso, a atitude em relação à prática requer que a todo momento comparemos o que queremos (desejos), o que imaginamos (ideias e conceitos) e os resultados (produtos) efetivamente obtidos.

Em relação à mente. Referindo-se a pesquisas da neurociência, Morin assinala que não existe em nosso cérebro nenhuma estrutura ou função que nos permita distinguir com clareza a alucinação da percepção do real, o sonho da realidade e o imaginário do concreto. Quem imagina que essas distinções são "objetivamente" possíveis está condicionado pelo realismo ingênuo. Já tratei antes desse aspecto neste livro e em outros textos, nos quais o leitor encontrará detalhes.[25]

Trabalhar com a mente inclui o uso da memória, auxiliada por operações lógicas. As perguntas que devem ser formuladas são:

a) Existem registros históricos confiáveis, que resistam a uma análise feita com base em critérios verificáveis?

b) Estamos preparados para pensar de modo a ver as partes em separado sem perder de vista a noção de conjunto? Ou, inversamente, pensar em termos de conjunto (pensar global) sem perder de vista as partes isoladas (pensar focal)?

c) Estamos preparados para pensar em termos de curto prazo, quando isso for necessário, e também em termos de longo prazo, nos casos que isso for preciso?

---

[25] MARIOTTI, Humberto. *Pensamento complexo*: suas aplicações à liderança, à aprendizagem e ao desenvolvimento sustentável. São Paulo: Atlas, 2007, p. 12.

Esse tipo de preparação exige uma mudança de hábitos de pensamento, o que em muitos casos pode ser feito por meio de treinamentos especializados.[26] Atualmente essa providência é muito necessária. Uma pesquisa realizada entre as 500 maiores empresas catalogadas pela revista *Fortune* mostrou que 85% dos entrevistados afirmaram que suas companhias não dispunham de um número suficiente de líderes globais.[27]

Essa mesma pesquisa definiu as principais características dos líderes globais:

a) capacidade de inquirir (proatividade e busca de novas experiências);
b) ligação emocional (racionalidade em vez de racionalismo);
c) integridade (comportamento ético);
d) capacidade de lidar com a incerteza;
e) conhecimento organizacional e empresarial (pensamento estratégico, conhecimento das oportunidades de mercado, capacidade de lidar com desafios como diversidade cultural e de idiomas, legislações diversas, contextos geográficos variados, concepções diferentes de poder e política e assim por diante).

Como se vê, os líderes de hoje precisam de muito mais do que as habilidades e competências técnicas convencionais para o bom desempenho de suas funções, em especial quando confrontados com situações de incerteza.

A incerteza pede o auxílio da estratégia. A ideia de que o mundo em que vivemos é incerto e sujeito à aleatoriedade veio da experiência cotidiana e foi confirmada pelas descobertas da microfísica, da termodinâmica, da cosmologia, da teoria da evolução, da neurociência cognitiva e das pesquisas dos historiadores. A esse respeito, Morin escreveu: "O inesperado nos surpreende, mas o novo brota sem parar. Deve-se esperar o inesperado."[28]

---

[26] GARDNER, Howard. *Mentes que mudam*: a arte e a ciência de mudar as nossas ideias e as dos outros. Porto Alegre: Artmed/Bookman, 2005.

[27] GIBSON, James L.; IVANCEVICH, John M.; DONNELY JR., James H.; KONOPASKE; Robert. *Organizações*: comportamento, estrutura e processos. São Paulo: McGraw-Hill, 2006, p. 317.

[28] MORIN, Edgar. *Les sept savoirs nécessaires à l'éducation du futur*. Paris: Seuil, 2000, p. 14.

A tarefa de lidar com a incerteza e os imprevistos requer a postura estratégica. Ela permite que modifiquemos nossas ações e expectativas ao longo do tempo. Morin recorda a frase de Eurípides, tragediógrafo da Grécia antiga: "O esperado não se cumpre, e ao inesperado um deus abre caminho."[29]

Seguindo Eurípides, Morin acrescenta: "Quando o inesperado se manifesta é preciso que sejamos capazes de rever nossas teorias e ideias."[30] Para adquirir a capacidade de revê-las, é indispensável que nos capacitemos a aprender por adaptação – o aprendizado que muda nossas estruturas de percepção e, em consequência, nosso comportamento. O que, por sua vez, nos torna adaptáveis às mudanças. Se permitirmos que a racionalização prevaleça sobre a racionalidade, não seremos capazes de desenvolver esse tipo de aprendizado. Em consequência, diante das mudanças continuaremos a adotar os mesmos comportamentos de sempre e a repetir os mesmos erros. Ser adaptativo inclui não esquecer que esperar o inesperado é uma atitude estratégica, que vem da convicção de que se o futuro é incerto isso não quer dizer que devemos aguardá-lo passivamente.

Como sugere Morin, para lidar com a incerteza são importantes duas disposições: (a) buscar informações, selecioná-las, organizá-las e interligá-las; (b) ter presente que as informações, mesmo quando vindas de muitas fontes e interligadas, não são suficientes: é preciso que elas sejam situadas e pensadas nos contextos pertinentes de espaço e tempo.

Aprendizagem e adaptação

Já sabemos que a principal propriedade dos sistemas complexos é a capacidade de adaptar-se. Adaptar-se equivale a aprender a conviver. Aprendizagem adaptativa é a que muda o comportamento dos sistemas complexos por meio de experiências vividas. Aprender pela experiência é sinal de adaptabilidade. Entretanto, como mostra a história, os seres humanos dificilmente podem ser colocados entre os mais sábios, justamente porque têm dificuldade de aprender pela experiência.

[29] Id., ibid., p. 14.

[30] Id., ibid., p. 31.

A evolução de um sistema implica sua modificação e reorganização em graus crescentes de complexidade, ou seja, em patamares superiores de adaptabilidade que permitam a manutenção de sua integridade. Quanto mais adaptável/complexo for um sistema, mais longevo ele será. No caso dos seres humanos, a modificação das estruturas perceptivas permite que mudemos de modo de pensar e aprendamos com as pressões evolutivas/adaptativas do ambiente.

Os condicionamentos dificultam que a estrutura interna continue a determinar como os sistemas vivos devem se comportar diante das mudanças do meio externo. Em termos humanos, eles dificultam ou até impedem que as pessoas mudem de modo de pensar, o que é indispensável para que elas se mantenham em relação adequada com a realidade. Ao manter rígidos os sistemas, os condicionamentos atrapalham seu processo de auto-organização, diminuem sua adaptabilidade e, portanto, sua sobrevida. Quanto mais complexo for, mais adaptativo e longevo será o sistema e a recíproca é verdadeira. A experiência tem mostrado, às vezes de modo extremamente duro, a veracidade desse conceito. É o que veremos no exemplo a seguir.

A história das histórias desconectadas: 11 de setembro de 2001

Os dados a seguir apresentados, aos quais acrescento interpretações e comentários, estão no livro *Peripheral vision*, de Day e Schoemaker.[31]

Cerca de cinco meses antes dos ataques terroristas ao World Trade Center de Nova York, em 11 de setembro de 2001, a Federal Aviation Administration (FAA) havia começado a receber relatórios de inteligência que falavam da ameaça desses ataques. Foram 105 ao todo, e neles o nome de Osama Bin Laden era citado nada menos que 52 vezes. As fontes dos relatórios foram a CIA, o FBI e o Departamento de Estado dos EUA, e um deles se referia explicitamente a aviões sequestrados por terroristas e projetados contra prédios altos de Nova York.

Ao longo de todo esse tempo, os relatórios percorreram vários pontos da rede da burocracia governamental americana, mas não foram devidamente analisados (redução) e interpretados (reampliação, inserção em um contexto maior), e por isso não adquiriram o grau de clareza estratégica necessária.

---

[31] DAY, George S.; SCHOEMAKER, Paul J. H. *Peripheral vision*: detecting the weak signals that will make or break your company. Boston, Massachusetts: Harvard Business School Press, 2006, p. 74-76.

O mais grave, porém, é que esses pontos da rede burocrática não foram interligados: as agências que receberam os relatórios limitaram-se a encaminhá-los à FAA sem antes se comunicarem entre si. Como observam Day e Schoemaker, a detecção dos sinais foi feita, mas as evidências não foram cruzadas. O conhecimento permaneceu fragmentado.

É caso de perguntar por que as agências não se comunicaram entre si. A resposta não é difícil: trata-se de um problema cultural. Falei sobre isso logo no início do Capítulo 1 e agora é o momento de aplicar aqueles conceitos. Informações isoladas têm um valor. Quando confrontadas e reunidas, têm outro: passam a ser conhecimento. Essa é uma conclusão aparentemente óbvia, mas não tão óbvia que tenha o poder de modificar a percepção de valor dominante em nossa cultura. Entre nós, ainda é embrionária a percepção de que o cruzamento de dados gera informações e a reunião destas produz conhecimento. O leitor argumentará que uma coisa tão simples não pode ser desconhecida. E de fato não é – mas com certeza ainda não é parte importante do nosso modo habitual de pensar.

Nossa cultura é mineradora: estamos acostumados a quebrar os minérios e extraí-los. A ideia de que rejuntar os fragmentos pode produzir algo novo e mais valioso até existe, mas quase só em termos de coisas concretas. Ainda é rudimentar em relação a intangíveis, como informações, e muitos de nossos gestores ainda as classificam como "teóricas" ou "filosóficas". Como dizem Ricardo Guimarães e Romulo Pinheiro, "a interação faz a inteligência. E isso é intangível".[32]

Ainda estamos muito no início do processo de compreender do que são intangíveis, o valor que eles têm e, mais ainda, de entender que não podemos controlá-los, como imaginamos que é possível fazer com as coisas que chamamos de "sólidas" e "concretas".

Essa compreensão em boa medida ainda nos é estranha, porque estamos acostumados a basear nossos raciocínios em evidências fragmentadas. Ainda não estamos inteiramente convencidos de que quando reunimos os fragmentos emergem novos conhecimentos. Ainda estamos distantes de compreender o valor de tais conhecimentos – e pagamos o preço desse distanciamento.

---

[32] GUIMARÃES, Ricardo; PINHEIRO, Romulo. Branding – identidade, relações e valor de mercado. In: ZANINI, Marco T. (Org.). *Gestão integrada de ativos intangíveis*. Rio de Janeiro: Qualitymark, 2008, p. 102.

A história que acabamos de ver é tristemente antológica como amostra da prevalência do modo de pensar cartesiano em nossa cultura: continuamos presos à crença limitante de que o exame das partes deparadas é suficiente. Estamos tão condicionados que não nos ocorre que as partes estão em um todo – que os eventos ou suas possibilidades precisam ser examinados não apenas em separado, mas também em conjunto. E, além disso, devem ser inseridos em contextos de espaço e tempo para que possam fazer sentido.

Dada a nossa dificuldade de sair do modo fragmentado de pensar, convém mais uma vez repetir um dos princípios básicos da ciência da complexidade: o que determina a complexidade de um sistema não é o número de elementos que o compõem, mas sim o número de conexões entre esses elementos. Mais conexões é igual a mais complexidade e mais adaptabilidade. Esta, por sua vez, inclui mais capacidade de interação e, quando for o caso, defesa contra as mudanças do ambiente. Menos conexões implicam menos complexidade e menos adaptabilidade. O fato de os governos não conseguirem chegar a um consenso sobre como lidar com fenômenos como o aquecimento global é uma evidência dessa pouca adaptabilidade.

A história do 11 de setembro mostra como a eficiência das comunicações é vital para a sustentabilidade. Não devemos nos esquecer de que, nas empresas, as comunicações deficientes entre pessoas e áreas geraram a conhecida metáfora dos "silos organizacionais", que são quase sinônimos de pouca competitividade.

Fenômenos emergentes

Para William Hudson o tempo e o conhecimento estão ligados, fazem parte de um *continuum*. O aumento do conhecimento requer tempo, mas a própria passagem do tempo nos priva de oportunidades de aprendizagem. Além disso, ela traz questões que não podemos responder por falta de conhecimento adequado. Por isso, os *insights* são fundamentais: são fagulhas de diferença que emergem inesperadamente por entre as frestas do cotidiano.

Os *insights* atenuam a dependência que o conhecimento tem do tempo. Por isso, é preciso aumentar nossas possibilidades de tê-los, o que se consegue estimulando a existência de contextos informais e favoráveis à criação.

Por outro lado, a cultura cientificista/mecanicista dominante procura reduzir as surpresas, as emoções e as novidades – enfim, o que não estiver no *script*. Como resultado, quase sempre tudo o que ela consegue é travar a criatividade, bitolar as pessoas e torná-las inseguras. O racionalismo não reduz o emocionalismo: no limite, aumenta-o e por fim o transforma em estresse.

Em certos meios, tornou-se um lugar-comum dizer que a Terra está ameaçada pela presença dos humanos. Mas a ameaça real é a prevalência na mente humana de um modo de pensar formatado pela razão instrumental-utilitarista. Apelos emocionais, ameaças apocalípticas e exortações piegas não diminuirão essa unilateralização. Seria melhor que os esforços se voltassem não para posições sentimentais (e às vezes moralistas), e sim para o que realmente conta: a necessidade da mudança de atitude como imperativo de sobrevivência.

O problema é como conseguir isso em sociedades tão infantilizadas e alienadas como as nossas. As dificuldades não são pequenas e já falei extensamente sobre elas em meus livros anteriores. No atual estado de coisas, parece difícil que consigamos nos livrar inteiramente desse condicionamento, mas começa a surgir certo número de evidências que nos permitem presumir que ele pode ser atenuado. O fenômeno das redes de conversação é uma dessas evidências, e talvez seja o mais importante. Nossas visões de mundo se tornam mais claras e podem ser mais facilmente modificadas quando discutidas, modificadas e ampliadas por meio dessas redes.

Os hábitos mentais são constelações de ideias, conceitos e crenças. São sistemas, e por isso podemos imaginá-los como conjuntos de pontos interligados. Como em todo sistema, eles também têm pontos e conexões mais fracas ou cuja consistência é flutuante – os chamados pontos de alavancagem. Tais pontos e conexões são mais sensíveis a intervenções e, como se trata de redes, mobilizá-los pode mobilizar o sistema inteiro. Localizar os pontos de alavancagem de um sistema de ideias e crenças pode contribuir para mudar decisivamente os modos de pensar de um indivíduo, grupo, instituição ou organização. Essa é a função das ferramentas conceituais e operacionais do pensamento complexo.

Já sabemos que mudar o mundo implica compartilhar modos de pensar. Por exemplo, as mudanças econômicas globais que Don Tapscott e Anthony Williams identificaram e reuniram sob a designação de *Wikinomics* seguem essa trilha e têm as seguintes características:

a) *peering*: inovar juntamente com todos, em especial com os clientes;

b) compartilhamento: compartilhar conhecimentos que antes eram reservados;

c) colaborar em massa, isto é, no âmbito global;

d) agir globalmente.

Além das *wikis*, convido o leitor a pensar em termos de *blogs*, *twitters*, redes de relacionamento e outras redes que ainda surgirão. As visões de mundo individuais potencializam os indivíduos, o que por sua vez potencializa as redes de conversação e as culturas. Tudo isso, é claro, retroage sobre os indivíduos.

De acordo com Dee Hock, quanto mais ossificados forem nossos modos de pensar (que ele chama de "modelos internos de realidade"), mais difícil será para perceber e entender que as coisas estão sempre em mudança. Sem essa percepção é difícil compreendê-las e modificá-las. Essa é a nossa situação atual, afirma Hock, e ela tende a piorar. Para ele, no inconsciente de quase todos nós há um modelo mecanicista, fragmentador, de causalidade simples (uma causa, um efeito) e de comando-e-controle.[33]

Edward de Bono vê os caminhos principais da percepção por meio da metáfora dos vales por onde correm os rios. Os vales coletam as informações disponíveis, e tudo que corre na direção dos rios é orientado nessa direção. Se conseguirmos sair desse fluxo ou área de drenagem, teremos boas chances de entrar em outras áreas, isto é, trilhar novos caminhos.[34]

Esses vales são o que se costuma chamar de *mainstream*. Sabemos que não é fácil sair dessa bitola: toda mudança pressupõe resistências, porque desafia conservadorismos e ortodoxias. De Bono chama essas resistências de "atitude de manutenção": os gerentes estão convencidos de que sua função é manter as coisas em funcionamento e resolver os problemas à medida que eles aparecem.[35] Com

---

[33] HOCK, Dee. *Nascimento da era caórdica*, p. 216.

[34] DE BONO, Edward D. *Criatividade levada a sério*. São Paulo: Pioneira, 1997, p. 39.

[35] Id., ibid.,, p. 22.

efeito, todos sabem que uma estratégia muito usada para vender produtos de consultoria é apresentá-los como uma "ferramenta de resolução de problemas" – ou seja, como uma receita.

Por outro lado, todos também sabem que a grande parte das receitas não funciona na prática justamente porque são receitas. Mas esse conhecimento é cuidadosamente escamoteado, e com isso volta-se à tradicional "gerência de manutenção", para usar outra expressão de De Bono. A suposição básica é que as questões relativa e inovação, estratégia ou custos devem ser delegadas a outros.

É óbvio que o mundo real não segue essa lógica tão rudimentar e é preciso mudá-la. Mas essa mudança exige liderança e comunicação. Já vimos que para o psicólogo Howard Gardner a retórica é o principal instrumento de mudança de mentes. A seu ver, quanto mais estivermos emocionalmente envolvidos com uma determinada causa ou modo de pensar, mais difícil será a mudança. Gardner cita um exemplo bem conhecido: o que aconteceu com os chamados "socialistas históricos", que ignoraram a revelação dos crimes de Stalin na antiga União Soviética e preferiram manter suas ligações com o comunismo idealizado. É um exemplo típico de dissonância cognitiva seguida de autoengano.

Essas são duas forças muito poderosas em nossa cultura. No plano prosaico do dia a dia, elas geram um fenômeno conhecido: todo fim de ano os meios de comunicação são povoados por magos, adivinhos, videntes e charlatães de variadas origens, que lançam suas profecias para o ano entrante. Em especial, aplicam-nas a figuras famosas do mundo artístico e político.

Como todos sabem, a quase totalidade dessas previsões não se concretiza. Em termos históricos, já é clássico (e também cansativo) um fenômeno semelhante: de tempos em tempos anunciam-se catástrofes terríveis, entre elas o fim do mundo há pouco mencionado quando falei sobre dissonância cognitiva. Foi assim no ano 1000 e no ano 2000, só para citar dois exemplos.

Como sabiamente observou Edward O. Wilson, os humanos preferem crer a conhecer. Tanto é assim que o fato de essas e inúmeras outras profecias não se realizarem de modo algum diminui seu impacto sobre milhões de pessoas. A não realização é invariavelmente "explicada" por meio de racionalizações diversas, que as pessoas crédulas aceitam (e muitas vezes compram) sem contestação. Logo em seguida novas previsões/profecias são lançadas e – também invariavelmente – contam com a credulidade geral. O mercado da fé é reconhecidamente poderoso.

Esse fenômeno pode ser compreendido por meio de dois raciocínios principais: (a) as pessoas precisam crer em algo que lhes dê segurança psicológica, mesmo que esta ao mesmo tempo as ponha num estado de temor reverencial; (b) ao acreditar nessas previsões/profecias, elas dão aos que as fazem um *status* diante do qual se colocam como "fiéis". Não há nenhuma novidade nisso. Trata-se do antiquíssimo fenômeno da servidão voluntária, do qual já falava Étienne de La Boétie no século 16.[36] Acredito que é importante citar sempre esse fenômeno, porque as evidências disponíveis parecem situá-lo entre as características mais profundas da natureza humana.

Para Morin, vivemos em uma época em que as ideologias e a realidade se afastaram entre si. Os ideólogos desiludidos acusam a realidade de tê-los enganado. O adequado, argumenta Morin, seria que os ideólogos se perguntassem se não foram eles que se enganaram.[37] Essa seria uma atitude sábia, mas reconhecer o erro é difícil: racionalizar e autoenganar-se é bem mais fácil.

De todo modo, a rapidez, a multiplicidade e a diversidade dos eventos em permanente mudança confundiram os ideólogos, essa confusão inclui a dificuldade de perceber as evidências de que o tempo das ideologias já passou, e chegou o tempo das ideias que se autoquestionam e se deixam questionar. Os ideólogos ainda estão presos ao que chamo de síndrome dos "bons tempos, aqueles": a fantasia de que é possível voltar ao não flexível, às pseudocertezas. Um exemplo é a insistência em insistir com determinadas políticas e estratégias, mesmo diante de evidências de que elas não dão os resultados desejados.

A opção MU

Ao falar a respeito da lógica binária e sua prevalência em nossa cultura, Pirsig descreve a resposta *mu*, que faz parte da cultura japonesa.[38] Sabemos que um exemplo

---

36 LA BOÉTIE, Étienne de. *Servidão voluntária.*

37 MORIN, *Pour entrer dans le XXIe siècle,* op. cit., p. 71.

38 PIRSIG, *Zen and the art of motorcycle maintenance,* op. cit., p. 330.

da lógica binária é o código que está na memória da maioria dos computadores: "zero/um". Por esse modelo, entre dois opostos (sim ou não, preto ou branco) não há alternativas.

Pirsig observa que na cultura japonesa a resposta *mu* significa "coisa alguma". Por oposição ao código binário, *mu* significa "nem zero nem um". Na linguagem coloquial, quer dizer "nem sim nem não". *Mu* é uma maneira de dizer que a resposta binária "sim ou não" nem sempre é adequada para todas as perguntas.

Como explica Pirsig, há questões cujo sentido é amplo demais para a resposta binária. Em seu exemplo, quando perguntaram a um monge zen se um cão tinha a natureza de Buda ele respondeu "*mu*", e com isso quis dizer que se a resposta fosse "sim" ou "não" estaria errada. Em outros termos, a natureza de Buda não pode ser apreendida por meio de perguntas que implicam respostas binárias.

Don't jump to conclusions (não conclua de imediato) é uma frase muito usada nos EUA, que ilustra a questão da opção *mu*. Pirsig sugere que em caso de dúvida entre as respostas "sim" e "não" convém deixar a questão temporariamente em aberto, isto é, adotar a opção "nem sim nem não" até que a situação se defina melhor. Essa atitude implica abrir tempo para a reflexão e a eventuais *insights*. Na prática, significa esperar que o sistema se auto-organize e chegue a um patamar superior de adaptabilidade.

É o que o filósofo Jacob Bazarian chama de intuição heurística.[39] A opção *mu* evita que saltemos de imediato para o "sim" ou "não". Ela pode impedir que cheguemos a conclusões equivocadas e tomemos decisões erradas. É muito mais importante do que parece, como meio de tomada de decisões e resolução de problemas: é uma atitude eficaz para lidar com a incerteza.

Ao opção *mu* pode ser usada intencionalmente como instrumento para escapar das armadilhas da lógica dualista. É um intervalo de liberdade de pensamento, e portanto uma abertura para a criatividade.

Sabemos que em nossa cultura existe o quase-dogma de que tempo é dinheiro. Cultuamos o curto prazo e desvalorizamos a reflexão. Isso nos parece coerente, mesmo diante das evidências de que tal postura muitas vezes leva ao resultado

---

[39] BAZARIAN, Jacob. *Intuição heurística*. São Paulo: Alfa-Ômega, 1973.

oposto. Mas também sabemos que essas evidências até agora não têm sido suficientes para mudar a forma de pensar dominante. Em consequência, apesar de óbvias, as considerações a seguir não podem ser consideradas dispensáveis.

É claro que não se trata de ficarmos indefinidamente na opção *mu*. Para ela também existem limitações. Mesmo ressalvadas as situações de crise, nas quais é preciso decidir de imediato, em muitos casos, talvez na maioria, é possível abrir espaços de reflexão. É nessas circunstâncias que a opção *mu* pode ajudar. Há pouco escrevi que o intervalo entre o "sim" e o "não" é um espaço de liberdade que, ressalvadas as crises, nos afasta da opção de lutar ou fugir.

Nos casos em que saltar às conclusões é ineficaz, torna-se necessário refletir. Entretanto, nesses momentos a opção *mu* não deve ser confundida com hesitação. Essa confusão em geral é feita por quem está condicionado a saltar às conclusões. Mas trata-se de um engano, característico de quem se julga capaz de observar situações sem participar delas. Com efeito, quem se imagina "de fora" tende a confundir reflexão com hesitação, porque o não envolvimento inclui a tendência a avaliar as pessoas apenas com base em seu comportamento visível.

Em tais circunstâncias, é difícil perceber a diferença entre refletir e hesitar. Trata-se de uma dificuldade antiga, a que os filósofos deram o nome de "problema das outras mentes". Este gera muitos outros problemas, entre os quais imaginar que como não conseguimos penetrar na mente dos outros, devemos vê-los como achamos que eles são – ou como gostaríamos que eles fossem, segundo nossos interesses ou preconceitos.

Tudo isso visto, permanece a ideia de que uma das grandes dificuldades da tomada de decisões é determinar a duração da opção *mu*. Ela não pode ser curta demais, pois quando isso acontece tendemos a descambar para o imediatismo. Também não pode ser longa demais, do contrário tenderemos a descambar – aí sim – para a hesitação.

Nesse contexto, quando falo em "curta demais" e "longa demais" não me refiro apenas ao tempo *kronos* (o tempo objetivo dos relógios e dos calendários). Refiro-me também ao tempo *kairós* – o tempo qualitativo, subjetivo, existencial, não mensurável. No intervalo *mu* a quantidade (o tempo *kronos*) e a qualidade (o tempo *kairós*) coexistem e interagem. É daí que nasce a excelência, que os gregos chamavam de *areté* e se costuma traduzir erroneamente por "virtude". A excelência não pode ser definida apenas em termos quantitativos, porque inclui a ideia de qualidade.

A interação e fertilização mútua de *kronos* e *kairós* é da mesma natureza que a interação da descoberta com a invenção. Assim, muitas das definições baseadas na observação dita "objetiva" não o são, pois não definem o observado (o objeto), mas sim a estrutura de percepção do observador (o sujeito). No mundo real, o que há é participação: o observador é influenciado pelo que observa e vice-versa. Dessas interações emergem dados e conhecimentos novos sobre o fenômeno que se observa.

A opção *mu* existe para abrir espaço e tempo para os fenômenos emergentes, como os *insights*. Como tudo está em constante mudança, é importante não esquecer que todas as opções podem se modificar – inclusive o sim, o não e o *mu*.

Aplicar às coisas rótulos como "sólido", "consistente" e "definitivo" – prática comum da sabedoria convencional – não aumenta nossa clareza sobre a realidade: apenas expressa como gostaríamos que ela fosse, isto é, mostra nossa dificuldade de enfrentar a incerteza. Os intervalos de reflexão podem ser vistos como momentos de racionalidade, já que as decisões irrefletidas expressam mais nossa ansiedade de explicar tudo pela racionalização.

No fundo, racionalizar é simplificar, tentar fugir do mundo real e suas incertezas. Já a reflexão tem a ver com a opção *mu*. Ao abrir espaços para a espontaneidade e a reflexão, ela nos ajuda a lidar com a complexidade do mundo. A opção *mu* é a escolha da racionalidade: corresponde à razão permeada pela intuição e pelos valores.

No fundo, a repressão das emoções é uma atitude de medo. É uma postura emocional, que também revela pouca autoconfiança: tenho medo daquilo em que meu comportamento me transformará se eu me entregar às minhas emoções. Pirsig[40] observa que quem se empenha muito em ser racional no fundo não confia na razão, e por isso precisa reafirmá-la a todo momento. Essa é outra forma de expressar a conhecida ideia de Freud: a insistência em reafirmar algo em geral esconde o seu contrário.

---

40 PIRSIG, Robert M. *Zen and the art of motorcycle maintenance*. Nova York: Harper Collins, 2005, p. 150-151.

Do mesmo modo que a atitude repressora em relação às emoções disfarça uma postura emocional, o racionalismo trai a incapacidade de pensar com racionalidade. Tudo isso está ligado a um grau de conservadorismo, formalismo e bitolamento que acaba por dificultar a espontaneidade, a criatividade e a autonomia – e estas são manifestações importantes da auto-organização dos indivíduos e das organizações por eles construídas.

O leão e sua unha

Ex ungue leonem (pela unha se conhece o leão) é um provérbio latino que ilustra uma ideia que hoje designamos de várias formas. Uma delas é a chamada engenharia reversa. Deduzir o leão a partir da unha significa tentar imaginar o todo a partir de uma de suas partes.

No caso de sistemas complicados – um carro, por exemplo –, se dispusermos das ferramentas, da *expertise*, do tempo e da totalidade das peças, conseguiremos montá-lo e fazê-lo funcionar. Essa é a lógica da física newtoniana: deduzir o todo pelas partes. No entanto, mesmo que fosse possível reconstituir um leão a partir de uma de suas unhas, não haveria nenhuma garantia de alcançar o resultado imaginado. Não seria como construir uma casa a partir da planta. Na condição de sistemas complexos, o comportamento dos leões nem sempre – ou quase nunca – é previsível. Foi o que constatou o Dr. Victor Frankenstein ao construir seu gigante humanoide a partir de pedaços de cadáveres.

No exemplo do leão, entre uma lista de prováveis comportamentos não seria prudente omitir a possibilidade de que ele devorasse o seu reconstrutor. De todo modo, por meio da metáfora *ex ungue leonem* refiro-me à nossa dificuldade de perguntar a nossos interlocutores como eles chegaram a determinada ideia ou conclusão, em vez de concordar ou discordar logo de saída. Essa engenharia reversa de ideias corresponde a um dos principais usos da Escada do Conhecimento: dos resultados subir às técnicas, delas aos métodos e de lá à filosofia, e vice-versa.

Tendemos a acreditar que conhecer o raciocínio que levou as pessoas a dizer ou fazer algo é difícil e incômodo – e pouco adianta perguntar-lhes, porque é difícil também para elas. Essa dificuldade tem como ponto de partida o mesmo de sempre: em nossa cultura, refletir e examinar os detalhes é algo considerado difícil. É difícil descer aos detalhes.

Mas a vida é feita desses eventos fortuitos – como o assassinato de John Kennedy, que foi a Dallas apesar dos avisos e evidências do que poderia ocorrer por lá. O mesmo fez seu irmão Robert, quando insistiu em seguir pela cozinha do hotel onde se encontraria com seu assassino, apesar das advertências de membros de sua comitiva. Encontros assim constituem a própria essência da incerteza que permeia o nosso cotidiano. Como disse Espinosa, os encontros podem ser bons ou maus. Essa é a essência da aleatoriedade.

Descobrir e inventar

Já sabemos que construímos o mundo e somos por ele construídos. Essa maneira de ver as coisas traz contribuições importantes para os conceitos de descoberta e invenção. Em termos gerais, é fácil entender que Colombo descobriu a América e Graham Bell inventou o telefone. No entanto, quando passamos a temas menos claros, as coisas deixam de ser tão nítidas. Nesses casos, muito do que antes chamávamos de descoberta pode significar invenção ou construção. Ao olhar para trás depois de um passeio na praia, não vemos apenas nossas pegadas na areia: aprendemos que acabamos de construir a trajetória ao percorrê-la.

Nossas pegadas fazem parte dos registros dessa viagem. Muitos outros não são tão óbvios: nosso estado de espírito antes e depois do percurso, por exemplo. É nesse sentido que podemos dizer que construímos e fomos construídos, e entendemos o verso do poeta espanhol Antonio Machado: "O caminho se faz ao andar." Fazemos o caminho e ele nos faz. É também nesse sentido que devemos entender a frase que diz que, em muitos casos, a viagem em si é mais importante do que a chegada.

Muito do que acreditamos ser descoberta é na verdade invenção. Se acreditarmos que somos apenas receptores ou perceptores passivos de um mundo que já estava "pronto" antes de nós, assumiremos uma atitude que tende a diminuir nossa capacidade de inventar e inovar. Nossos horizontes ficarão limitados, se acreditarmos que tudo já estava pronto fora de nós e nossa tarefa se resume a esperar que as coisas aconteçam. Ou, na melhor das hipóteses, descobrir aquilo que já existe, como fez Colombo em relação à América.

Se julgarmos que tudo vem pronto de fora, diminuirá nossa capacidade de descobrir as conexões entre os conhecimentos – e é delas que emergem conhecimentos novos. Nesse caso, tudo o que nos resta é descobrir o que já está pronto e adicioná-lo aos nossos conhecimentos acumulados. Por outro lado, se ao longo de nossa interação com o mundo reconhecermos que se nós o construirmos e nos deixarmos construir por ele, esse conjunto de experiências nos capacitará a mudanças adaptativas. Nós nos auto-organizaremos em patamares progressivamente superiores de adaptabilidade e portanto de sobrevivência. Esse é o conceito de invenção do ponto de vista das ciências da complexidade.

Há dois conceitos, portanto: descoberta e invenção. Mas não é o caso de perguntar qual é o melhor ou o mais correto. Essa é uma falsa questão, porque eles não são mutuamente excludentes. O mundo não é simples, e por isso ambos os modelos são necessários para entendê-lo. Nem tudo está pronto para ser descoberto mas nem tudo precisa ser inventado. Adaptabilidade significa descobrir o que precisa ser descoberto, inventar o que precisa ser inventado, e ser capaz de entender quando uma ou outra opção é a mais adequada para um dado contexto e momento.

Para tanto, é necessário um modo de pensar ao mesmo tempo analítico e inclusivo. Saber que modo recorrer em uma determinada situação requer um aprofundamento que, como se sabe, só é possível por meio de experiência, leitura e reflexão individual e coletiva. A leitura evita que a todo momento "descubramos a América" ou, pior ainda, que nos apropriemos de ideias já publicadas sem citar as fontes. Juntamente com a reflexão individual ou em grupo, a leitura nos faz ter ideias, elaborá-las e produzir conhecimento.

Por isso, em lugar de mais uma vez "descobrir a América", é preciso reinventá-la: é assim que passamos da descoberta à invenção. Por exemplo, em vez de desenvolver com muito esforço uma sistemática supostamente nova de gerência de projetos, para no fim descobrir que ela já existe há muito tempo e pode até mesmo estar obsoleta, é mais produtivo refletir sobre os métodos e técnicas já existentes e modificá-las para melhor. Isso é reinventar a América. É assim que se passa da descoberta à invenção. Tais invenções podem levar a novas descobertas, e estas podem conduzir a mais invenções.

Há uma relação de *feedback*, entre descoberta e invenção, e daí emergem fenômenos ou propriedades novas. É o que costumamos chamar de sinergia. Ray Croc não inventou o McDonald's, que na época era um pequeno restaurante familiar: ele o descobriu e depois o reinventou ao redimensionar seus produtos e serviços. Não é o caso aqui de julgar o tipo de comida lá servida e a forma como isso é feito: meu único propósito é mostrar o que significa redescobrir e reinventar.

Do mesmo modo que a redução sem reampliação pode fazer estagnar o conhecimento, a descoberta isolada pode levar à acomodação, em especial dos que se beneficiam dela: "Outros descobrirão mais coisas, facilitarão minha vida e, em caso de dúvida, me dirão o que fazer." Por outro lado, a invenção isolada pode levar ao excesso de confiança no acaso e na intuição. A descoberta exclusiva está relacionada à liderança autoritária e ao individualismo. A invenção exclusiva também gera individualismo e arrogância: "Sou um gênio e os outros têm de tolerar minhas excentricidades."

8

A MATRIZ MZ, CONSIDERAÇÕES SEMIFINAIS E PONTOS PARA REFLEXÃO

Aquele que com clareza de espírito se declara limitado
está o mais próximo possível da perfeição.
GOETHE

Este capítulo abordará as matrizes conceituais e operacionais do pensamento complexo e apresentará um histórico de como foi elaborada a que tomou o nome de Matriz MZ. Em seguida, serão apresentadas algumas considerações que encerrarão o livro.

Para começar, é importante não confundir matriz com modelo. Uma consulta ao dicionário esclarece a diferença. No *Aurélio*, por exemplo, há três sentidos principais para a palavra "matriz": (a) "lugar onde algo se gera ou cria"; (b) "aquilo que é a fonte, origem, base"; (c) "manancial, nascente, fonte". O mesmo dicionário registra para "modelo" os seguintes significados: (a) "objeto destinado a ser reproduzido por imitação"; (b) "representação em pequena escala de algo que se pretende executar em grande escala"; (c) "aquilo que serve de exemplo ou nome; molde".

Dessa forma, matriz é uma estrutura de produção e modelo é uma estrutura de reprodução. As matrizes são usadas no sentido de proporcionar espaços de ação e criação. Já modelar significa reduzir os fenômenos a uma forma, moldá-los. O modelo reduz, a matriz expande. O modelo tende ao fechamento e a matriz à abertura. É da natureza da matriz não se deixar transformar em núcleo duro, isto é, em um conjunto de dogmas. Ela está sempre em construção e produz conhecimentos novos, que podem até mesmo questioná-la.

As questões mais frequentes

Com o objetivo de sintetizar os conceitos e ideias que foram examinados – alguns deles várias vezes – ao longo dos capítulos anteriores, trago para este o que se costuma chamar de FAQ (*frequently asked questions*), isto é, as perguntas mais formuladas. Ordenados dessa maneira esses conceitos servirão de base para mostrar como foi elaborada a matriz MZ em seu formato atual. Passemos a eles.

- ***Complexidade.*** Não é uma teoria e sim um fenômeno. É a maneira como o mundo real se apresenta à nossa experiência cotidiana: como um sistema complexo adaptativo.
- ***Sistemas complexos adaptativos.*** A principal característica dos sistemas complexos adaptativos é a sua capacidade de auto-organização, o que permite que eles se adaptem às mudanças do meio em que se encontram. Todos os sistemas naturais (o que inclui os vivos e aqueles dos quais participam seres vivos) são complexos e adaptativos. Quase todos os sistemas complexos adaptativos são naturais, mas há sistemas artificiais (alguns *softwares* sofisticados, por exemplo) que se incluem nesta classificação. Nos sistemas complexos adaptativos há sempre um nível significativo de erro, incerteza e ilusão.
- ***Caos.*** Estados e contextos caóticos são situações de crise. Aparentemente eles são desordenados mas na realidade não são, porque contêm padrões que se repetem e podem ser identificados.
- ***Ciências da complexidade.*** Constituem um conjunto de ciências que estudam a complexidade do mundo real. A teoria do caos, a matemática dos fractais e a teoria das estruturas dissipativas são alguns exemplos.
- ***Pensamento complexo.*** É um conjunto de ferramentas conceituais (métodos) e operacionais (técnicas) desenvolvidos para pôr em prática os princípios e descobertas das ciências da complexidade.
- ***Gestão da complexidade.*** É a aplicação do pensamento complexo e suas ferramentas conceituais e operacionais às diversas modalidades de gestão. É nessa área que as matrizes são particularmente úteis para duas finalidades principais: (a) orientar os gestores sobre como agir; (b) estimulá-los a

produzir conhecimento enquanto atuam. Nesse e em outros sentidos, as matrizes são meios eficazes de mudança de modos de pensar.

A MATRIZ CYNEFIN

Se voltarmos uma vez mais à escada do conhecimento, veremos que da filosofia vêm os métodos, isto é, os conceitos ou a filosofia posta em palavras. Dos conceitos nascem as técnicas – as ferramentas operacionais. As teorias oriundas das ciências da complexidade podem ser vistas como a filosofia, o conjunto de ideias. Os operadores cognitivos do pensamento complexo são os métodos, as ferramentas conceituais. Já os descrevi em dois de meus livros anteriores e agora eles reaparecem acrescidos de mais um – a multiplicidade de hipóteses.

Existem várias matrizes para a conceituação e a prática do pensamento complexo. No Capítulo 1 apresentei brevemente a matriz Cynefin, desenvolvida por David Snowden, que retomarei agora com ênfase em algumas de suas aplicações. Decidi apresentar com algum detalhe a matriz Cynefin com base na experiência de seu uso em aulas, *workshops* e eventos similares. Nessas oportunidades, tenho verificado que o formato em quadrantes adotado por Snowden e o formato arredondado que adoto têm impacto didático, o que é valioso para a rápida compreensão e a facilidade de utilização.

O formato arredondado se mostrou especialmente eficaz, e para explicá-lo volto aos escritos de Carl Jung.[1] Segundo esse psicólogo suíço, há determinados temas, imagens e símbolos profundamente enraizados em nossa psique. Eles tendem a se repetir de modo idêntico ou semelhante, independentemente das culturas, épocas e contextos geográficos. Alguns exemplos são a multiplicidade caótica e a ordem; a dualidade; as oposições (claro e escuro, alto e baixo, direito e esquerdo); a união de opostos em um terceiro termo; o quatérnio (o quadrado e a cruz); a rotação (o círculo e a esfera); o processo de centramento.

Neste último caso está o círculo dividido em quatro ou mais quadrantes. Segundo Jung, o modo como apreciamos e chegamos a conclusões sobre a realidade

---

[1] JUNG, Carl G. Symbols of transformation. The collected works of Carl Jung, v. 5, Bollingen Series XX, Nova York, 1956. In: LASZLO, Violet S. de (Ed.). *The basic writings of C. G. Jung*. Nova York: The Modern Library/Random House, 1959.

pode com frequência ser associado ao número quatro: as quatro estações do ano, as quatro cores, os quatro elementos, os quatro pontos cardeais e assim por diante. Por outro lado, seus estudos o levaram a concluir que a representação ideal da totalidade é a esfera ou o círculo.[2] O processo de centramento (não confundir com centralização ou concentração de poder) é fundamental para o desenvolvimento psíquico. Por essas razões, a filosofia está no centro da matriz MZ.

A divisão didática feita por David Snowden e os quatro contextos que formam a matriz Cynefin (o simples, o complicado, o complexo e o caótico) também está presente na matriz de Ralph Stacey. Ambas são bem conhecidas e têm sido utilizadas para fins didáticos e operacionais. A matriz Cynefin tem sido apresentada de vários modos na literatura. A seguir, uma síntese:

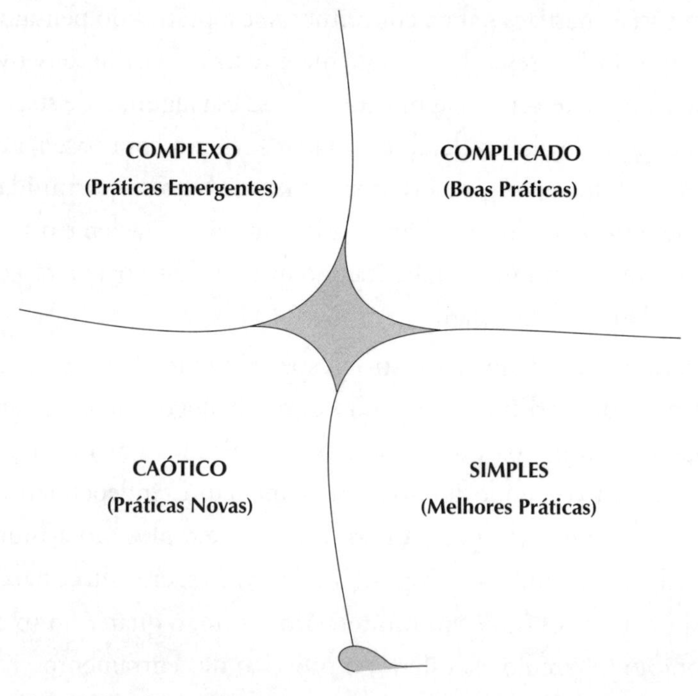

Fonte: David Snowden.

Figura 1 *A matriz Cynefin.*

[2] JUNG, Carl G. *Memórias, sonhos e reflexões*. Rio de Janeiro: Nova Fronteira, 1975, p. 357-358.

- ***Contextos simples***. *Business as usual.* Sem mudanças significativas. Melhores práticas. Modelo predominante no século 19.
- ***Contextos complicados***. Área dos especialistas. Boas práticas. Modelo predominante no século 20.
- ***Contextos complexos***. Baixa formalização. Fenômenos emergentes. Ambientes sociais.
- ***Contextos caóticos***. Crises. Situações inconcebíveis. Fenômenos novos.

Para cada um dos quatro contextos da matriz Cynefin, Snowden propõe condutas específicas.

- Os ***contextos simples*** têm como principais características a causalidade direta, linearidade, repetitividade, nitidez e previsibilidade. É o domínio do conhecido e das melhores práticas. É também o âmbito da clareza e dos procedimentos padronizados. Para trabalhar nele, Snowden aconselha três condutas: *Perceba-Categorize-Responda* (no sentido de atuar).
- Os ***contextos complicados*** são o domínio do conhecível e do provável. As relações de causa e efeito são separadas no tempo e no espaço, mas se repetem e portanto são analisáveis. É o âmbito das técnicas analíticas. Aqui são aplicáveis as boas práticas – as práticas dos especialistas. Entre suas características estão a repetitividade, mas nem sempre a previsibilidade. O nível de erro, incerteza e ilusão é mais alto do que nos contextos simples. Para trabalhar nesse contexto, Snowden sugere as seguintes posturas: *Perceba – Analise – Responda.*
- Os ***contextos complexos*** são a zona da complexidade, também chamada de margem do caos. É o domínio das múltiplas possibilidades. Com frequência as relações de causa e efeito não são percebidas nem previsíveis. São coerentes, mas só em retrospecto. O nível de erro, incerteza e ilusão é mais elevado do que o dos contextos complicados, e por isso é preciso acompanhar o fluxo dos acontecimentos e observar o que deles emerge. Ou seja, observar a realidade emergente e adaptar-se a ela. Por essa razão, aqui as melhores e as boas práticas não dão os resultados esperados. São necessárias práticas inovadoras. Para lidar com esse âmbito, Snowden recomenda intervenções pequenas e múltiplas, voltadas para a criação

de opções. As posturas sugeridas são: *Sonde* (no sentido de investigar) – *Perceba – Responda.*

- Os ***contextos caóticos*** são o âmbito das crises e frequentemente dos eventos inconcebíveis. As relações de causa e efeito não são lineares, o que também ocorre em grau menor nos contextos complexos. Muitas vezes essas relações não são percebidas. O nível de erro, incerteza e ilusão é muito alto. A diferença entre a desordem e o caos é que neste há padrões identificáveis por meio de metodologias apropriadas. Em outros termos, o caos é determinístico. Já na desordem há dissociação, não há padrões. Para trabalhar em contextos caóticos, Snowden preconiza ações estabilizadoras únicas ou múltiplas. As posturas sugeridas são: *Aja – Perceba – Responda.*

A MATRIZ MZ: HISTÓRIA, ESTADO ATUAL E APLICAÇÕES

Para que seja possível levar à prática todas as recomendações de Snowden, é preciso descer ao degrau das técnicas e suas aplicações. Por isso a matriz MZ vai dos conceitos aos detalhes: além do *que* fazer mostra *como* fazer.

Como veremos logo mais, é claro que não é possível incluir no diagrama a não ser um certo número de técnicas, para que a enumeração suscite a alocação de outras já existentes ou ainda não criadas. Há também técnicas que podem ser incluídas em mais de um ponto. As técnicas estão separadas didaticamente de acordo com cada conexão. Um exercício que tem funcionado bem em aulas é sugerir uma técnica e pedir aos alunos que a insiram em um ou mais pontos da matriz.

A matriz MZ foi desenvolvida ao longo dos últimos dez anos. Para tanto contei com a ajuda de meus colaboradores mais próximos, em especial a professora e consultora Cristina Zauhy. Daí o nome de matriz MZ, criado por alguns de nossos alunos. Por essa razão, a partir de agora e até o fim deste bloco, passo a falar no plural.

A seguir faremos um relato dos principais passos dessa construção como estão documentados em meus livros anteriores. Por meio da metáfora da escada do conhecimento é possível traçar essa história.

Comecemos pelo degrau da filosofia. No fim da década de 1960, Edgar Morin foi aos EUA para um período de estudos no Instituto Jonas Salk, na Califórnia. Naquela época, acreditava-se que o pensamento linear-cartesiano estava em vias de ser superado. Em seu lugar deveria entrar o pensamento sistêmico, que tomava impulso ao menos desde as décadas de 1930 ou 1940.

A reação de Morin à perspectiva de eliminar um modo de pensar e substituí-lo por outro foi coerente com sua formação. A exemplo de outras pessoas de mente integradora, ele se perguntou por que não reunir os dois modos. Era o início de uma tendência que depois ele próprio chamaria de religação dos saberes.

Nossa iniciativa de desenvolver uma matriz de conhecimento para o pensamento complexo nasceu de conversas com Morin. O primeiro propósito era expressar de maneira didática a conexão dos modos linear e sistêmico de pensar. Nessa época, Morin já trabalhava com o que chamava e ainda chama de operadores cognitivos do pensamento complexo: um conjunto de conceitos destinados a levar à prática os princípios das ciências da complexidade. Daí surgiu a ideia de que os operadores eram modos adequados de tornar possível a ligação entre os modos linear e sistêmico. No fundo, o propósito geral era tornar o assunto mais facilmente comunicável e compreensível.

Ao trabalhar com os operadores já não estávamos no degrau da filosofia: havíamos descido para o dos métodos/conceitos. Em *As paixões do ego* há uma primeira exposição dos operadores. Eram seis. No livro seguinte, *Pensamento complexo*, foram apresentadas algumas mudanças. Os operadores tiveram seus nomes modificados para torná-los mais descritivos, seu número foi ampliado para seis, sua apresentação exigiu mais espaço e assim surgiu o esqueleto da matriz. Além disso, foram inseridos ao menos dois exemplos para cada operador. Em termos da escada do conhecimento, o trabalho continuava no degrau dos métodos. Com a apresentação dos exemplos, porém, já começávamos a descida ao degrau da técnica.

Em suma, principiamos a construir a matriz pelo pensamento linear e nesse momento pensamos em uma metáfora: o domínio do pedreiro. Com efeito, trata-se de um processo sequencial: tijolo por tijolo formando uma linha.

Daí partimos para o pensamento sistêmico e de novo pensamos em uma metáfora: o âmbito do engenheiro, o domínio do cálculo e da estrutura. Os tijolos agora estão dispostos não em linha, mas de modo a formar um sistema.

O terceiro momento incluiu a utilização de mais uma metáfora, esta de Morin, para quem o pensamento complexo pode ser descrito como um movimento que abraça conhecimentos separados e às vezes opostos. O abraço é a atitude fundamental do pensamento complexo – a criação de um novo espaço de saberes e de uma nova estética de conhecimento.

Espaço e estética definem o espaço do arquiteto, que entrelaça os espaços do pedreiro e do engenheiro. Daí a metáfora da arquitetura – espaço e estética. Nele a arte se alia à técnica, para a produção de uma totalidade que se auto-organiza por meio das interações de suas partes, e assim se torna capaz de interagir de maneira contínua com o ambiente.

Os ensaios e pesquisas seguintes levaram a uma nova formatação da matriz. O número de operadores subiu para oito, e os domínios de gestão em que eles são mais úteis passaram a fazer parte do diagrama. Para a gestão convencional (na qual os pensamentos linear e sistêmico são e continuarão a ser úteis), foram alocados dois domínios específicos. Para a gestão da complexidade, foi introduzido um terceiro. Com exceção do operador ecologia da ação, descrito no Capítulo 4, não detalharemos os demais operadores neste livro, porque isso já foi feito em textos anteriores. Mas convém resumi-los para facilitar a compreensão da matriz.

Os operadores cognitivos do pensamento complexo

- **Pensamento linear**
  - *Conceito.* Divisão dos objetos e exame das partes. A causalidade é linear: uma causa, um efeito.
  - *Aplicações.* Metodologias passo a passo.
  - *Práticas.* Processos. *Supply chain.* Linhas de montagem. Logística linear.
- **Multiplicidade de abordagens**
  - *Conceito.* Necessidade de múltiplos ângulos e pontos de vista para abordar a realidade.

- *Aplicações.* Lidar com um grande número de informações e conhecimentos e entender o seu significado.
- *Práticas.* Multidisciplinaridade. Pesquisas de mercado. *Data mining.* Pensamento crítico.

• **Auto-organização**

- *Conceito.* Por meio das interações de seus componentes, os sistemas complexos criam sua ordem interna sem planos, supervisão ou comandos externos.
- *Aplicações.* Produção de ideias e comportamentos novos.
- *Práticas.* Microinterações sociais. Miniespecificações. *Appreciative inquiry.*

• **Dialógica**

- *Conceito.* Há contradições que não podem ser resolvidas. São opostos ao mesmo tempo antagônicos e complementares (paradoxos).
- *Aplicações.* Situações conflituosas, pouco claras e ambíguas.
- *Práticas.* Tomada de decisões. Negociação.

• **Pensamento sistêmico**

- *Conceito.* As partes juntas formam um sistema. A causalidade é não linear. Os efeitos retroagem sobre as causas e as realimentam (*feedback*).
- *Aplicações.* Lidar com as partes sem perder de vista o todo e vice-versa.
- *Práticas.* Modelagem sistêmica. *Mindmapping.* Simulações em computador.

• **Hologramática**

- *Conceito.* As partes estão no todo e o todo está nas partes.
- *Aplicações.* Identificação de conexões entre elementos, assuntos e/ou áreas diferentes.

- *Práticas.* Mapeamento de conexões. Técnicas "Zoom".

- **Interação observador-observado**
  - *Conceito.* O observador influencia aquilo que observa e é por ele influenciado.
  - *Aplicações.* Inclusão de pessoas, novos métodos ou técnicas.
  - *Práticas.* Técnicas de inclusão social. *Cross-cultural management.* Gestão da diversidade.

- **Ecologia da ação**
  - *Conceito.* As ações frequentemente escapam ao controle de seus autores e produzem efeitos inesperados e às vezes opostos aos esperados.
  - *Aplicações.* Tomada de decisões em ambientes turbulentos, mercados voláteis e cenários de longo prazo.
  - *Práticas.* Pensamento estratégico. *Design* de cenários. Visão periférica. Gestão da incerteza. Gestão de riscos.

Com os oito operadores, a matriz assumiu seu formato atual, como se vê no diagrama a seguir:

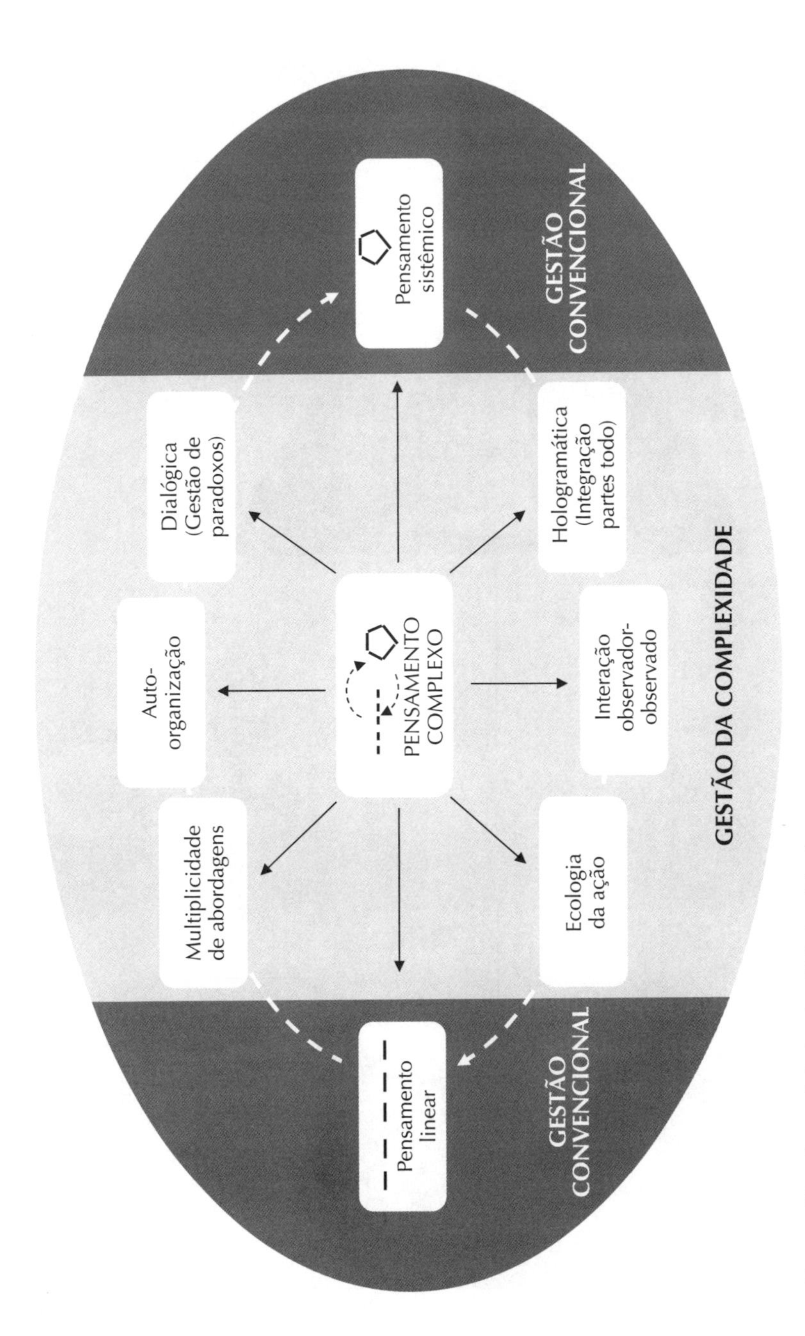

Fonte: Humberto Mariotti e Cristina Zauhy.

Figura 2 *A matriz MZ.*

O próximo passo foi ilustrar a passagem do conceitual ao operacional por meio de mais um acréscimo: as técnicas passaram a integrar a periferia da matriz. É o que se vê no diagrama a seguir:

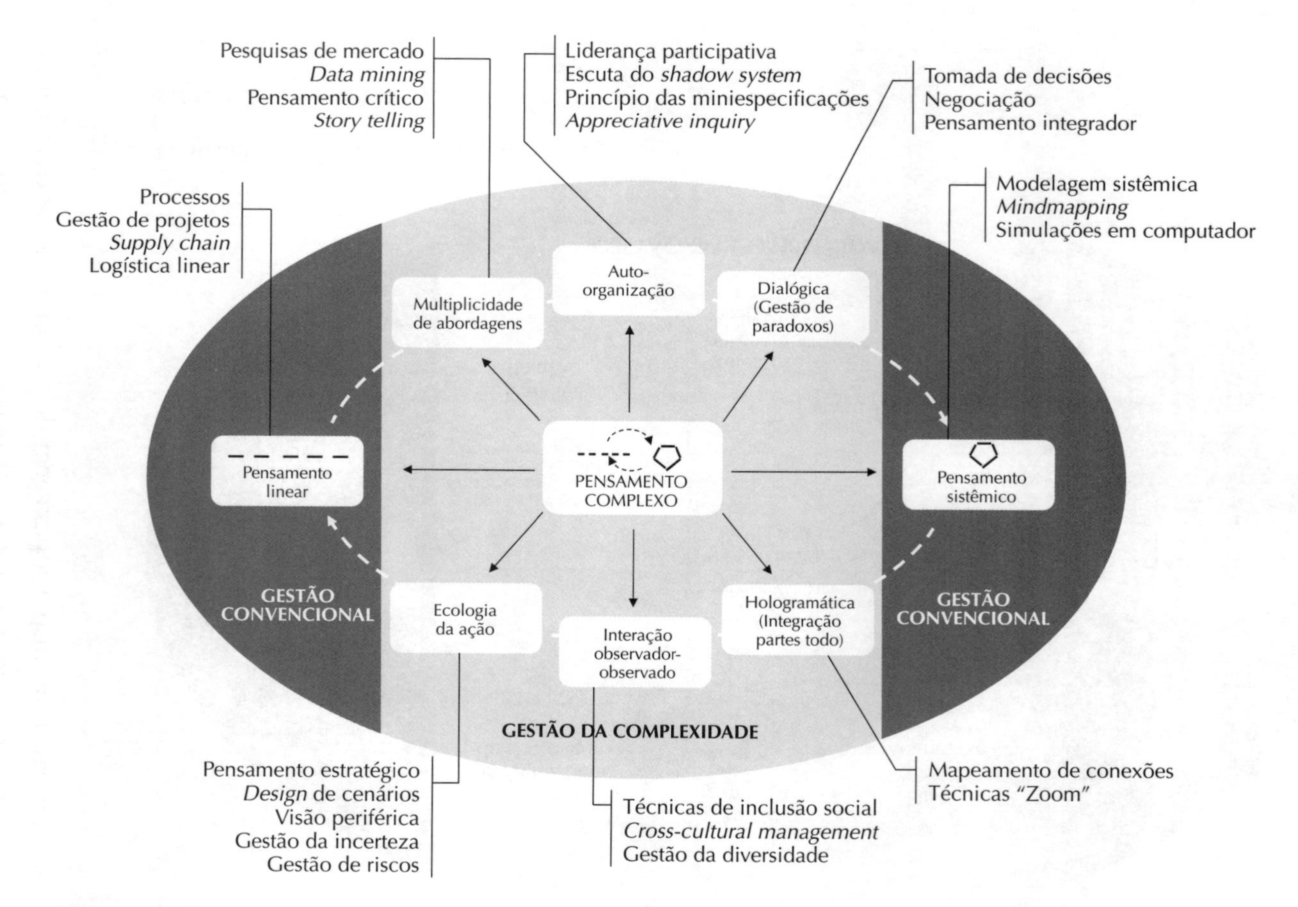

Fonte: Humberto Mariotti e Cristina Zauhy.

Figura 3 *A matriz MZ.*

Como dissemos há pouco, inserimos apenas dois ou três exemplos para cada operador, mas é claro que esse número pode ser ampliado.

Se voltarmos mais uma vez à escada do conhecimento, perceberemos que a concepção inicial da estrutura e da arquitetura da matriz foi manifestação da filosofia. O segundo momento foi a descida aos métodos/conceitos: os operadores cognitivos. O terceiro momento consistiu em descer mais um degrau e chegar às técnicas que estão na periferia do diagrama.

Dessa maneira a matriz assumiu um formato radial. No centro está a filosofia: o pensamento complexo, que abraça os pensamentos linear e sistêmico. A ligação é feita por meio dos operadores, que estão em volta e incluem os pensamentos linear e sistêmico. O conjunto é tornado operacional pelas técnicas destinadas a levar os conceitos à prática.

A matriz MZ é formada pela junção de três domínios de conhecimento e os integra em uma mesma totalidade. Não se deve pensar que o domínio do arquiteto é melhor ou mais importante que os domínios do pedreiro e do engenheiro. Os três são necessários. Todos são importantes, integram a totalidade e por ela são integrados. Mantêm suas individualidades, mas estas só se realizam plenamente na condição de participantes do todo.

Assim, é uma supersimplificação imaginar que o pensamento complexo resulta do simples diálogo ou abraço dos pensamentos linear e sistêmico. O abraço é só um primeiro passo, que nos permite entrar em um novo modo de pensar. Em momento algum o acesso aos resultados nos será dado por métodos e técnicas do tipo passo a passo: ele terá de ser construído ao longo de nossa interação diária com a complexidade do mundo real.

Tendo à sua frente o quadro geral, o gestor pode escolher a técnica que usará em um determinado contexto. Terá uma noção de como essa técnica se insere no contexto mais amplo, e também uma ideia das conexões do ponto onde está com toda a rede. Entenderá então que nos sistemas complexos intervir em uma parte leva necessariamente a consequências sobre o todo.

O espírito de tudo isso é sempre o mesmo: a teoria das múltiplas possibilidades, múltiplos pontos de vista, múltiplos modos de fazer. São ideias coerentes com o princípio de que não existe causalidade simples no mundo real. A partir delas, é possível entrar no sistema pelo ponto certo, ou por um conjunto de pontos que proporcionem um grau razoável de conhecimentos. Um exemplo é a análise de grandes bases de dados para detectar preferências de segmentos do mercado. Essas técnicas provêm de várias áreas. O pensamento complexo visa a reuni-las, relacioná-las entre si e, ao mesmo tempo, identificar temas que as atravessem e sejam comuns a todas, sem negar suas linguagens peculiares.

Quando um gestor, não importa de que área, empregar uma das técnicas inseridas ou inseríveis na matriz, saberá o que faz, em que foco atua e as possíveis repercussões de sua ação no contexto mais amplo. Dessa maneira, terá mais descortínio sobre o sentido, o significado e as possíveis consequências de suas ações. O uso da matriz o ajudará a trabalhar com a ecologia da ação: à medida que uma ação se distancia de seu autor em termos de espaço e tempo, aumentam as possibilidades de erro, incerteza e ilusão, até um limite além do qual os efeitos dessa ação se tornam imprevisíveis.

A matriz permite que se trabalhe ao mesmo tempo nos quatro degraus da escada do conhecimento. Ao usar qualquer técnica, o gestor saberá: (a) onde ela está inserida; (b) de onde veio; (c) com o que se relaciona ou poderá se relacionar. Do centro da matriz (que representa o degrau da filosofia) às suas partes intermediárias (os operadores cognitivos) até a sua periferia (as técnicas), quem a usa jamais perderá de vista a totalidade. Essas conexões capacitam o gestor a ter sempre presente a ligação entre o conceitual e o operacional: saber o que faz e por que faz.

Quando usada em grupo e por profissionais de áreas diferentes, a matriz cria sinergias, no sentido de que realça a sensação de que todos trabalham juntos em busca de objetivos comuns. Conscientiza-os de que utilizam referenciais comuns, porém cada qual os põe em prática à sua maneira.

A matriz não se limita a ser um elenco ou *menu* de métodos e técnicas. Sua disposição permite que se cruzem seus elementos constitutivos e que desses cruzamentos venham à tona novos métodos e técnicas. Cada operador comporta várias técnicas, como se pode observar examinando a periferia do diagrama. Mas, como já foi observado, uma determinada técnica pode ser inserida em mais de um operador, o que a enriquece do ponto de vista estratégico. Essa variedade de posicionamentos pode fazer com que uma técnica possa se mostrar útil de várias formas, inclusive algumas até então não pensadas.

"Tecnocratas" *versus* "humanistas"

A ênfase que este livro dá à reflexão como o principal meio de mudança de modos de pensar nos leva a mais algumas considerações. De saída, é necessário reconhecer que, em nossa cultura, infelizmente não se pode dizer que a leitura e a reflexão sejam práticas muito apreciadas. Essa afirmação, fácil de constatar no dia a dia, não pretende ser um juízo de valor. Aponta para um fenômeno que induz as pessoas à superficialidade, ao imediatismo e à recusa a lidar de frente com a complexidade do mundo.

É claro que estas considerações não se destinam a desestimular o uso das técnicas de mudança de modos de pensar. Meu propósito é estimular uma atitude realista em relação ao seu uso, como de resto ao de quaisquer outras técnicas. Sustento, porém, que nesse contexto a simples utilização de técnicas por mais elaboradas que sejam não garante resultados, em especial imediatos ou de curto prazo.

Nessa linha de raciocínio, é preciso analisar com cuidado algumas versões romantizadas da teoria da complexidade e do pensamento complexo. Elas retomam de forma um tanto preconceituosa a velha polêmica entre os "tecnocratas" e os "humanistas" e, declaradamente ou não, algumas buscam "humanizar" a visão de mundo "tecnocrática" e suas práticas. Essa atitude só tende a acirrar a polarização. Os "humanistas" se apresentam como vítimas do racionalismo dos "tecnocratas", que por sua vez os acusam de perda de contato com o mundo real. É claro que esse é um falso confronto, que sempre termina em unilateralizações. Do lado dos "humanistas", muitas vezes cai-se em um barroquismo moralista. Do lado dos "tecnocratas", não raro entra-se em um quantitativismo árido.

Ambas as visões estão distantes do mundo real. Ambas são ilusões desnecessárias. Já se disse muitas vezes o óbvio: o mundo real, com tudo que nele existe, comporta aspectos que podem e devem ser quantificados e aspectos que não podem nem devem ser quantificados. Ainda assim, cada lado insiste em conquistar adeptos e manter o alto nível de resistência à mudança que caracteriza as polarizações.

Não fosse isso bastante, a experiência mostra que o movimento em direção a qualquer dos polos leva à ilusão de controle. A postura do "Tecnocrata Predador" procura reduzir e conservar a visão reducionista, e nesse sentido é tão limitante quanto a do lado do "Filósofo Sonhador", que busca ampliar e insistir na visão ampliadora. E assim gera-se e perpetua-se o impasse tão antigo e tão conhecido: de um lado, a quantificação "tecnocrática" e sua aridez. Do outro a "humanização" que, exacerbada por meio de especulações pseudofilosóficas, não raro descamba para o misticismo e idealizações ao estilo "nova era" e "sabedorias ancestrais".

Em ambos os casos os adeptos escolhem gurus e se apegam a eles. Estamos todos cansados de repetir que a busca de líderes, heróis e gurus é uma característica bem conhecida da natureza humana. O problema se torna grave quando os gurus se transformam, muitas vezes sem perceber, em heróis únicos. Esse é o mecanismo por meio do qual eles frequentemente acabam por se deixar levar por seus adeptos em direção a um mundo de fantasia.

A consequência mais comum é o esquecimento de que como humanos somos sistemas complexos adaptativos, e para exercer essa condição é indispensável um mínimo de práticas e esforços. Nada disso se consegue apenas com retórica: é preciso estar no processo da vida cotidiana. Por outro lado, esse mesmo processo implica pensar sobre como podemos viver melhor e, como todos sabem, viver inclui os sonhos e o cálculo, as aspirações e a inspiração. Não há quem não já tenha ouvido ou lido incontáveis vezes considerações como estas. Mas também não há quem vezes incontáveis também não as tenha esquecido.

É este o ponto em que estamos: à medida que as ideias avançam, avança também a resistência a elas. É um fenômeno natural. Dizemos que há avanço quando a resistência é grande, mas não tão grande que impeça o progresso das ideias, o que mais uma vez nos põe diante da questão de como ser pragmáticos sem recusar a visão humanista. No universo dos negócios e da administração, como em muitos outros casos, não é possível respondê-la a partir de uma perspectiva de certo/errado. Mas é possível fazer algumas reflexões que ajudem a pensá-la com um pouco mais de clareza. Nesse sentido, existem atitudes e iniciativas interessantes. Vejamos os exemplos abaixo.

Em 1999, Michael Lissack[3] advertiu que a literatura de gestão ensinada na maioria dos MBAs fala de um mundo visto como somente objetivo, no qual os eventos são quase sempre descritos em termos lineares. Esse tipo de ensino

---

[3] LISSACK, Michael R. Complexity: the science, its vocabulary, and its relation to organizations. *Emergence* 1 (1), p. 110-125, 1999.

segue a tendência de nossa cultura ocidental e inclui três pressupostos, dos quais derivam muitos outros: (a) a ideia de que as palavras devem ter significados únicos; (b) a ideia de previsibilidade; (c) o foco no controle. Falemos brevemente sobre cada um.

O foco no controle implica querer controlar o que pode e o que não pode ser controlado. O empenho de prever é uma forma de tentar adotar esse foco e mantê-lo. É a suposição de que a análise de dados do passado sempre permite prever o futuro, embora a prática mostre que o mundo real não é assim.

A suposição de que as palavras deveriam ter significados únicos existe em nome da clareza, mas com ela as metáforas, tão importantes para a nossa compreensão do mundo, teriam de ser descartadas. Sugiro ao leitor que pense em três palavras: "manga", "valor" e "vela", por exemplo, e perceba o número de significados que cada uma pode ter na linguagem cotidiana. São palavras polissêmicas. Pensar nelas em termos de significado único equivale a empobrecer a linguagem e, consequentemente, limitar nosso principal meio de construção social e compreensão da realidade.

Muito antes da época em que foi publicado o artigo de Lissack e ainda hoje, pressupostos como os por ele mencionados têm instilado em profissionais de muitas áreas uma mentalidade de comando e controle incompatível com a flexibilidade de que precisamos para adaptar-nos ao mundo. As sucessivas crises econômicas, entre muitas outras, têm confirmado esse problema.

Recentemente a consultoria inglesa Quacquarelli Symonds publicou um texto sobre o assunto, que agora apresento e comento. Nele estão expostos alguns pontos de vista do professor Ismail Erturk, especialista em *banking* da Manchester Business School. O título é "As escolas de negócio precisam voltar para a escola de negócio".[4]

Erturk observa que comentaristas econômicos importantes descreveram a crise de 2008 como "a bancarrota do capital intelectual em Wall Street". E Wall Street, como se sabe, baseia-se amplamente nos pressupostos de inovação finan-

[4] QUACQUARELLI SYMONDS. Business schools need to go back to business school. 21 out. 2009. Disponível em: <http://www.topmba.com/articles/industry-trends/business-schools-needgo-back-business-school>.

ceira, racionalidade da vida econômica, mercados eficientes e no princípio de valor para o acionista.

Também se sabe que dentro e fora dos EUA a maioria dos MBAs continua a adotar esses princípios. Para Erturk eles precisam ser repensados, o que equivale a dizer que os currículos das escolas devem ser reexaminados. A globalização obrigou os gestores a trabalhar em ambientes de negócio cada vez mais complexos, isto é, mais incertos. Por isso, os currículos das escolas da área não podem mais ignorar essa complexidade e suas manifestações. Segundo Erturk, é necessário que eles incluam algumas preocupações e modificações, como se vê abaixo.

- É preciso entender que a área das finanças não pode mais ser pensada em termos de segmentos. Tudo está interconectado.
- As escolas precisam dar atenção ao valor social dos negócios e enfatizá-lo tanto quanto fazem com o princípio do valor para o acionista. Para isso, devem incluir em seus currículos cursos que levem à compreensão dos valores sociais. Estes questionam as ideias e práticas demasiadamente utilitaristas, e assim atenuam a unilateralidade do princípio do valor para o acionista.
- No entanto, os currículos da maioria dos MBAs pouco têm feito no sentido de se autoquestionar. Ao contrário, estão sempre cheios de "certezas" que acabam por se tornar limitantes, e assim diminuem a capacidade adaptativa das pessoas e das empresas, tão necessária para lidar com as surpresas e as crises.
- As supostas certezas levam às posturas prescritivas dos profissionais do tipo "sabe tudo" e suas instruções em forma de algoritmos, tão em voga nas escolas de negócio. O que evidentemente é uma forma de tentar fugir da complexidade e da incerteza, ignorando-as ou desqualificando-as.
- É preciso investir mais em preocupações de natureza ecológica e incluí-las nos currículos. É importante introduzir novos modos de pensar. (O pensamento crítico é um deles, e está incluído entre as técnicas da matriz MZ.) Os alunos precisam se acostumar a pensar por si próprios e a não fugir da complexidade pelo escapismo da simplificação.

- Por fim, Erturk sustenta que o ensino baseado predominantemente na maximização do valor para o acionista pode se transformar uma espécie de ideologia, apesar de não ser essa a sua intenção.

É evidente que as sugestões de Erturk e outros são congruentes com os princípios da complexidade e do pensamento complexo e devem ser objeto de um exame aprofundado. Mais do que isso, é preciso levá-las à prática. Em vários países do mundo já há iniciativas nesse sentido. Uma delas está em curso na Business School São Paulo – BSP.

As escolas de abordagem à complexidade

Há pouco, quando falei sobre as ciências da complexidade, mencionei algumas delas. De um modo geral, podem ser reunidas em dois grandes grupos. De um lado, está a criada por Morin e por ele denominada de escola da Europa e América Latinas. Do outro, está a que podemos chamar escola anglo-americana.

A escola de Morin é mais voltada para as humanidades. A anglo-americana inclui, entre outras bases, a teoria do caos, a matemática dos fractais e a teoria das estruturas dissipativas. Contudo, essa separação não é tão rígida como pode parecer a princípio. Por exemplo, Morin também escreveu sobre esses temas, particularmente nos dois primeiros volumes de sua obra *O método*. No entanto, para os objetivos deste livro a divisão Escola Latina/Escola Anglo-americana vale por seu aspecto didático. É claro que os dois grupos se ramificaram em muitos países, latinos ou não, e a divisão deve ser vista e entendida com essa ressalva.

Em termos de negócios, economia e administração, minha experiência e a de outros têm mostrado que a forma como a escola anglo-americana aborda a complexidade tem aspectos práticos interessantes e por isso é com essa orientação que ela tem sido ensinada e aplicada, em especial na Inglaterra e nos EUA. Mas há aspectos da visão de Morin que a tornam especialmente enriquecedora. Por exemplo, a orientação exclusiva da escola anglo-americana dificilmente teria proporcionado elementos suficientes para a elaboração de uma estrutura como a matriz MZ.

Todas essas experiências e considerações me levaram a trabalhar com uma terceira vertente, que incorpora elementos das duas anteriores na medida em que eles se mostrem úteis para o ensino, a pesquisa e a prática.

Essa iniciativa começou em 2003, consolidou-se em 2007 e os *feedbacks* de alunos e leitores têm revelado sua utilidade. A necessidade de manter sempre presente a ligação entre a filosofia, os métodos, as técnicas e os resultados, somada à necessidade de estudos sistemáticos e disciplinados, devem ser preocupações constantes. A importância de abrir espaços para a produção de ideias também é – mas em nenhum momento se deve perder de vista o método, a práxis e a busca de resultados.

Essa tripla ênfase no ensino, pesquisa e prática tem dado frutos encorajadores. Neste ponto, porém, convém destacar que a complexidade e o pensamento complexo ainda não são assuntos bem conhecidos. A maioria os desconhece ou tem deles uma ideia ainda imprecisa. Mesmo assim o interesse vem crescendo, e ao poucos se firma a percepção de que as pessoas se sentem intuitivamente atraídas pelo assunto. Essa observação a princípio parece estranha, e tem suscitado a indagação de como é possível ter interesse em algo que se desconhece. No entanto, trata-se de um fenômeno real, que tem sido confirmado em entrevistas com leitores, alunos e candidatos a cursos.

Esse aparente contrassenso pode ser explicado de várias maneiras. Uma pesquisa primária interna, qualitativa e exploratória, idealizada e conduzida por Fabio Oliveira, professor de marketing da Business School São Paulo, pode ajudar a compreender o que acontece. Não a detalharei aqui, porque isso será feito em um artigo. Os aspectos agora abordados têm como único propósito mostrar como a intuição desempenha um papel importante no raciocínio das pessoas.

O objetivo da pesquisa foi levantar dados que permitissem avaliar: (a) o conhecimento do tema gestão da complexidade; (b) sua possível relevância para a vida profissional dos respondentes; (c) a opinião dos respondentes sobre a aplicabilidade da gestão da complexidade; (d) sua influência no pensamento do profissional; (e) a importância de ter cursado a disciplina. Vejamos uma parte dos resultados.

A grande maioria dos respondentes declarou não ter nenhum conhecimento ou um conhecimento superficial do assunto. Ao mesmo tempo, quando questionados especificamente sobre a aplicabilidade da gestão da complexidade, a maioria a considerou relevante ou muito relevante para a sua rotina profissional, em especial nas áreas de tomada de decisões, análise de cenários competitivos, identificação de variáveis quantitativas e qualitativas, melhora da visão do todo e, assim, da capacidade de entender uma empresa de maneira sistêmica.

A maioria também identificou aplicações da Gestão da Complexidade capazes de produzir diferenciais em sua profissão. Dos respondentes que cursaram essa disciplina nos MBAs na Business School São Paulo, 82% consideraram essa oportunidade relevante ou muito relevante.

No momento – e para os propósitos deste livro – comentarei apenas o aparente paradoxo há pouco mencionado: embora a grande maioria dos respondentes tenha indicado desconhecimento conceitual da gestão da complexidade, eles próprios perceberam intuitivamente a importância do tema para sua vida profissional.

Esse dado evidencia a limitação da lógica linear-cartesiana, que afirma que a mente é transparente para si mesma e por isso a intuição não deveria ser levada em conta. Na prática, porém, a experiência revela que frequentemente intuímos que um assunto é importante mesmo sem conhecê-lo ou conhecendo-o pouco. Como se sabe, desde 1900 Freud já havia descoberto o inconsciente, e mesmo antes dele essa instância mental era conhecida.[5]

A descoberta do inconsciente revela que a mente não é transparente para si mesma. Uma das implicações dessa conclusão é que a lógica linear-cartesiana não é única a ser levada em conta. E isso faz sentido, porque a prática sempre mostrou que a intuição também é um poderoso meio de conhecimento. Sem ela não existiriam *insights* e criatividade, e homens como o próprio Freud, Einstein, Schroedinger e Darwin e muitos outros dificilmente teriam descoberto algo de novo.

Como já vimos, hoje a neurociência confirma que 80% do nosso universo mental é inconsciente e não consciente. É nessas evidências que se baseiam estudos e práticas como a neuroeconomia, o neuromarketing e outros que ainda surgirão. Todos esses aportes devem ser levados em conta quando se interpretam dados e manifestações, sejam eles quantitativos ou qualitativos.

---

[5] WHYTE, Lancelot L. *The unconscious before Freud.* Nova York: Basic Books, 1960.

Considerações semifinais

As considerações abaixo não devem ser vistas como conclusões, muito menos como conclusões imutáveis. No máximo, seriam considerações semifinais de uma pesquisa em progresso e é com esse espírito que as apresento.

Em sua obra clássica,[6] Berger e Luckmann afirmam que a socialização nunca é totalmente bem-sucedida, porque para tanto seria necessário o controle completo de nosso lado "animal" e instintivo pelas normas e regulamentos impostos pela institucionalização. Para esses autores, a canalização social é a base da institucionalização, que por sua vez é a essência da construção social da realidade. No entanto, advertem eles, nosso lado biológico não se deixa modelar passivamente pelas instituições e resiste a elas. Para lembrar um exemplo entre muitos, as crianças resistem aos comandos de comer e dormir em horas marcadas pelo "conhecimento receitado" da sociedade: teimam em comer quando têm fome e em dormir quando têm sono.

Essa é uma luta que a sociedade sempre vence por meio dos processos da socialização, mas isso não significa que a resistência desapareça de todo. De acordo com Berger e Luckmann, a existência da sociedade é o produto dessa luta incessante entre a socialização e a biologia. O indivíduo jamais deixa de se ver como um organismo. Esse é um processo de *feedback* no qual, como dizem Berger e Luckmann, na interação sociedade-natureza o organismo se transforma.[7] É claro que em seu livro, publicado na década de 1960, esses autores ainda não tinham como falar nos termos da teoria da complexidade. Mas parece claro que o fenômeno a que eles se referem é um exemplo do que hoje chamamos de sistemas complexos adaptativos: o homem produz a sociedade e é por ela produzido.

Posta em termos da teoria da complexidade, mais especificamente nos termos da matriz Cynefin, a luta entre a institucionalização e a biologia pode ser assim descrita: a institucionalização tende a reforçar mais o contexto simples e o contexto complicado. A biologia, que está mais situada nos contextos complexo e caótico, resiste às pressões institucionalizantes. Mas são apenas tendências, porque nenhuma

---

[6] BERGER, Peter G.; LUCKMANN, Thomas. *A construção social da realidade*: tratado de sociologia do conhecimento. Petrópolis: Vozes, 2001, p. 238.

[7] Id., ibid., p. 240.

das duas por si só é suficiente. Ambos os lados lutam pelo controle de seus respectivos domínios mas nenhum vencerá, porque essa não é a questão pertinente: a verdadeira razão dessa busca não é controlar a vida, mas sim viver melhor.

A partir dos séculos 17 e 18 surgiu a "necessidade" de impor, via ciência e tecnologia, um mundo cada vez mais mecanicista, quantitativo e previsível, e por isso mesmo cada vez menos humano. Tal "necessidade" gerou a ideia de progresso: a tecnociência teria solução para tudo e os humanos seriam seus usuários/beneficiários passivos. Consolidou-se então a "certeza" de que o homem deveria viver em luta constante contra a natureza – a sua própria e a do mundo – porque o mundo natural precisava ser "conquistado" e "dominado". Tudo o que existia de autorregulado e auto-organizado na natureza foi posto em segundo plano, quando não simplesmente negado.

Esse movimento continha uma dimensão de comando e controle que se estendeu a todas as ações humanas, e o mundo dos negócios, da administração e da economia está entre os exemplos óbvios. Trata-se, é claro, de negar a complexidade do mundo, de agir como se ela não existisse.

O que ocorre desde o século 18 é só a parte mais evidente desse projeto de comando e controle, hoje profundamente enraizado em nossas mentes. No entanto, ao se manifestar como um empenho de "conquistar" e "dominar" a natureza, ele é também um fenômeno de autoagressão: a luta dos humanos contra eles mesmos.

Não faz sentido negar a ciência, a tecnologia e seus benefícios. Mas persistir em desenvolvê-las de tal modo que elas continuem a se voltar contra nós também é absurdo. É preciso buscar uma negociação cujo resultado seja a convivência entre o natural e o institucional, o orgânico e o tecnológico. Em outros termos, é preciso que o Tecnocrata Predador e o Filósofo Sonhador entrem em um acordo. Afinal, eles não existem como tipos puros e esquemáticos. Seria simplista vê-los dessa forma, porque um contém o outro em estado latente mas nenhum dos dois tem consciência disso.

A negociação entre eles poderia despertar essa consciência. Porém, como na história do Visconde Partido ao Meio, não se deve esperar que daí resulte uma "nova era" de felicidade e progresso. O resultado não seria um Burocrata 50% Sonhador e um Visconde 50% Predador, porque as coisas não são tão simples assim. Haveria, isso sim, uma grande variabilidade e diversidade não desprovida de riscos – mas é dela e de seus resultados auto-organizadores que precisamos.

Para que uma negociação assim seja possível, é preciso mudar de forma de pensar. Nos tempos atuais, a institucionalização parece dominar todos os cenários e o faz por meio de metáforas mecanicistas e militares. É preciso atenuar essa rigidez, e acredito que não é por outra razão que as metáforas biológicas têm surgido e se mostram úteis para a compreensão de uma série de aspectos. Nesse sentido, merecem destaque as pesquisas de Francisco Varela, que entre outras coisas inspiraram Arie de Geus a ver as empresas como sistemas vivos.

Portanto, é preciso pensar complexo. É o que sugere a história abaixo.

Macacos, cocos e armadilhas

Em seu livro anteriormente mencionado Robert Pirsig[8] fala de uma antiga armadilha para apanhar macacos usada no sul da Índia. Outros autores se referem a ela de maneiras semelhantes e em outras partes da Ásia, mas o núcleo é o mesmo. Consiste em um coco vazio e preso a uma estaca enterrada no chão. Dentro dele está a isca, em geral um pouco de arroz. O coco tem um pequeno buraco, que permite que o macaco introduza sua mão para pegar o arroz. No entanto, quando ele a fecha sobre a isca, o aumento de volume resultante impede que a mão seja retirada e assim o macaco se vê aprisionado e com um dilema: ou abre a mão, renuncia ao arroz e recupera a liberdade, ou não renuncia ao que conseguiu pegar e continua preso.

Esse é um problema típico de lógica binária, que suscita a questão de se o que vale mais é o arroz ou a liberdade. É também um dilema sobre o quanto é possível ganhar sem alienar-se ao ganho: já ganhei o suficiente e agora pego as minhas fichas e saio do cassino. Ou continuo a jogar, mesmo sabendo que de uma hora para outra posso perder tudo. É claro que essa metáfora se aplica a ganhos de qualquer natureza, inclusive os de capital, de mercado e os afetivos. É um típico *trade off*: perder os anéis e conservar os dedos, ou arriscar-se a ter a mão amputada.

É óbvio que se trata de decisões que não podem ser tomadas em termos de uma coisa ou o seu oposto. Talvez pegar um pouco menos de arroz – o suficiente para alimentar-se sem ter de ficar preso – fosse uma estratégia mais sensata, que

---

[8] PIRSIG, Robert. *Zen and the art of motorcycle maintenance.* Nova York: Harper Collins, 2005, p. 316.

certamente decepcionaria os que prepararam a armadilha contando com a previsibilidade dos que dela se aproximassem.

Não se trata de comparar macacos com humanos, por mais que saibamos que viemos de um tronco comum. Além disso, a nossa vida diária está cheia de armadilhas desse tipo. A principal finalidade dessa metáfora é mais uma vez repetir o que tanto se falou neste livro: (a) se você continuar a pensar sempre da mesma forma, cairá sempre nas mesmas armadilhas; (b) e os que estão certos de que você dificilmente mudará continuarão a se aproveitar disso para manipulá-lo e controlá-lo.

Na verdade, como diz Pirsig, o que aprisiona os macacos (e os homens, acrescento) é a sua rigidez de valores, sua resistência a mudar de comportamento. As iscas (o arroz, as ações da bolsa e similares) são apenas detalhes não tão relevantes quanto se pensa. A armadilha real está dentro de quem se deixa cair nela. Macacos ou homens, todos estamos sujeitos a isso.

O imediatismo é um exemplo: leva-nos a pensar sempre em ganhos de curto prazo ou, como disse Freud, a não adiar o prazer e os benefícios. Outro exemplo é a tendência a adiar decisões, na esperança de que surjam "fatos novos" que mudem as coisas a nosso favor, tão comum na política e nas empresas. Ou, para mencionar mais um, o que estudos de caso de cultura organizacional têm apontado com frequência: fundadores que preferem ver suas empresas irem a pique a permitir mudanças.

Há pouco, vimos que o objetivo da institucionalização é fornecer o máximo possível de "conhecimentos de receita", isto, é, normas e regulamentos. A institucionalização inclui um conjunto necessário de procedimentos simplificadores. Institucionalizar é em grande medida simplificar, reduzir, e é nessa condição que surge o conflito entre o institucional/cultural e o natural há pouco mencionado. O que torna a sociedade complexa é o fato de que por ser uma criação do homem ela inevitavelmente contém as incertezas da condição humana e, portanto, do mundo natural.

É certo que ao institucionalizar o homem se volta contra ele mesmo, mas também é certo que sem institucionalização não há construção social da realidade. Há um preço inevitável a pagar pela institucionalização: a perda de um certo grau da complexidade inerente à condição humana. Assim a socialização, que se faz por meio da institucionalização, é ao mesmo tempo uma necessidade e um problema, e nesse sentido pode-se dizer que ela é mais um paradoxo entre os muitos que fazem parte da vida.

Vivemos em uma época em que tudo parece se resumir em saber como a ciên. cia e a tecnologia atenderão às demandas da razão utilitária. Essa condição não é um mal em si. O que a torna limitante é o seu exagero. O objetivo da filosofia é buscar uma vida melhor por meio da reflexão. Mas se para isso ela precisar ser reduzida à "sabedoria convencional", deixará de ser filosofia e aos poucos nos transformaremos em robôs.

Por menos que muitas pessoas percebam, toda filosofia cedo ou tarde conduz a práticas. Se formos capazes de pensar sobre o que fazemos, isto é, se quando necessário pudermos voltar das práticas à filosofia, estaremos dentro da proposta deste livro: pensar de novo e pensar diferente. Contudo, se perdermos essa capacidade de refletir estaremos muito mal.

Pontos para reflexão

Muito do que foi apresentado e discutido ao longo dos capítulos anteriores será agora retomado sob a forma de tópicos. Ao apresentá-los, meu principal objetivo é sugerir ao leitor pontos para reflexão e discussão. Parti da ideia de que se quisermos mudar nosso modo de vida e suas consequências é preciso pensar diferente. Trata-se de algo óbvio, mas o problema é que nós, humanos, temos dificuldade de aprender pela experiência e portanto é necessário insistir: outras formas de pensar podem melhorar nossa capacidade de entender a complexidade do mundo, o que inclui a complexidade da condição humana. Essa é uma condição indispensável para a adaptabilidade. Vamos aos tópicos.

- Uma das formas eficazes de mudar de modo de pensar é ter sempre em mente ao menos algumas das características do mundo real:
  - ◇ ***Incognoscibilidade***. Não podemos perceber o mundo real como ele é. Nós o percebemos segundo a nossa estrutura, isto é, como *nós* somos.
  - ◇ ***Imprevisibilidade***. Não podemos prever o futuro. Não existe destino. Não existem futuros predeterminados.

◇ ***Auto-organização.*** Os sistemas complexos adaptativos criam sua ordem interna por meio das múltiplas interações de seus componentes. Para isso, não precisam de comandos externos, planos ou supervisão. Nas empresas e em outros contextos, o princípio das miniespecificações é uma aplicação da auto-organização: basta que o líder dê algumas poucas "dicas" sobre o que deve ser feito. A equipe se encarregará do resto, e muitas vezes o resultado é melhor do que o esperado. Essa é uma manifestação clássica do efeito-borboleta ou estados iniciais: pequenas causas podem levar a grandes efeitos.

◇ ***Emergência.*** A realidade não é estática, não surge e se mantém. Ao contrário, ela emerge incessantemente ao longo de nossas interações com ela. Compõe-se de múltiplos fenômenos emergentes.

◇ ***Coevolução.*** Os sistemas complexos adaptativos evoluem todos juntos ao longo de processos de adaptação mútua. As empresas se adaptam aos mercados e vice-versa. Os indivíduos constroem a sociedade e a sociedade constrói os indivíduos.

- Em boa medida, trabalhar com a complexidade implica lidar com o erro, a incerteza e a ilusão. Mas não com a crença ingênua de que é possível eliminá-los por completo.
- Há e sempre haverá lugar para os números e as métricas. Mas não deve haver lugar para a sua idealização e transformação em instrumentos de autoengano, o que equivale a transformá-los em ideologias e fazer de conta que eles espelham a realidade. Há lugares e momentos em que essas práticas são realmente as melhores. Mas elas jamais são as melhores práticas a qualquer momento e em qualquer contexto. Tudo isso é simples de dizer e entender, mas difícil de internalizar, isto é, de mudar efetivamente o nosso comportamento. Tal dificuldade decorre da crença de que aquilo que nos parece claro é também claro para todos.
- Não é fácil recolocar o modo de pensar técnico-utilitarista no lugar a que ele pertence e a que tem direito, pela razão já exposta e repetida: em nossa cultura ele é identificado com a conquista, o exercício e a manutenção do poder, em especial o político, o econômico e o militar.
- Imaginamos que quanto mais quantificações e mensurações menos incertezas, mas esse é mais um de nossos muitos equívocos. O mundo real não se submete às nossas racionalizações, como imaginamos. Já se disse

que nosso grande desafio é adquirir a capacidade de, ao mesmo tempo, quantificar o presente e intuir o futuro. Em vez disso, porém, insistimos em quantificar o presente e fingir que podemos quantificar também o futuro, na ilusão de que uma vez reduzido a números ele se tornará conhecível e portanto controlável.

- A ilusão da racionalidade da vida econômica e dos mercados eficientes, ou "perfeitos", continua a resistir a todas as evidências em contrário. As sucessivas crises econômicas pouco têm feito para mudar essas crenças. Ainda hoje se pensa que simplesmente por meio de mais regulamentação dos mercados todos os problemas serão resolvidos. No entanto, com ou sem mais regulamentação, eles continuam situados não fora, mas dentro: em nossos próprios hábitos mentais.
- Apesar de tudo, começam a surgir iniciativas para mostrar o que realmente está acontecendo. Aumentam os textos sobre gestão de intangíveis e gestão do risco por meio de meios não ortodoxos e similares. Tudo indica que a gestão da complexidade aplicada a essas áreas é algo interessante e desafiador. Contudo, dada a costumeira resistência da nossa cultura à mudança, o caminho ainda parece árduo.
- Nos chamados "mercados perfeitos", a suposição é que os seres humanos são essencialmente racionais. Logo, as instituições por eles criadas também o seriam e se comportariam como os relógios da mecânica newtoniana. Assim, imagina-se que em tais mercados o nível de erro, incerteza e ilusão é comparável ao das máquinas de precisão. Por incrível que pareça, nem as muitas provas da influência da subjetividade na economia (no funcionamento das bolsas, por exemplo) nem as sucessivas crises econômicas foram suficientes para mudar essa faceta da natureza humana. Continuamos incapazes de suportar muita realidade.
- Há até mesmo quem diga que as crises financeiras e econômicas deveriam durar mais, para que os indivíduos e as instituições se convençam de que os mercados não têm a perfeição que nossas racionalizações gostariam que tivessem. Quando as crises são relativamente curtas, costumamos atribuir suas causas a "acidentes de percurso" ou a "fatos isolados". Seriam exceções confirmadoras da crença enganosa de que os humanos são sempre racionais, coerentes, objetivos e previsíveis. Estamos convencidos de que

passadas as crises voltamos "ao normal" – como quem retorna ao trabalho depois de uma excursão de fim de semana.

- Mas a frequência com que as crises, de curta duração ou não, insistem em surgir não é levada em conta. Aqui funciona o mecanismo identificado por Freud: o esquecimento de conveniência. Esquecemo-nos do que nos convém esquecer. Por outro lado, só nos lembramos do que convém lembrar. Por isso a ortodoxia é vista com bons olhos: ela nos proporciona a ilusão de que pouco ou nada mudará, o que alivia a nossa insegurança.
- "Informações imperfeitas", "mercados imperfeitos" e "racionalidade limitada" são expressões que aos poucos começam a se incorporar ao jargão econômico. Na prática, significam que não é possível reunir um número de informações nem pensar com tal racionalidade que nos capacitem a eliminar totalmente a incerteza dos sistemas complexos. Aliás, se isso fosse possível eles não seriam sistemas complexos.
- Vimos, ao longo deste livro e em especial por meio de metáforas, que o meio mais importante de mudar de modo de pensar é refletir e, assim, ampliar o conhecimento formal e informal. A visão técnica dos homens de negócio, como engenheiros, médicos, economistas e financistas, é importante mas limitada. Por isso é essencial conhecer outros pontos de vista, outras alternativas. Saber que há múltiplas alternativas capacita-nos a fazer mais e melhores escolhas. Saber que um evento, tema, fenômeno ou assunto pode ser examinado a partir de muitos ângulos é o ponto central do aprendizado.
- As metáforas são poderosas figuras de linguagem que influenciam o modo como vemos o mundo. Mudança de metáforas leva a mudança de modos de pensar e vice-versa. Este ponto é fundamental, encontra suporte na neurociência e precisa ser bem entendido. Construímos o mundo por meio da linguagem. Por sua vez, o mundo modificado cria a necessidade de mudança de linguagem.
- Em nossa cultura, a maioria das pessoas parece estar convencida de que o modo de pensar hoje dominante é definitivo. Seria uma questão resolvida, sobre a qual não há mais nada a discutir. A história não tem confirmado essa pseudocerteza.
- Desde Adam Smith, a história da economia tem sido uma pendularidade entre os Tecnocratas Predadores e os Filósofos Sonhadores, entre o racio-

nal e o irracional. Enquanto a predominar a lógica binária, as propostas de solução para as crises recorrentes também serão pendulares. Até o momento ainda não entendemos que o caminho mais congruente com a natureza humana não é o racionalismo mas sim a racionalidade: somos racionais, e isso requer que reconheçamos nossas emoções sem deixar que elas orientem totalmente o nosso comportamento.

- Essa é a proposta do pensamento complexo. Antes de ser um conjunto de métodos e técnicas, ele é uma atitude. Reconhecer as manifestações da complexidade é o primeiro passo para que ela seja consolidada. Mudar de atitude é antes de mais nada adaptar-se.
- Enquanto isso não acontecer, ideias como a neuroeconomia e os mercados imperfeitos e outras serão vistos pelos racionalistas com desconfiança. Mas são fenômenos emergentes, que devem ser objeto de reflexão crítica e acompanhados com atenção e pragmatismo.
- Já em 1973, em seu livro *As vidas de uma célula*[9] Lewis Thomas sustentava que:
  - ◇ nossas mentes conectadas são imprevisíveis;
  - ◇ por isso, precisamos manter abertas todas as opções;
  - ◇ é possível construir modelos computadorizados de cidades, mas o que aprendemos com eles é que não podem ser interpretados só pela mente analítica;
  - ◇ as cidades parecem ter vida própria;
  - ◇ o conjunto das mentes humanas na Terra parece comportar-se como um sistema vivo e unificado.
- Alguns dos pontos da obra de Edward O. Wilson sobre a natureza humana[10] têm evidentes pontos de contato com a teoria da complexidade e suas aplicações. Por isso acredito que eles devem ser incluídos nestes tópicos. Seu conjunto forma o que Wilson chama de princípios orientadores para

---

[9] THOMAS, Lewis. *The lives of a cell*: notes of a biology watcher. Nova York: Viking Press, 1974. Também citado por JOHNSON, Steven. *Emergência*: a dinâmica de rede em formigas, cérebros, cidades e softwares. Rio de Janeiro: Jorge Zahar, 2003.

[10] WILSON, Edward O. *On human nature*. Cambridge: Massachusetts: Harvard University Press, 2004.

uma nova ética baseada na biologia. A atenção dada à biologia por Wilson e outros ilustra o reconhecimento da importância dos sistemas complexos adaptativos. O livro foi originalmente publicado em 1978, e é estimulante verificar que vários de seus *insights* e propostas já se transformaram ou estão em vias de se transformar em realidade. No entanto, é essencial ter em mente que são propostas de mudança que demandam tempo e sobretudo bom-senso. Vejamos algumas das principais:

◇ O *pool* genético humano deve ser preservado e a preservação deve incluir em especial a diversidade nele contida.

◇ Os direitos humanos universais devem ser reconhecidos e a busca de valores deve ir além do cálculo utilitário da aptidão genética humana. A ampliação de nossos conhecimentos sobre as bases biológicas do comportamento humano pode permitir que escolhamos um sistema de valores melhor fundamentado.

◇ A capacidade humana de produção de mitos (metáforas, histórias, lendas, contos) deve ser aproveitada para a aprendizagem. É preciso entender que o materialismo científico é também uma mitologia. A "épica evolucionária" é o melhor mito que já tivemos. As relações entre as culturas científica e humanista devem ser estimuladas. (Este, aliás, é um dos propósitos essenciais do pensamento complexo.)

◇ A civilização ocidental deve ultrapassar o cientificismo do século 19, ao qual ainda está significativamente atrelada. É inevitável uma fusão da biologia com as ciências sociais, o que levará a uma fertilização mútua, as chamadas "duas culturas".

- Como já vimos, temos um conhecimento intuitivo da complexidade e sua importância e percebemos que ele é importante para a nossa adaptabilidade. A intuição nos faz seguir o instinto de sobrevivência, e por isso não creio que seja necessário convencer as pessoas de algo que elas já sabem, muito menos por meio de números e estatísticas.
- Por outro lado, é essencial que aprendamos a falar sobre a complexidade para nos tornarmos capazes de aplicar no cotidiano o pensamento complexo. Para tanto, é necessária a criação de uma linguagem simples e clara. Se mantivermos em mente que construímos a realidade por meio da linguagem, entenderemos que nesse particular faz falta um vocabulário

comum que permita que as pessoas a construam em termos da complexidade e do pensamento complexo.

- É certo que durante esse processo de construção haverá necessidade de muitas repetições. Depois dos estudos de John Medina, sabemos que a aprendizagem precisa delas, e por isso não devemos hesitar em repetir tantas vezes quantas forem necessárias o que deve ser aprendido. Não nos esqueçamos de que nosso propósito aqui é mudar de modo de pensar por meio de um processo de construção coletiva, e não cultivar um belo estilo literário.
- Muitas mentes mudarão e, como de costume, as mudanças que ocorrerem serão lentas. Mas muitas outras mentes, talvez a maioria, ficarão pelo caminho: enquanto esperam que surjam mais "dados concretos e objetivos", serão superadas pelos acontecimentos. É sempre assim na história humana.

BIBLIOGRAFIA

AGOSTINHO, Marcia E. *Complexidade e organizações*: em busca da gestão autônoma. São Paulo: Atlas, 2003.

AKERLOFF, George; SHILLER, Robert J. *The animal spirits*: how human psychology drives the economy, and why it matters for global capitalism. Princeton, New Jersey: Princeton University Press, 2009.

AXELROD, Robert. *The evolution of cooperation*. Londres: Penguin Books, 1990.

________; COHEN, Michael D. *Harnessing complexity*: organizational implications of a scientific frontier. Nova York: The Free Press, 1999.

BAZARIAN, Jacob. *O problema da verdade*. São Paulo: Círculo do Livro, s.d.

________. *Intuição heurística*. São Paulo: Alfa-Ômega, 1973.

BECKER, Ernest. *The denial of death*. Nova York: Free Press, 1973.

BERGER, Peter G.; LUCKMANN, Thomas. *A construção social da realidade*: tratado de sociologia do conhecimento. Petrópolis: Vozes, 2001.

BERNSTEIN, Peter. *Against the gods*: the remarkable story of risk. Nova York: John Wiley & Sons, 1998.

BHAKTIN, Mikhail M. *Speech genres and other late essays*. Austin, Texas: University of Texas Press, 1986.

BILANCIO, Guillermo. *Estratégia*: el equilíbrio entre el caos y la orden para anticipar el futuro de la empresa. México: Pearson Educación, 2006.

BOHM, David. *On dialogue*. Londres: Routledge, 1998.

BRODY, Sylvia. Transitional objects: Idealization of a phenomenon. *Psychoanalytic Quarterly*, 49, p. 561-605, 1980.

BROUGHTON, Philip D. *Ahead of the curve*: two years at Harvard Business School. Nova York: Penguin Books, 2009.

BURCKHARDT, Jacob. *A cultura do Renascimento na Itália*: um ensaio. São Paulo: Companhia das Letras, 1991.

CALVINO, Italo. *O visconde partido ao meio*. São Paulo: Companhia das Letras, 2000.

CANTON, James. *The extreme future*: the top trends that will reshape the world in the next 20 years. Nova York: Penguin/Plume, 2007.

CARROLL, Lewis. *Aventuras de Alice no país das maravilhas*: através do espelho e o que Alice encontrou lá. São Paulo: Summus, 1980.

CHALMERS, David. *The conscious mind*. Nova York: Oxford University Press, 1996.

CHAMBERLIN, Thomas C. The method of multiple working hypotheses. *Science* (Old Series) v. 15, p. 92-96, 1890, reimpresso em 1965, v. 148, p. 754-759.

CLARK, Andy. *Being there*: putting brain, body, and world together again. Londres/ Cambridge: Massachusetts Institute of Technology Press, 1997.

COETZEE, John M. *Diary of a bad year*. Londres: Harvill Secker, 2007.

COLLINS, Randall. *Four sociological traditions*. Nova York: Oxford University Press, 1994.

CRAIK, Kenneth. *The nature of explanation*. Cambridge: Cambridge University Press, 1943.

CROSBY, Alfred W. *A mensuração da realidade*: a quantificação e a sociedade ocidental, 1250-1600. São Paulo: Editora UNESP/Cambridge University Press, 1999.

DAMÁSIO, António. *Descartes' error*: emotion, reason and the human brain. Nova York: Avon Books, 1994.

________. *The feeling of what happens*: body and emotion in the making of consciousness. Nova York: Harcourt Brace & Company, 1999.

________. *Em busca de Espinosa*: prazer e dor na ciência dos sentimentos. São Paulo: Companhia das Letras, 2004.

DAY, George S.; SCHOEMAKER, Paul J. H. *Peripheral vision*: detecting the weak signals that will make or break your company. Boston, Massachusetts: Harvard Business School Press, 2006.

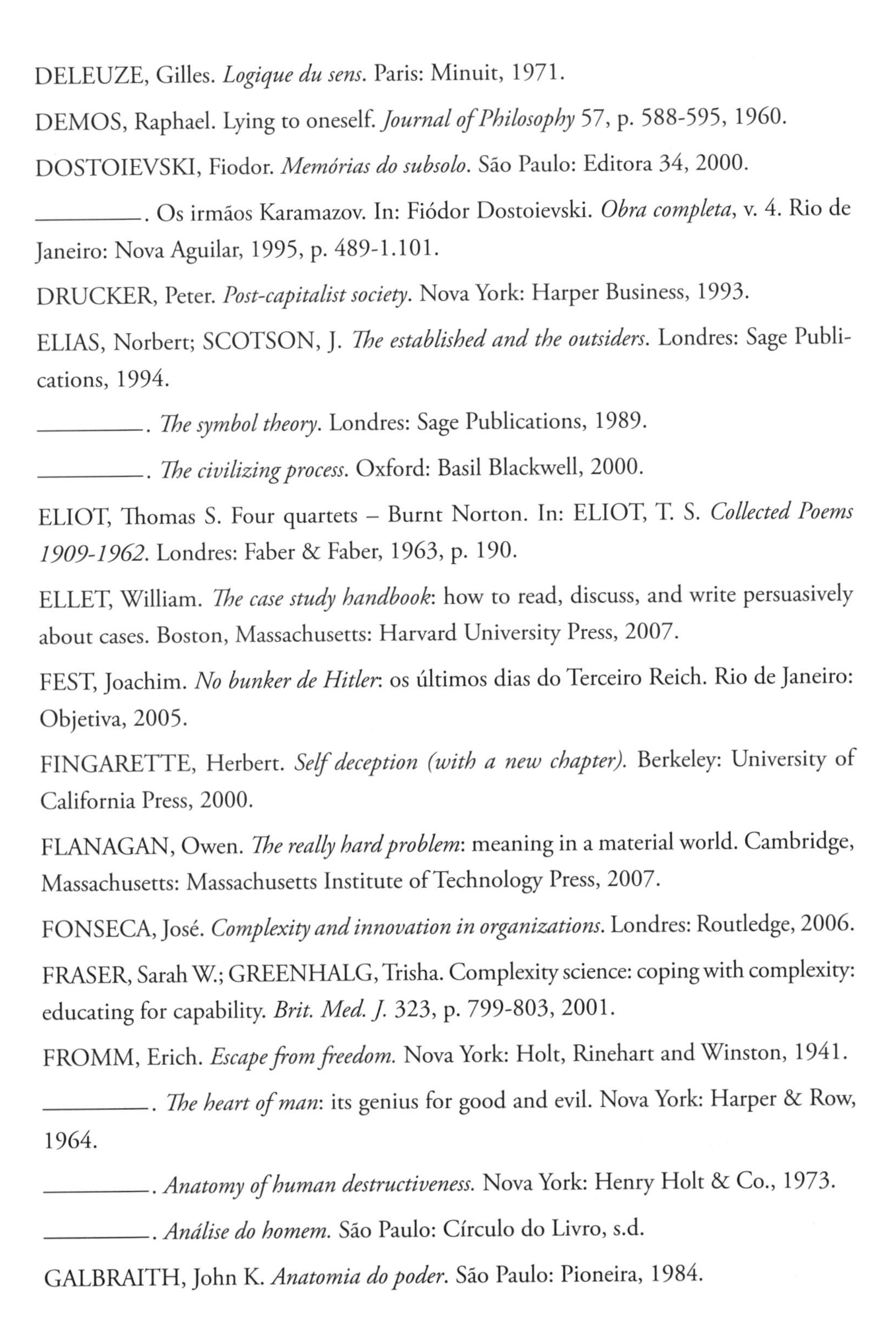

DELEUZE, Gilles. *Logique du sens*. Paris: Minuit, 1971.

DEMOS, Raphael. Lying to oneself. *Journal of Philosophy* 57, p. 588-595, 1960.

DOSTOIEVSKI, Fiodor. *Memórias do subsolo*. São Paulo: Editora 34, 2000.

__________. Os irmãos Karamazov. In: Fiódor Dostoievski. *Obra completa*, v. 4. Rio de Janeiro: Nova Aguilar, 1995, p. 489-1.101.

DRUCKER, Peter. *Post-capitalist society*. Nova York: Harper Business, 1993.

ELIAS, Norbert; SCOTSON, J. *The established and the outsiders*. Londres: Sage Publications, 1994.

__________. *The symbol theory*. Londres: Sage Publications, 1989.

__________. *The civilizing process*. Oxford: Basil Blackwell, 2000.

ELIOT, Thomas S. Four quartets – Burnt Norton. In: ELIOT, T. S. *Collected Poems 1909-1962*. Londres: Faber & Faber, 1963, p. 190.

ELLET, William. *The case study handbook*: how to read, discuss, and write persuasively about cases. Boston, Massachusetts: Harvard University Press, 2007.

FEST, Joachim. *No bunker de Hitler*: os últimos dias do Terceiro Reich. Rio de Janeiro: Objetiva, 2005.

FINGARETTE, Herbert. *Self deception (with a new chapter)*. Berkeley: University of California Press, 2000.

FLANAGAN, Owen. *The really hard problem*: meaning in a material world. Cambridge, Massachusetts: Massachusetts Institute of Technology Press, 2007.

FONSECA, José. *Complexity and innovation in organizations*. Londres: Routledge, 2006.

FRASER, Sarah W.; GREENHALG, Trisha. Complexity science: coping with complexity: educating for capability. *Brit. Med. J.* 323, p. 799-803, 2001.

FROMM, Erich. *Escape from freedom*. Nova York: Holt, Rinehart and Winston, 1941.

__________. *The heart of man*: its genius for good and evil. Nova York: Harper & Row, 1964.

__________. *Anatomy of human destructiveness*. Nova York: Henry Holt & Co., 1973.

__________. *Análise do homem*. São Paulo: Círculo do Livro, s.d.

GALBRAITH, John K. *Anatomia do poder*. São Paulo: Pioneira, 1984.

GALIMBERTI, Umberto. *Psiche e técnica*: o homem na idade da técnica. São Paulo: Paulus, 2006.

GARDNER, Howard. *Leading minds*: an anatomy of leadership. Nova York: Basic Books, 1995.

————. *Mentes extraordinárias*: perfis de 4 pessoas excepcionais e um estudo sobre o extraordinário em cada um de nós. Rio de Janeiro: Rocco, 1999.

————. *Changing minds*: that art and science of changing our own and other people's minds. Boston: Massachusetts: Harvard Business School Press, 2004.

————. *Five minds for the future*. Boston. Massachusetts: Harvard Business School Press, 2006.

GARDNER, Sebastian. Kant. In: GRAYLING, A. C. *Philosophy 2*: further through the subject. Oxford: Oxford University Press, 2006, p. 574-662.

GELL-MANN, Murray. *The quark and the jaguar*: adventures in the simple and the complex. Nova York: Freeman, 1994.

GENTNER, Derdre; STEVENS, Albert (Ed.). *Mental models*. Hillsdale, New Jersey: Erlbaum, 1985.

GEUS, Arie de. *A empresa viva*: como as organizações podem aprender a prosperar e se perpetuar. Rio de Janeiro: Campus, 1998.

GIBSON, James M.; IVANCEVICH, John H.; DONNELY JR., James H.; KONOPASKE, Robert. *Organizações*: comportamento, estrutura e processos. São Paulo: McGraw-Hill, 2006.

GIGERENZER, Gerd. *Calculated risk*: how to know when numbers deceive you. Nova York: Simon & Schuster, 2002.

GLEICK, James. *Chaos*: making a new science. Nova York/Londres: Penguin Books, 1987.

GOFFMAN, Erving. *A representação do eu na vida cotidiana*. Petrópolis: Vozes, 1985.

GRAY, John. *Straw dogs*: thoughts on humans and other animals. Nova York: Farrar, Straus and Giroux, 2007.

GUEVARA, Arnoldo J. de H.; DIB, Vitória C. *Da sociedade do conhecimento à sociedade da consciência*: princípios, práticas e paradoxos. São Paulo: Saraiva, 2007.

HAMBURGER, Jean. *La raison et la passion*. Paris: Seuil, 1984.

HANSON, Norwood R. *Patterns of discovery*. Cambridge: Cambridge University Press, 1965.

HASTIE, Reid; DAWES, Robyn M. *Rational choice and uncertain world*: the psychology and judgment of decision making. Thousand Oaks, California; Sage, 2001.

HAYEK, F. H. *The counter-revolution of science*: studies on the abuse of reason. Indianapolis: Liberty Press, 1952.

HEGEL, G. W. F. *The phenomenology of spirit*. Oxford: Clarendon Press, 1977.

HILLMAN, James. *Kinds of power*: a guide to its intelligent uses. Nova York: Doubleday Currency, 1995.

HOCK, Dee. *Nascimento da era caórdica*. São Paulo: Cultrix, 2000.

HORGAN, John. *The undiscovered mind*: how the human brain defies replication, medication, and explanation. Nova York: Simon & Schuster, 1999.

HORKHEIMER, Max; ADORNO, Theodor W. *Dialectic of enlightenment*. Nova York: Herder & Herder, 1972.

HUDSON, William J. *Intellectual capital*: how to build it, enhance it, use it. Nova York: John Wiley & Sons, 1993.

HUME, David. *A treatise of human nature*. Nova York: Dover Publications, 2003.

HUMPHREY, Nicholas. *A history of the mind*: evolution and the birth of human consciousness. Nova York: Springer Verlag/Copernicus Editions, 1992.

JACOBS, Charles S. *Management rewired*: why feedback doesn't work and other surprising lessons of the latest brain science. Nova York: Penguin/Portfolio, 2009.

JOHNSON, George. *Fire in the mind*: science, faith and the search for order. Nova York: Vintage, 1995.

JOHNSON, Steven. *Emergência*: a dinâmica de rede em formigas, cérebros, cidades e softwares. Rio de Janeiro: Zahar, 2003.

JOHNSON-LAIRD, Philip N. *Mental models*: towards a cognitive science of language, inference, and consciousness. Cambridge, Massachusetts: Harvard University Press, 1983.

JUNG, Carl G. Symbols of transformation. *The collected works of Carl Jung*, v. 5, Bollingen Series XX, Nova York, 1956. In: LASZLO, Violet S. de (Ed.). *The basic writings of C. G. Jung*. Nova York: The Modern Library/Random House, 1959.

________. *Memórias, sonhos e reflexões*. Rio de Janeiro: Nova Fronteira, 1975.

KANT, Immanuel. *Crítica da faculdade do juízo*. Rio de Janeiro: Forense Universitária, 2008.

KAUFFMAN, Stuart. *At home in the universe*: the search for the laws of self-organization and complexity. Nova York: Oxford University Press, 1995.

KELSO, J. A. Scott. *Dynamic patterns, the self-organization of brain and behavior*. Londres/Cambridge: Massachusetts Institute of Technology Press, 1999.

KEYNES, John Maynard. *A treatise on probability*. Londres: Macmillan, 1921.

KINDLEBERGER, Charles P.; ALIBER, Robert Z. *Manias, panics, and crashes*: a history of financial crises. Hoboken, New Jersey: John Wiley & Sons, 2005.

KOESTLER, Arthur. *The sleepwalkers*: a history of man's changing vision of the universe. Nova York: Penguin Books, 1989.

KRUGMAN. Paul. *The self-organizing economy*. Oxford, UK: Blackwell Publishers, 1996.

KURTZ, C. F.; SNOWDEN, D. J. The new dynamics of strategy: sense-making in a complex and complicated world. *IBM Systems Journal* 42 (3), p. 462-483, 2003.

LA BOÉTIE, Étienne de. *Discurso da servidão voluntária*. São Paulo: Brasiliense, 1986.

LAKOFF, George; JOHNSON, Mark. *Metaphors we live by*. Chicago: The University of Chicago Press, 1981.

________; ________. *Philosophy in the flesh*: the embodied mind and its challenge to Western thought. Nova York: Basic Books, 1999.

LANGER, Ellen. The illusion of control. *Journal of Personality and Social Psychology* 32 (2), p. 11-28, 1975.

________; ROTH, Jane. Heads I win, tails it's chance: the illusion of control as a function of outcomes in a purely chance task. *Journal of Personality and Social Psychology*, 32 (6), p. 951-955, 1975.

LAWSON-TANCRED, Hugh. Modern Philosophy I: the rationalists and Kant. In: GRAYLING, C. A. *Philosophy*: a guide through the subject. Oxford: Oxford University Press, 1996.

LEITE, Sebastião U. O que a tartaruga disse a Lewis Carroll. Introdução a CARROLL, Lewis. *Aventuras de Alice no país das maravilhas*: através do espelho e o que Alice encontrou lá. São Paulo: Summus, 1980, p. 7-31.

LEWIN, Roger. *Complexity*: life and the edge of chaos. Nova York: Macmillan, 1992.

LIPOVETSKI, Gilles. *Metamorfoses da cultura liberal*: ética, mídia, empresa. Porto Alegre: Sulina, 2004.

LISSACK, Michael R. Complexity: the science, its vocabulary, and its relation to organizations. *Emergence* 1 (1), p. 110-125, 1999.

LOCKE, John. *An essay concerning human understanding*. Oxford: Clarendon Press, 1975.

LODI, João B. *História da administração*. São Paulo: Pioneira/Thomson Learning, 2003.

LUQUET, Georges-Henri. *Le dessin enfantin*. Paris: Alcan, 1927.

MACINTOSH, Robert; MacLEAN, Donald; STACEY, Ralph; GRIFFIN, Douglas (Ed.). *Complexity and organization*: readings and conversations. Londres: Routledge, 2006.

MARCUSE, Herbert. *Eros e civilização*: uma crítica filosófica ao pensamento de Freud. Rio de Janeiro: Zahar, 1968.

________. *One-dimensional man*. Londres: Routledge, 1994.

MARION, R. *The edge of organization*: chaos and complexity theories of formal social systems. Thousand Oaks, California: Sage, 1999.

MARIOTTI, Humberto. *Organizações de aprendizagem*: educação continuada e a empresa do futuro. São Paulo: Atlas, 1999.

________. *As paixões do ego*: complexidade, política e solidariedade. São Paulo: Palas Athena, 2000.

________. O coração da razão: Blaise Pascal e o pensamento complexo. Disponível em: <www.humbertomariotti.com>.

________. O conhecimento do conhecimento: a filosofia de Espinosa e o pensamento complexo. Disponível em: <www.humbertomatiotti.com>.

________. *Pensamento complexo*: suas aplicações à liderança, à aprendizagem e ao desenvolvimento sustentável. São Paulo: Atlas, 2007.

________; ZAUHY, Cristina. Managing complexity: conceptual and practical tools. Analysis of examples. *Cuadernos de Investigación* (Escuela de Postgrado, Peru) año 3, nº 8, sept. de 2009. Disponível em: <http://postgrado.upc.edu.pe/cuaderno-epg>.

MAY, Rollo. *Liberdade e destino*. Rio de Janeiro: Rocco, 1987.

McDANIEL JR. R.; JORDAN, M. E.; FLEEMAN, B. Surprise, surprise, surprise! A complexity view of the unexpected. *Health Care Manage Rev* 28(3), p. 266-278, 2003.

McDANIEL, JR., Reuben R.; DRIEBE, Dean J. (Ed.). *Uncertainty and surprise in complex systems.* Berlim, Heidelberg & Nova York: Springer-Verlag, 2005.

MEAD, George H. *Mind, self and society*: from the standpoint of a social behaviorist. Chicago: The University of Chicago Press, 1967.

__________. *The philosophy of the present.* Amherst, Nova York: Prometheus Books, 2002.

MEDINA, John. *Brain rules*: 12 principles for surviving and thriving at work, home, and school. Seattle, Washington: Pear Press, 2008.

MENCKEN, Henry L. *O livro dos insultos.* São Paulo: Companhia das Letras, 1988.

MEYER, Philippe. *O olho e o cérebro*: biofilosofia da percepção visual. São Paulo: UNESP, 2002.

MILGRAM, Stanley. *Obedience to authority*: an experimental view. Nova York: Harper Perennial Classics, 2004.

MINSKY, Marvin. *The emotion machine*: commonsense thinking, artificial intelligence, and the future of human mind. Nova York: Simon & Schuster, 2006.

MLODINOW, Leonard. *O andar do bêbado*: como o acaso determina nossas vidas. Rio de Janeiro: Zahar, 2009.

MONTAIGNE, Michel de. *The complete works*: essays, travel journal, letters. Nova York: Everyman's Library, 2003.

MORGAN, Gareth. *Images of organization*: updated edition of the international bestseller. Thousand Oaks, California: Sage, 2007.

MORIN, Edgar. *Pour entrer dans Le XXIe siècle.* Paris: Seuil, 2004.

__________. *La méthode 4. Les idées*: leur habitat, leur vie, leurs moeurs, leur organisation. Paris: Seuil, 1991.

__________. *La tête bien faite*: repenser la réforme, réformer la pensée. Paris: Seuil, 1999.

__________. *Les sept savoirs nécessaires à l'éducation du futur.* Paris: Seuil, 2000.

MUMFORD, Lewis. *Arte e técnica.* Lisboa: Edições 70, 1986.

NIETZSCHE, Friedrich. *Humano, demasiado humano.* São Paulo: Companhia de Bolso, 2005.

ORTEGA y GASSET, José. *A rebelião das massas.* São Paulo: Martins Fontes, 1987.

PAPERT, Seymour; HAREL, Ed. *Constructionism.* Norwood: New Jersey: Ablex, 1991.

PIRSIG, Robert M. *Zen and the art of motorcycle maintenance*. Nova York: Harper Collins, 2005.

POSTMAN, Neil. *Tecnopólio*: a rendição da cultura à tecnologia. São Paulo: Nobel, 1994.

_________. *Building a bridge to the 18th century*: how the past can improve our future. Nova York: Vintage Books, 1999.

PRIGOGINE, Ilya; STENGERS, Isabelle. *Order out of chaos*: man's new dialogue with nature. Nova York: Bantam Books, 1984.

_________; NICOLIS, G. *Exploring complexity*. Nova York: Freeman, 1989.

_________. *O fim das certezas*: tempo, caos e as leis da natureza. São Paulo: Editora UNESP, 1996.

QUACQUARELLI-SYMONDS. Business schools need to go back to business school. 21 out. 2009. Disponível em: <http://www.topmba.com/articles/industry-trends/business-schools-needgo-back-business-school>.

QUINN, Robert E. *Change the world*: how ordinary people can accomplish extraordinary results. San Francisco: Jossey-Bass, 2000.

RANK, Otto. *Will therapy and truth and reality*. Nova York: Knopf, 1945.

ROSSET, Clément. *L'école du réel*. Paris: Minuit, 2008.

RYLE, Gilbert. *The concept of mind*. Chicago: The University of Chicago Press, 1949.

SARDINHA, Tony B. *A metáfora*. São Paulo: Parábola Editorial, 2007, p. 12.

SCHWARTZ, Peter. *Cenários*: as surpresas inevitáveis. Rio de Janeiro: Campus, 2003.

_________. *A arte da visão de longo prazo*. São Paulo: Best Seller, 2006.

SCRUTON, Roger. *Modern philosophy*: an introduction and survey. Nova York: Penguin Books, 1996.

SENNETT, Richard. *A cultura do novo capitalismo*. Rio de Janeiro: Record, 2006.

SHAKESPEARE, William. *The complete works*. Nova York: Gramercy Books/Random House, 1975.

SHAW, Patrícia. *Changing conversations in organizations*: a complexity approach to change. Londres: Routledge, 2007.

SHIBLES, Warren. *Wittgenstein, linguagem e filosofia*. São Paulo: Cultrix, 1974.

SHILLER, Robert. *Irrational exuberance*. Nova York: Random House, 2001.

SHOTTER, John. *Conversational realities*: constructing life through language. Londres: Sage, 1993.

SLOANE, Paul. *The leader's guide to lateral thinking skills*: unlocking the creativity and innovation in you and in your team. Londres: Kogan Page, 2006.

SNOWDEN, David; STANBRIDGE, Peter. The landscape of management: creating the context for understanding social complexity. *E:CO* 6 (2), p. 140-148, 2004.

________; BOONE, Mary E. A leader's framework for decision making. *Harvard Business Review*, p. 69-76, Nov. 2007.

SPINOZA, B. de. *Oeuvres completes*. Paris: Bibliothéque de la Pleiade/NRF, 1954.

STACEY, Ralph D. *Complex responsive processes in organizations*: learning and knowledge creation. Londres: Routledge, 2007.

________; GRIFFIN, Douglas; SHAW, Patricia. *Complexity and management*: fad or radical challenge to systems thinking? Londres: Routledge, 2006.

STEVENSON, Leslie. *The study of human nature*: a reader. Nova York: Oxford University Press, 2000.

________; HABERMAN, David L. *Ten theories of human nature*. Nova York: Oxford University Press, 1998.

SWATCH. Swatch Company history. Disponível em: <www.swatchgroup.ch/company/past.php>.

TALEB, Nassim N. *Fooled by randomness*: the hidden role of chance in life and in the markets. Nova York: Random House, 2005.

________. *The black swan*: the impact of the highly improbable. Nova York: Random House, 2007.

TAPSCOTT, Don; WILLIAMS, Anthony. *Wikinomics*: how mass collaboration changes everything. Nova York: Potfolio, 2007.

TARNAS, Richard. *The passion of the Western mind*: understanding the ideas that have shaped our world view. Nova York: Ballantine Books, 1993.

TENNER, Edward. *A vingança da tecnologia*: as irônicas consequências das inovações mecânicas, químicas, biológicas e médicas. Rio de Janeiro: Campus, 1997.

THOMAS, Lewis. *The lives of a cell*: notes of a biology watcher. Nova York: Viking Press, 1974.

THOMPSON, James D. *Organizations in action*: social science bases of administrative theory. Nova York: McGraw-Hill, 1967.

TVERSKY, A.; KAHNEMAN, D. The framing of decisions and psychology of choice. *Science*: 211, p. 453-458, 1981.

VARELA, Francisco. *Invitation aux sciences cognitives.* Paris: Seuil, 1996.

_________. Entretien avec Hervé Kempf. *La Recherche*, 308, p. 109-112, 1998.

_________; THOMPSON, Evan; ROSCH, Eleanor. *The embodied mind*: cognitive science and human experience. Cambridge, Massachusetts: The Massachusetts Institute of Technology Press, 1993.

VYGOTSKY, Lev. *Thought and language*. Cambridge, Massachusetts: Massachusetts Institute of Technology Press, 1962.

WALDROP, Mitchell M. *Complexity*: the emerging science at the edge of order and chaos. Nova York/Londres: Simon & Schuster, 1992.

WEBER, Max. *The protestant ethic and the spirit of capitalism.* Nova York: Charles Scribner's Sons, 1958.

WEICK, Karl E. *Sense making in organizations*. Londres: Sage, 1995.

WELCH, Jack. Entrevista. *Exame* (São Paulo) 23 maio 2007.

WENDELL HOLMES, JR., Oliver. Disponível em: <http://en.wikiquote.org/wiki/Oliver_Wendell_Holmes,_Jr>.

WHYTE, Lancelot L. *The unconscious before Freud.* Nova York: Basic Books, 1960.

WIENER, Norbert. *The human use of human beings*: cybernetic and society. Nova York: Da Capo Press, 1988.

WILSON, Edward O. *Sociobiology*: the new synthesis. Cambridge, Massachusetts: Harvard University Press, 2000.

_________. *On human nature*: with a new preface. Cambridge, Massachusetts: Harvard University Press, 2004.

WINNICOTT, Donald. W. *Playing and reality*. Londres: Routledge, 1971.

WITTGENSTEIN, Ludwig. *Tractatus logico-philosophicus*. London: Routledge & Kegan Paul, 1922.

_________. *Da certeza*. Lisboa: Edições 70, 2000.

YALOM, Irvin. *Existential psychotherapy*. Nova York: Basic Books, 1980.

YOUNG, R. M. Transitional phenomena: production and consumption. In: RICHARDS, B. (Ed.). *Crises of the self*: further essays on psychoanalysis and politics. Londres: Free Association Books, 1989. p. 57-72.

ZANINI, Marco T. (Org.). *Gestão integrada de ativos intangíveis*. Rio de Janeiro: Qualitymark, 2008.

ZIMMERMAN, Brenda; LINDBERG, Curt; PLSEK, Paul. *Edgeware*: lessons from complexity science for health care leaders. Plexus Institute, 2008.

Formato	17 x 24 cm
Tipologia	Agaramond Pro 12/15
Papel	Alta Alvura 75 g/m² (miolo)
	Supremo 250 g/m² (capa)
Número de páginas	320
Impressão	Editora e Gráfica Vida&Consciência

Cole aqui

aqui

Sim. Quero fazer parte do banco de dados seletivo da Editora Atlas para receber informações sobre lançamentos na(s) área(s) de meu interesse.

Nome: ______________________________

______________ CPF: ______________ Sexo: ○ Masc. ○ Fem.

Data de Nascimento: ______________ Est. Civil: ○ Solteiro ○ Casado

End. Residencial: ______________________________

Cidade: ______________ CEP: ______________

Tel. Res.: __________ Fax: __________ E-mail: __________

End. Comercial: ______________________________

Cidade: ______________ CEP: ______________

Tel. Com.: __________ Fax: __________ E-mail: __________

De que forma tomou conhecimento deste livro?

☐ Jornal ☐ Revista ☐ Internet ☐ Rádio ☐ TV ☐ Mala Direta

☐ Indicação de Professores ☐ Outros: ______________

Remeter correspondência para o endereço: ○ Residencial ○ Comercial

e aqui

Indique sua(s) área(s) de interesse:

○ Administração Geral / Management
○ Produção / Logística / Materiais
○ Recursos Humanos
○ Estratégia Empresarial
○ Marketing / Vendas / Propaganda
○ Qualidade
○ Teoria das Organizações
○ Turismo
○ Contabilidade
○ Finanças
○ Economia
○ Comércio Exterior
○ Matemática / Estatística / P. O.
○ Informática / T. I.
○ Educação
○ Línguas / Literatura
○ Sociologia / Psicologia / Antropologia
○ Comunicação Empresarial
○ Direito
○ Segurança do Trabalho

Corte aqui

Pensando diferente / Mariotti

Comentários

____

____

____

ISR-40-2373/83

U.P.A.C Bom Retiro

DR / São Paulo

CARTA - RESPOSTA

Não é necessário selar

O selo será pago por:

01216-999 - São Paulo - SP

REMETENTE:

ENDEREÇO: